中国—南亚
高等教育合作研究

Research on China-South Asia
Higher Education Cooperation

赵坤 沈佳培 等 编著

北京理工大学出版社
BEIJING INSTITUTE OF TECHNOLOGY PRESS

版权专有　侵权必究

图书在版编目（CIP）数据

中国—南亚高等教育合作研究 / 赵坤等编著. -- 北京：北京理工大学出版社，2022.4
ISBN 978-7-5763-1243-0

Ⅰ.①中… Ⅱ.①赵… Ⅲ.①高等教育—国际合作—研究—中国、南亚 Ⅳ.①G648.9

中国版本图书馆CIP数据核字（2022）第060190号

出版发行 / 北京理工大学出版社有限责任公司
社　　址 / 北京市海淀区中关村南大街5号
邮　　编 / 100081
电　　话 /（010）68914775（总编室）
　　　　　（010）82562903（教材售后服务热线）
　　　　　（010）68944723（其他图书服务热线）
网　　址 / http://www.bitpress.com.cn
经　　销 / 全国各地新华书店
印　　刷 / 保定市中画美凯印刷有限公司
开　　本 / 710毫米 × 1000毫米　1/16
印　　张 / 16　　　　　　　　　　　　　　责任编辑 / 徐艳君
字　　数 / 223千字　　　　　　　　　　　　文案编辑 / 徐艳君
版　　次 / 2022年4月第1版　2022年4月第1次印刷　责任校对 / 周瑞红
定　　价 / 86.00元　　　　　　　　　　　　责任印制 / 李志强

图书出现印装质量问题，请拨打售后服务热线，本社负责调换

《中国—南亚高等教育合作研究》
编委会

主　编：赵　坤　沈佳培
副主编：刘子乔　宗　欣　马　薇
　　　　于春晓　李　晶　刘　进

前　言

　　高等教育对外开放是我国改革开放事业的重要组成部分，也是人类命运共同体建设的重要内容。在当今纷繁复杂的国际形势下，高等教育面临着一系列新压力、新挑战。在重大危机面前没有谁能够独善其身，各国是休戚与共的命运共同体，团结合作是应对挑战的必然选择。教育交流合作的意义和作用远远超过了教育本身。在新的对外开放形势下，高等教育国际交流合作要坚持扎根中国与融通中外相结合，以更加开放合作的姿态应对全球共同威胁和挑战。

　　"一带一路"倡议下的高等教育国际交流合作是实现共商共建共享，促进"民心相通"的关键所在。"国之交在于民相亲，民相亲在于心相通。""心相通"的深层基础是文化、关键在教育。目前，我国专家学者对"一带一路"沿线国家高等教育研究比较少、成果积累有限、研究时效性缺乏，尤其是对"一带一路"国家高等教育历史、现状与趋势，教育制度、政策与体系，人才培养体制与入学制度，教育国际交流与合作等缺乏比较研究，无法有效支撑"一带一路"沿线国家高等教育研究和实践活动。

　　2015 年至今，本项目团队聚焦"一带一路"高等教育，持续开展系统研究，形成立体化研究成果，部分弥补了国内研究不足。一是系统梳理各国教育体系。逐一展开对"一带一路"沿线国家教育制度、对华联系、招生考试等专题研究，已发表学术论文 70 余篇，出版"一带一路"沿线国家高等教育研究系列专著 6 部。二是聚焦"一带一路"沿线国家人才流动、招生质量、大数据库建设等关键议题，通过承担科研项目积极发挥智库作用。先后主持 2 项国家自然科学基金面上项目、6 项省部级项目，绘制形成 64 国学生流动图谱，长线追踪高质量生源流动轨迹。三是搭建平台举办系列学术会议。2015 年创立"一带一路"高等教育研究国际课题组，以国际课题组为平台，组织召开了 5 届"一带一路"高等教育国际会议，已成为全球范围内举办时间最早、系列化程度最高、学术影响最大的"一带一路"高等教育研究会议之一。四是成立"一带一路"教育大数据研究中心，成为面向"一带一路"沿线国家、以大数据为主要研究方法的国别和区域研究中心，基于大数据平台开展各类纵贯研究。

为进一步推进"一带一路"沿线国家高等教育研究，自 2021 年起，本项目团队在北京理工大学国际交流合作处、留学生中心、教务部、研究生院、科学技术研究院等相关部门和北京理工大学出版社的大力支持下，计划陆续推出《"一带一路"高等教育合作研究丛书》和《"一带一路"高等教育国别研究丛书》2 套丛书。《"一带一路"高等教育合作研究丛书》主要以"一带一路"区域国家高等教育为研究对象开展合作比较研究。《"一带一路"高等教育国别研究丛书》是以国家为单位，分册介绍"一带一路"沿线 64 国的高等教育概况。

《中国—南亚高等教育合作研究》是《"一带一路"高等教育合作研究丛书》的第二本图书，从高等教育发展历程、高等教育概况、高等教育国际化、高等教育交流与合作、代表性大学等方面介绍了南亚 7 个国家的高等教育概况和同中国的高等教育交流与合作。本书可以作为我国来华留学生教育管理工作者和计划赴"一带一路"沿线国家留学的学生和家长们了解生源国和留学目的地国的中高等教育概况以及高等教育分类、大学录取和入学考试制度、人才培养模式和质量、毕业就业情况、代表性大学介绍和排名、与中国交流合作开展情况等，同时也可作为高等教育研究人员开展"一带一路"沿线国家高等教育研究的基础素材。

本书由赵坤、沈佳培编著，由编写小组集体完成。在撰写过程中，得到了北京理工大学在校来华留学生和已毕业校友的大力支持，他们是阿玛尔（巴基斯坦）、乐比（孟加拉国）、安萨里（尼泊尔）、阿米乐（尼泊尔）、陈诗吟（马来西亚）等同学，在此表示衷心的感谢。

由于水平有限，时间仓促，本书中应该还存在一些不足，敬请专家学者和读者朋友不吝指教。

编著者

2022 年 2 月

目录

第一章　印度 ··· 001
    第一节　国家概况 ··· 001
    第二节　高等教育发展历程 ··· 003
    第三节　高等教育概况 ··· 007
    第四节　高等教育国际化 ··· 026
    第五节　中印高等教育交流与合作 ··································· 039
    第六节　代表性大学 ··· 056

第二章　巴基斯坦 ··· 069
    第一节　国家概况 ··· 069
    第二节　高等教育发展历程 ··· 072
    第三节　高等教育概况 ··· 080
    第四节　高等教育国际化 ··· 092
    第五节　中巴高等教育交流与合作 ··································· 097
    第六节　代表性大学 ··· 106

第三章　孟加拉国 ··· 114
    第一节　国家概况 ··· 114
    第二节　高等教育发展历程 ··· 117
    第三节　高等教育概况 ··· 120
    第四节　高等教育国际化 ··· 130
    第五节　中孟高等教育交流与合作 ··································· 133
    第六节　代表性大学 ··· 137

第四章　斯里兰卡 ··· 143
    第一节　国家概况 ··· 143
    第二节　高等教育发展历程 ··· 146
    第三节　高等教育概况 ··· 148

第四节　高等教育国际化 …………………………………… 160
　　　第五节　中斯高等教育交流与合作 …………………………… 164
　　　第六节　代表性大学 …………………………………………… 166

第五章　尼泊尔 ……………………………………………………… 170
　　　第一节　国家概况 ……………………………………………… 170
　　　第二节　高等教育发展历程 …………………………………… 172
　　　第三节　高等教育概况 ………………………………………… 175
　　　第四节　高等教育国际化 ……………………………………… 186
　　　第五节　中尼高等教育交流与合作 …………………………… 189
　　　第六节　代表性大学 …………………………………………… 195

第六章　不丹 ………………………………………………………… 198
　　　第一节　国家概况 ……………………………………………… 198
　　　第二节　高等教育发展历程 …………………………………… 200
　　　第三节　高等教育概况 ………………………………………… 202
　　　第四节　高等教育国际化 ……………………………………… 214
　　　第五节　中不高等教育交流与合作 …………………………… 219
　　　第六节　代表性大学 …………………………………………… 220

第七章　马尔代夫 …………………………………………………… 224
　　　第一节　国家概况 ……………………………………………… 224
　　　第二节　高等教育发展历程 …………………………………… 226
　　　第三节　高等教育概况 ………………………………………… 228
　　　第四节　高等教育国际化 ……………………………………… 236
　　　第五节　中马高等教育交流与合作 …………………………… 241
　　　第六节　代表性大学 …………………………………………… 244

第一章　印度

第一节　国家概况

印度共和国（The Republic of India，India），简称"印度"，位于南亚，是南亚次大陆最大的国家。东北部同中国、尼泊尔、不丹接壤，孟加拉国夹在东北国土之间，东部与缅甸为邻，东南部与斯里兰卡隔海相望，西北部与巴基斯坦交界。东临孟加拉湾，西濒阿拉伯海，海岸线长5 560公里。国土面积约298万平方公里，居世界第7位。截至2021年8月，印度共有人口13.9亿，居世界第2位。印度有100多个民族，其中印度斯坦族约占总人口的46.3%，其他较大的民族包括马拉提族、孟加拉族、比哈尔族、泰卢固族、泰米尔族等。世界各大宗教在印度都有信徒，其中印度教教徒和穆斯林分别占总人口的80.5%和13.4%。印度的官方语言为印地语和英语。印度的法定货币为印度卢比，货币代码为INR。2022年2月，人民币与印度卢比的汇率约为1∶11.89；美元与印度卢比的汇率约为1∶75。

印度是世界四大文明古国之一。公元前2500年至公元前1500年之间创造了印度河文明。公元前1500年左右，原居住在中亚的雅利安人中的一支进入南亚次大陆，征服当地土著，创立了婆罗门教。公元前 4 世纪崛起的孔雀王朝统一印度。公元前 3 世纪阿育王统治时期达到鼎盛，把佛教定为国教。公元 4 世纪笈多王朝建立，形成中央集权大国，统治 200 多年。中世纪小国林立，印度教兴起。1398 年，突厥化的蒙古族人由中亚侵入印度。1526 年建立莫卧儿帝国，成为当时世界强国之一。1600 年英国开始入侵印度。1757 年印度沦为英殖民地，1849 年全境被英占领。1947 年 6 月，英国通过"蒙巴顿方案"，将印度分为印度和巴基斯坦两个自治领。同年 8 月 15 日，印度独立。1950 年 1 月 26 日，印度宪法正式生效，印度成立共和国，同时仍为英联邦成员。

印度是世界第二人口大国，也是金砖国家之一，印度经济产业多元化，涵盖农业、手工艺、纺织以至服务业。印度 2/3 人口仍然直接或间接依靠农业维生，近年来服务业增长迅速，成为全球软件、金融等服务业最重要出口国。根据国际货币基金组织及世界银行数据，2020/2021 财年印度国内生产总值（GDP）为 2.7 万亿美元，人均 GDP 为 1 965 美元。

1950 年 4 月 1 日，中国和印度建交。20 世纪 50 年代，中印两国领导人共同倡导和平共处五项原则，双方交往密切。两国人文领域的交流与合作不断扩大。2011 年是"中印交流年"。4 月，"感知中国·印度行—四川周"活动在印度举办；5 月，国家新闻出版总署副署长邬书林访印，与印方签署关于编纂《中印文化交流百科全书》的谅解备忘录；7 月，印文化关系委员会与上海档案馆共同举办"泰戈尔中国之旅"图片展；9 月，印度 500 名青年代表访华，温家宝总理出席中印青年传统文化交流大舞台活动。2019 年，中印间人员往来约 106.74 万人次。2020 年，中印间人员往来约 20.74 万人次。疫情前，两国已开通北京、上海、广州、昆明至新德里、孟买、加尔各答等城市的直航航线，每周飞行 46 个班次。2006 年以来，中印百人青年团实现 14 次互访。2013 年 10 月，北京、成都、昆明分别与德里、班加罗尔、加尔各答签署建立友好城市关系协议书。2014 年 9 月，广东省与古吉拉特邦缔结友好省邦协议，上海与孟买、广州与艾哈迈达巴德缔结友好城市协议。2015年5月，首届中印地方合作论坛在北京举行，四川省与卡纳塔卡邦、重庆市和金奈市、青岛市和海德拉巴市、敦煌市和奥朗加巴德市建立友好省邦/城市关系。2017年12月，济南市与那格浦尔市签署建立友好城市关系协议书。2015年6月，中国为印度官方香客开通经乃堆拉山口入出境的朝圣路线。2015年，印度在华举办印度旅游年。2016年，中国在印度举办中国旅游年。2018年12月，国务委员兼外长王毅访问印度并同印度外长斯瓦拉吉共同主持中印高级别人文交流首次会议。2019年8月，印度外长苏杰生访华并同国务委员兼外长王毅共同主持中印高级别人文交流机制第二次会议。

中印在联合国、世界贸易组织、金砖国家、二十国集团、上海合作组织和中俄印等机制中保持沟通与协调，在气候变化、能源和粮食安全、国际金融机构改革和全球治理等领域携手合作，维护中印两国和发展中国家的共同利益。

第二节　高等教育发展历程

纵观印度高等教育历史背景，历代领导人的执政风格对高等教育发展有着不同影响。同时，政治制度、市场经济和社会思潮也分别对高等教育发展有着潜移默化的影响。其发展大致可以分为四个时期：一是放任自治期，在英国殖民时期（1857—1946年），英国政府对高等教育采取"放任自治"政策；二是政府主导期，在印度独立后（1947—1965年），中央政府不断对高等教育加以控制和垄断；三是双元集权期，在英迪拉·甘地（Indira Gandhi）执政时期（1966—1984年），对高等教育施行"双元集权"制；四是大众化时期，在印度现代高等教育全面发展阶段（1985年至今），高等教育开始为市场和全球化改革服务，形成了高等教育的"大众化"时期。

一、放任自治期（1857—1946年）

独立前的印度是英属殖民地，因此高等教育体系的建立也和英国的殖民统治相关联。在殖民地时期，印度于1857年建立了加尔各答大学、孟买大学和马德拉斯大学，它们被视为印度现代大学的先驱。在这一时期，印度的大学完全效仿英国教育系统，但教学能力和科研水平都不高。大学受各邦政府的管理和控制，只是简单地把分散在各邦的一些学院联合起来，主要职能是设计课程、举办考试和授予学位，并不重视科学研究。其办学目的是培养政府所需的精英人才，能够接受高等教育的均为统治阶层和社会上层人员，大多数学校也都只设立在大城市中，因此大多数印度人并没有接受高等教育的机会。英国政府也对印度的高等教育实施"高校自治"的放任政策，同时还鼓励非政府团体参与高等教育管理。

二、政府主导期（1947—1965年）

1947年印度独立后的高等教育改革过程，也是高等教育领导体制和政策措施不断改革与完善的过程。在这一时期，印度实行议会民主制度。尼赫鲁执政时期，长期控制印度政治，这种高度集权的政治制度在教育上的反映体现在中央政府对高等教育的集权控制。1950年，宪法确定了联邦制度的合法性，根据各邦的权力分配，教育是各邦的责任，但宪法并没有赋予各邦实际的自治权，而是赋予了中央政府更高的权力。中央政府负责协调和确定高等教育标准，负责科学技术类高校的经费资助。另外，如果议会规定了一所高校属于"国家重点学院"，该高校便可以摆脱本邦的管辖，直接受中央政府的控制和管理。为了进一步保障中央政府的权力，印度于1945年成立了全印度技术教育委员会（All India Council for Technical Education, AICTE），加强中央政府对科学技术类高等教育机构的监管。

在此时期，政府也采取了一系列推动高等教育发展的措施，高等教育迎来了史无前例的大发展。为减少中央的干涉，促进地方高等教育发展，宪法也明确了中央和地方政府（邦政府）的职责范围。除中央政府直接管理的几所大学外，剩余大部分院校由邦政府管理，而且邦政府有权批准邦立大学的设立。在这一时期，印度共建立46所大学、2 424所学院，其中大部分为地方大学和学院。

印度高等教育在这一时期的主要目标是扩大教育规模和提高教育质量。中央政府建立自治学院招收全国的优秀学生，以提高教育质量。各邦政府扩大地方院校的数量，来满足中上阶层对高等教育的需求，但地方院校较少关注教育质量，导致在这一时期印度的大学和学院虽然数量大幅增长，但教学质量没有得到较好的保障。

三、双元集权期（1966—1984年）

从1966至1984年印度主要是由英迪拉·甘地总理统治。直到1977年，由于英迪拉的长期个人专制领导，长期占据统治地位的印度国民大会党（The Indian National Congress，简称"国大党"）腐败现象越发严重，社会分裂与冲突加剧，印度民众对国大党失去信任。与此同时，各反对党也在不断崛起和壮大，相互之间加强了联合。英迪拉迫于政治形势的变化，将高等教育权下放于各个邦政府。1976年宪法修正案（The Constitutional Amendment of 1976）规定了教育是中央和地方政府的共同责任，中央政府的责任是维持质量标准，而地方政府的责任是具体的教育管理。至此，印度在法律上确定了高等教育的双元管理模式。

除此之外，在这一时期国家政策还要求各个邦减缓高等教育扩张的速度。在英迪拉执政时期，政府把基础教育列入国家的"一五"至"三五"发展规划中，力求通过在地方推广基础教育，使教育兼顾社会各个阶层以减少文盲。但这一改革却面临着极大困难，如教育资金短缺、组织管理不善、师资不足、经济效益低等。与此同时，社会也正面临着工业、农业和高科技产业的人才短缺。因此，1966年，印度政府的第四个五年规划重点转向发展高等教育，以培养高等人才、推动现代科技发展、加快社会进步与经济发展为目标。1966年，印度教育委员会发布报告《教育和国家发展》，指出要创办高级研究中心和真正具有国际化水平的大学。同期，政府也制定了保障大学发展的一系列高等教育法。自此，印度政府的教育政策开始全面向高等教育倾斜。在这一时期，英迪拉也在努力平衡着高等教育的公平与规模这两项双重目标，中央政府负责教育公平的目标，地方政府负责教育扩张的目标。这一时期的高等教育改革更加全面地阐述了高等教育在国家经济社会发展中的重要作用，在进一步加强了高等教育集权的同时，也给予地方大学一定的自治权。

从独立后到1985年间，印度共建立大学117所、学院4 364所，学生人数也从独立初期的22.5万人增长到1985年的344.2万人。在这两个时期，印度基本上建成了专业齐全、数量众多、类型各异的高等院校，形成了庞大的高等教育体系，为印度培养了一批高层次人才。但与此同时，高等教育的飞跃式发展也给印度带来了一些问题。第一，印度因在这段时期过分重视高等教育，忽视基础教育，导致印度文盲率居高不下。由于基础教育差，严重影响了高等教育的学生质量，这直接影响了高等教育的良性发展。第二，印度的研究生教育发展速度飞快，但教育的师资和物资又无法满足研究生教育的需求，印度的经济实力并不能支撑其研究生教育的发展，导致研究生质量下降。

四、大众化时期（1985年至今）

在经历了高等教育的政府主导期和双元集权期后，印度教育部门意识到了高等教育所面临的问题。因此，从1985年开始，印度政府开始重新审视高等教育政策及改革发展策略。1985年，印度高等教育委员会（Higher Education Commission of India，HECI）在《教育的挑战：一个政策框架》报告中提出对本国高等教育本科和研究生教育方面进行改革。20世纪90年代后，印度为了摆脱经济困境，开始了以市场化、自由化和全球化为导向的经济改革。为适应经济改革需求，1992年印度颁布了《国家教育政策修正案》，提出"发展自治学院，设立邦高等教育委员会"等一系列举措。在这一政策鼓励下，印度的一部分私立大学和学院开始发展。政府也于 1993 年成立了专门负责制定私立高等教育投资政策的领导机构。自此私立高等教育在印度开始发展。

进入 21 世纪，印度于 2002 年成立了国家知识委员会，主要任务是针对国家核心领域制定教育政策和提出指导意见。该机构的报告是印度高等教育改革和发展最重要的政策依据。

2007 年，印度制定《第十一个五年规划》(2007—2012 年)，规定了印度高等教育发展的基本原则。一是继续扩大高等教育规模，发展综合性高等教育院校。印度的毛入学率较发达国家还有很大差距，为提高人民的入学机会，印度计划到 2015 年各个类型的大学和学院数量增加至 1 500 所，使印度高等教育入学率达到 15%，在校生人数达 2 000 万人。二是全面提升教育质量。印度政府提出要增加现有高等院校办学的自主性，缩小不同地区之间院校教学质量的差距，整体提升高等教育水平，同时在"十一五"期间建设 14 所世界一流大学。三是保证弱势群体受教育机会。确保公民不因贫困、种族、宗教等而无法入学，同时制订边远地区教育扶持计划，保障弱势群体受教育的机会。

第三节　高等教育概况

现代化进程加速推动了印度高等教育的改革与发展。印度通过严格的高等教育招生录取机制不断完善人才培养模式，培养了大批高级人才投身到国家现代化建设中。同时，印度政府就高等教育正在面临的布局不合理、治理不灵活等问题出台了《国家教育政策 2020》，重点解决高等教育的人才培养体系、科研创新体制等方面问题，为印度高等教育今后的发展指明方向。

一、分类及规模

印度高等教育机构分为大学（或学院）和大专。大学又分为单一大学（Unitary University）和附属大学（Affiliating University）。单一大学是由大学本部、学院/系构成，主要开展研究生教育，还有少量本科生教育，是一般意义上的大学。附属大学除了本部、学院/系，还有大量的附属学院（Affiliated College），主要开展本科生教育，还有少量研究生教育。

（一）学校规模

1. 大学

根据印度教育部高等教育报告，印度2019—2020年度共有大学1 043所（见表1-1），其中包括48所中央大学（Central University）、135所国家重点研究所（Institution of National Importance）、386所邦立大学（State Public University）、327所私立大学（State Private University）、5所邦立法认可学院（Institution Under State Legislature Act）、16所函授大学（Open University）和126所各类认定大学（Deemed University）。

表1-1　2015—2020年印度大学数量

单位：所

年度	2015—2016	2016—2017	2017—2018	2018—2019	2019—2020
数量	799	864	903	993	1 043

在1 043所大学中，有307所大学拥有附属学院。附属学院有以下几个特点：第一，按照印度大学法规定，大学实行辖区制，即大学只能在政府为它划定的行政区内认可其附属学院，并且附属学院只可从划定的区域内招生。这就造成了印度的大学数量并不多，但一所大学可以拥有几十所甚至上百所附属学院。第二，印度大学的附属学院近90%是私立的，政府通过大学对其附属学院提供一定的补贴，但金额远远少于公立学院，学院的日常运行还是要靠学生缴纳的学杂费来支撑。第三，大学的附属学院不提供学位课程，学生如需获得学位需要参加此附属学院依附的大学组织的考试，由大学授予学位。在课程、教学大纲、教学安排方面，附属学院没有任何

自主权，均需在其所属大学的严格控制和监督下进行。这种集权式制度也在一定程度上扼杀了附属学院的积极性和创新性，它们仅仅成了大学的一个教学单位。近5年，印度附属学院的规模总体保持平稳（见表1-2）。2019—2020年度，印度共有附属学院42 343所，其中著名的孟买大学就拥有354所附属学院。

表1-2 2015—2020年印度附属学院数量

单位：所

年度	2015—2016	2016—2017	2017—2018	2018—2019	2019—2020
数量	39 071	40 026	39 050	39 931	42 343

2. 大专

印度还有一种高等教育机构，称为独立机构（Stand Alone Institutions），即我们所说的大专。印度的大专共分为七种类型，即技术类（Technical）、教师培训类（Teacher Training）、护理类（Nursing）、管理学研究生文凭（Post Graduate Diploma in Management，PGDM）、中央部委直属类（Institutes under Ministries）、辅助医疗类（Paramedical）、酒店管理和餐饮类（Hotel Management & Catering），只授予文凭（Diploma）。2019—2020年度，印度共有大专11 779所（见表1-3），其中76.2%为私立，23.8%为公立。

表1-3 2019—2020年度印度大专数量

单位：所

种类	技术类	教师培训类	护理类	管理学研究生文凭	中央部委直属类	辅助医疗类	酒店管理和餐饮类	总计
数量	3 805	3 849	3 264	321	108	388	44	11 779

（二）学生规模

印度高等教育的学位主要分为8个类别，即博士（Ph.D.）、研究型硕士（M.Phil.）、硕士（PG）、本科（UG）、硕士文凭（PG Diploma）、文凭（Diploma）、证书（Certificate）和本硕/硕博连读（Integrated）。印度高等教育学生数量逐年递增（见表1-4），2019—2020年度，在校生总人数为38 536 359人，其中本科生规模最大，占79.5%。

表1-4　2015—2020年印度不同学生类别人数及其复合年均增长率（CAGR）

学生类别	学生人数/万人					CAGR/%
	2015—2016	2016—2017	2017—2018	2018—2019	2019—2020	
博士	12.6	14.3	16.2	17.0	20.3	8.5
研究型硕士	4.3	4.3	3.4	3.0	2.4	−8.1
硕士	391.7	400.7	411.4	404.2	431.2	12.2
本科	2 742.1	2 834.8	2 901.6	2 982.9	3 064.7	19.1
硕士文凭	23.0	21.3	23.5	22.5	21.7	−7.6
文凭	254.9	261.1	270.8	270.0	267.4	9.4
证书	14.4	16.7	17.7	16.3	15.9	5.9
本硕/硕博连读	15.5	17.4	19.6	24.0	30.0	9.8
总计	3 458.5	3 570.6	3 664.2	3 739.9	3 853.6	19.9

二、招生机制

（一）本科生招生录取机制

印度大部分大学为公立大学，包括中央大学、邦立大学、国家重点研究所和各类认定大学4种类型。由于邦立大学和私立大学的招生录取有很大的自主性，每个邦的情况各不相同，并无统一标准和程序，因此本书主要介绍直属中央管辖的公立大学本科招生录取机制。

1.考试类型及标准

印度没有类似于我国的普通高等学校招生全国统一考试，在招生政策的实施上，公立大学的招生录取主要参考以下3种考试。

（1）印度学校证书考试

印度学校证书考试（India School Certificate Examination，ISCE）是

以1986年印度政府出台的《国家教育政策》为基础组织的方式，组织机构是印度学校证书考试委员会（Council for the Indian School Certificate Examinations，CISCE）。该考试采取校外测评和校内测评相结合的综合评价体系，考生必须同时在这两项测评中达标才可被视为考试通过。印度学校证书考试委员会负责校外测评部分，英语是必考的考试科目，选考科目包括数学、物理、化学、历史、地理等29门。学生根据大学的录取要求和自身兴趣选择3~5门选考科目，必考和选考科目数量不得超过6门。单科分数满分为100分，40分为及格分。校外测评的最终成绩以数字1~9的等级来呈现，"9"代表考试未通过。内部测评主要由所在中学负责，针对学生参与社会实践活动和社区服务方面进行评价，最终成绩以A~E的等级来呈现，"E"代表考试未通过。

（2）高中证书考试

印度于1995年1月成立了中央中等教育委员会（Central Board of Secondary Education，CBSE），实施高中证书考试制度（Senior School Certificate Examination）。同样，高中证书考试也采取校内校外相结合的评价体系。校外测评由中央中等教育委员会负责，考试的必考科目为英语或一门区域语言（Local Language），学生根据所要报考的大学专业再选择4~5门选考科目。每门考试科目满分100分，33分为及格分。选考科目中，如物理、化学、生物等，80分为理论知识笔试分数，20分为实践操作分数；另外一些如数学、政治、地理等科目，不需要考查实践操作，100分均为理论知识分数。学生的最终成绩以等级形式呈现，共分为8个等级，即A-1、A-2、B-1、B-2、C-1、C-2、D、E。前1/8的考生为A-1级，下一个1/8的考生为A-2级，以此类推，E级表示未通过考试。校内测评由高中学校自行完成，对学生的通识教育、社会经历、体育和卫生教育课程进行考核评价。最终分数以等级形式呈现，E为未通过考试。校内测评的分数会受中央中等教育委员会的抽检。只有校外校内考试都通过的学生才被视为考试通过。

（3）全国专业性联合入学考试

印度还设立了国家测试机构（National Testing Agency，NTA），该

机构由教育专家、考试研究专家、心理测试专家等专业人员组成,负责组织全国专业性联合入学考试。联合入学考试分为两种,一种是工程类的主要联合入学考试(Joint Entrance Examination–Main,JEE–Main),另一种是医学类的国家资格入学测试(National Eligibility Entrance Test,NEET–UG)。

工程类主要联合入学考试分为两种试卷:试卷一针对机械或技术类专业进行考核,考试科目有数学、物理和化学三门;试卷二针对建筑类专业进行考核,考试科目有数学、能力(Aptitude)和制图(Drawing)三门。考生可根据大学专业要求选择考其中一种试卷或两种试卷。在报考条件上,学生需要在当年或前两年通过高中证书考试或得到大学资助委员会(University Grants Committee,UGC)认证的高中相关资格考试且科目不少于5门。医学类的国家资格入学测试科目为物理、化学和生物,考试题型全部是客观题,考试时间为3小时。

印度证书考试和高中证书考试是普通高中毕业生必须参加的两种考试,全国专业性联合入学考试是在前两种考试的基础上进行工程或医学类的专业人才选拔,即如果申请工程学或医学类专业的学生还需参加全国专业性联合入学考试,成绩达标才有可能被录取。

印度教育部公布的数据显示,2019—2020年度,印度在校注册本科生中,排名前三的专业类别分别为人文科学(占比32.68%)、理学(占比16.10%)和商业学(占比14.09%),工程技术学、教育学、医学紧随其后(见表1-5)。

表1-5　2019—2020年度印度本科生专业人数及其占比

项目	人文科学	理学	商业学	工程技术学	教育学	医学	其他
人数/人	9 655 586	4 755 384	4 163 128	3 727 185	1 626 765	1 352 118	4 260 512
占比/%	32.68	16.10	14.09	12.62	5.51	4.58	14.42

2.本科招生录取特点

随着社会发展的需求,印度高等教育规模不断扩张。另外,印度人口众多，为了选拔出最合适的人才，印度公立大学的招生制度也呈现出其独有的特色。

（1）专业性强

印度的大学可分为普通大学和专业性大学，专业性大学的发展和教育水平较高，尤其是工程类大学。由于国家工业建设发展对高层次人才的需求日益增加，印度政府出台了一系列政策促进工程类高等教育迅速发展。因此，报考工程类专业的学生人数也与日俱增。为了选拔更优秀的学生，工程类大学的招生录取比普通大学的录取更为严格。学生依据专业来报考大学，在进入高中前就要确立基本专业方向并在高中阶段选择相关专业要求的科目学习。普通大学的录取条件是考生参加高中证书考试和印度学校证书考试并通过即可，但工程类和医学类大学还需考生参加全国专业性联合入学考试。由于政府给予公立大学的自主权很大，有些大学还可根据本校要求和特点组织自主考试，如印度理工学院。

专业性强的招生方式为印度工程和医学领域筛选出了一批优秀学生，但考生要面临巨大的压力。一些工程类大学的入学考试难度大，招生门槛高，招生数量少，竞争十分激烈。以印度理工学院为例，据统计，2015年报考印度理工学院的学生约为45万人，当年仅录取不到1.3万人，录取率仅为2.89%。在印度，一些想报考印度理工学院的学生甚至从9年级就开始根据录取条件准备考试。

（2）分层考试录取

在印度高等教育的大众化阶段，印度公立大学的招生采用分层考试的模式来满足精英大学与普通大学的需求，也增加了学生接受高等教育的机会。在中央层面上，有印度学校证书考试委员会组织的印度学校证书考试和中央中等教育委员会组织的高中证书考试。在地方层面上，大多数邦政府在行政区内设置了地方级的中等教育委员会，针对本邦的教育情况组织高中相关资格考试，但这一资格考试必须得到大学资助委员会的认可才有效。

在工程类大学分层考试中，因考试举办主体不同，其分层考试可分为两种类型。在第一种类型中，高中证书考试（中央级）和高中相关资格考试（地方级）作为工程类的主要联合入学考试的预备考试，考生在这两种考试中成绩达到前 25% 才有资格参加正式的工程类的主要联合入学考试。第一类型的考试主要适用于印度 31 所"国家重要技术机构（NIT）"、23 所印度信息技术研究所（IIIT）和其他一些中央资助的技术类院校（Centrally Funded Technical Institutes）。在第二种类型中，工程类的主要联合入学考试作为高级工程类的主要联合入学考试（JEE-Advanced）的预备考试。如印度理工学院，要求考生通过由国家测试机构组织的工程类的主要联合入学考试，并且成绩达到一定排名才有资格参加印度理工学院组织的高级工程类的主要联合入学考试，这一成绩也被其他理工类院校认可，可作为其他类理工院校的录取依据。

在分层考试的体系下，印度的考试种类虽然多，但时间上并不冲突，全国性的考试主要集中在每年 3~5 月，各个高校的自主考试主要在 4~6 月。但对于一些想要有更多录取机会的考生来说，他们既参加中央组织的考试又参加地方组织的考试，因报考学校和专业的要求，还会参加高校的自主考试，因此，这类考生每年在 3~6 月的考试季中要参加 4~5 次考试，有的考生甚至参加 20 多次考试，这也会给考生和考生的家庭带来巨大的经济和心理负担。

（3）强调教育公平

印度教是印度的第一大宗教，种姓制度是印度教的一大特征，迄今已有 3 000 多年的历史。种姓制度将人分为婆罗门、刹帝利、吠舍和首陀罗四种，前三种为高种姓，后一种是以奴隶为主的低种姓，此外还有这四个等级之外、处在社会底层的"不可接触者"（即贱民或表列种姓）。印度独立后，由于种姓制度被取消，印度教徒被分为"先进阶层"和"落后阶层"。实际上，"先进阶层"就是过去的高种姓，"落后阶层"由表列种姓、表列部落以及"其他落后阶层"组成，表列种姓就是过去的贱民，"其他落后阶层"意为表列种姓和表列部落以外的"落后阶层"，由过去的首陀罗低种姓组成。印度独立后，当时的印度领导人认识到，种姓制度是造成印度社会割裂、种姓冲突和社会不平等的重要原因，虽然印度宪法从法理上废除了种姓制度，但其影响仍根深蒂固，一时难以根除，有必要对低种姓和贱民等实行保留制度，为其在受教育和就业方面提供相对平等的机会。印度宪法确立了弱势群体主要由"表列种姓""表列部落""其他落后阶层"构成并规定了相应的保留比重。贱民（约占印度总人口的16%）和生活在偏远山区或森林中的原始部落（约占印度总人口的8%）在印度社会中受压迫和歧视最深，属于首先被考虑的对象。

为了更好地实现教育公平，早在英国殖民统治时期，印度高等教育就实施了席位保留政策。1935年，为更好地维护殖民统治，英国政府出台对表列种姓的倾斜政策，以提升这一群体的社会地位。表列种姓和表列部落的保留制度自实行后每10年审查一次，已连续顺延至今。印度高等教育席位保留政策广泛应用于公立大学招生中。印度宪法规定，公立大学必须为表列种姓保留15%的招生名额，为表列部落保留7.5%的招生名额，为其他落后阶层保留27%的招生名额。目前，公立大学对于弱势群体席位保留比例高达49.5%。另外，印度在1995年通过了《残疾人法案》，要求政府主办的教育机构或受政府扶植的教育机构要为残疾人保留不低于3%的招生名额。为更好地实施席位保留政策，公立大学也会对弱势群体考生降低招生录取分数线。

席位保留政策较好地实现了印度的教育公平，但在具体实施过程中也面临着一些问题和挑战。如弱势群体在被录取后选择了弃权，导致公立大学为其保留的招生名额浪费；又因公立大学为弱势群体降低了录取分数线，导致这类学生在学习中很难适应大学的难度，产生巨大心理压力和负担，经常中途辍学。这一政策在实施过程中虽然还不完善，但确实提升了印度弱势群体获得高等教育资源的机会，也为促进阶层流动作出了巨大贡献。

（二）研究生招生培养情况

印度研究生的培养形式可分为硕士、研究型硕士、博士、硕士文凭和本硕/硕博连读。本书将重点阐述硕士、研究型硕士和博士三种类型的招生机制。

印度的研究生采取申请审核制，但仍需参加国家的研究生入学考试。国家的研究生考试主要有两个。一个是工程学研究生能力测试（Graduate Aptitude Test in Engineering，GATE）。这是由印度教育部高等教育司授权印度科技学院和印度理工学院的7所分校组织的国家级别的研究生考试，申请工程学、建筑学、理学类的硕士、研究型硕士、博士以及申请政府奖学金、助学金的学生必须参加此考试，GATE考试也被一些政府企业用于招聘。GATE的分数有效期为3年，考试共有27个科目，考生根据自己申请的专业选择考试科目。考试共计6天，每年2月或3月进行考试，考试在印度所有城市和印度之外的6个城市举办。GATE的分数以百分制计算，成绩单上的分数并不是实际得分的绝对值，而是显示在同一年考试的所有学生中该生的水平超过了百分之多少的学生，如93分，证明该生在这一年的考试中超过了93%的学生。除此之外，自2004学年开始，申请印度理工学院的研究生还需要参加印度理工学院专门的硕士联合入学测试（Joint Admission Test for Masters，JAM）。JAM的设立主要是为国家筛选出希望从事理学类别相关工作或以科研为目标的优秀学生就读印度理工学院硕士学位。JAM考试分为7科，生物技术（Biotechnology，BT）、数学（Mathematics，MA）、数学统计（Mathematical Statistics，MS）、物理（Physics，PH）、化学（Chemistry，CY）、经济（Economics，EN）、地理（Geology，GG）。

另外一个是国家能力测试（The National Eligibility Test，NET），由大学资助委员会授权研发，用于印度所有大学和学院测试申请助理教授（Assistant Professorship）和初级研究员奖学金（Junior Research Fellowship，JRF）。截至2018年6月，NET已经在印度的91个城市举行过考试，每两年举行一次考试。

与本科生相比，印度研究生的整体规模较小，这与高等教育机构的培养能力密切相关。在印度高等教育的大众化阶段，印度大学和学院的数量迅速增加，但大部分学院只能开设研究生以下的课程，不具备研究生培养能力和资质。在印度12类高等教育机构中，以邦政府主导的大学是研究生培养的主要力量，私立高等教育机构由于教学实力欠缺，还无法推动研究生教育规模的扩张。

在学科类别选择上,2019—2020 年度印度博士生人数占比最大的学科类别是工程学,注册人数为 52 478 人,占比 25.9%;第二大学科类别是理学类,注册人数为 50 936 人,占比 25.1%;排名第三的学科类别是社会科学类,注册人数为 19 965 人,占比 9.85%。从 2011—2020 年,印度工程学类博士生人数的增长速度最快,但硕士生人数在这一学科类别呈现下降的趋势。2019—2020 年度印度硕士人数生排名前三的学科类别分别是:社会科学类,占比 18.6%;管理类,占比 15.44%;理学,占比 15.43%。

三、人才培养

印度高等教育的"大众化"阶段,高校规模和数量已经处于世界领先地位。2014 年,达摩达尔斯·莫迪(Narendra Modi)当选总理后,将高等教育作为印度大国发展战略的软实力,重视人才培养对科技创新、产业发展的推动作用,期待将印度建设成为一个"强大、自立、自信"的国家,并成为"全球领导大国"(A Leading Power)。和中国一样,印度也实行 9 年义务教育,1~5 年级是小学,6~8 年级是高小教育,9~10 年级是初中,11~12 年级是高中。印度本科教育培养年限由专业决定,如工程技术类、农学类的专业和牙医专业需要 4 年,医学类专业需要 5.5 年,大部分硕士学位需要 2 年,继续攻读博士学位需要 3 年左右。

印度人力资源开发部(Ministry of Human Resource Development)的报告中提到,"印度正处于高等教育大众化初级阶段,到 2022 年,印度高等教育的入学率将达到 32%"。为解决印度高等教育面临的历史遗留问题和当今社会对高层次人才需求的矛盾,印度颁布了《国家教育政策 2020》,在高等教育发展方面,改革的主要目标是优化高等教育结构和布局、促进学科交叉融合、质量监督透明高效。

(一)结构体系改革

《国家教育政策 2020》指出,要依据国际标准建立高质量大学,要扭转印度高等教育的碎片化分类,废除以前的"准大学""附属大学""附属学院""单一大学"等复杂的命名体系。所有高校都将转制为规模较大的多学科交叉的大学或学院。印度政府计划在2030年完成高等教育机构分类合并,将以前的12种合并为3种,即研究型大学、教学型大学和独立学院(Autonomous Degree-granting College)。在地区分布上,确保三类大学在全国均衡分布,全面实现高等教育普及化。三种类型大学各司其职,各具特色。第一类研究型大学以科研与教学并重为原则,提供学士、硕士、博士三个层次的学位教育,重点落在前沿科学研究和知识转化,使其成为印度高等教育的引领者并在国际上具有一定竞争力。第二类教学型大学提供学士、硕士、博士和专业教育等层次的跨学科教学,将高层次人才培养作为其办学核心,在此基础上开展科学研究。科研竞争力强的教学型大学可转型为研究型大学。第三类为学院,主要开展本科教学、文凭、资格教育、职业教育。这类高校应注重高质量教学,若有实力开展高层次前沿科学研究的升级为第二类或第一类大学。这三类高等教育机构会依据其科研能力进行动态调整。到2030年,印度高校数量将大幅减少(合并小学校),到2035年,高等教育毛入学率将提高到50%。

在学位授予上,《国家教育政策2020》将学位授予权进一步扩大到独立学院,但独立学院仅可授予学士学位,大学(第一类和第二类)可授予本、硕、博士学位。到2032年,印度所有高等教育学位、文凭和各类资格证书都只能由三类注册的高校授予,所有"附属学院"都将转型为独立学院或发展为第一类和第二类大学。

(二) 人才培养体系改革

在高等教育人才培养方面,印度《国家教育政策2020》将重点建立多学科交叉融合和科研教学相互协同的机制。

在本科生教育中,印度将打破传统的教育体系,重新设置本科教育项目,使不同学科充分交叉融合,课程设置的深度和广度更加实用。新的本科教学课程体系包括两个方面:一是面向所有学生开设的公共必修核心课程,旨在培养学生的判断性思维、沟通能力、审美素养、科学方法、社会认知等;二是开设深度专业学习课程,学生可根据自身能力和兴趣选择1~2个主修的专业领域深度学习。在教育薄弱地区设立以人文科学为主的四年制本科教育机构,以加强当地教育,并将这些机构设为"示范本科学院",由政府确保其基础设施和师资力量能够满足教育高质量发展"。在新教育政策的规定下,在本科阶段,学生可以选择不同的学制完成学业(见表1-6)。

表1-6 印度本科学制

学制	所获资质
本科一年	资格证书(Certificate)
本科两年	高级文凭(Advanced Diploma)
本科三年	学士学位(Bachelor's Degree)
本科四年	研究型学士学位(Bachelor's with Research)

在研究生教育中,《国家教育政策2020》强调推进科教深度融合,所有硕士和博士研究生都应培养其跨学科知识创新能力,全面形成教育教学、科学研究、创新服务创新人才培养模式;打破现有高等教育学科之间的边界,鼓励研究生跨学科学术交流,围绕水清洁、环境可持续发展、性别平等、高危语言保护、非物质文化遗产保护等社会重大问题开展跨学科研究,推动跨学科研究范式制度化。

(三) 质量保障体系改革

印度高等教育质量保障机构主要由人力资源开发部、大学资助委员会、全印度技术教育委员会和其他相关质量认证和评估部门构成。1994年,大学资助委员会倡导成立了一个独立机构,即国家评估与认证委员会(National Assessment and Accreditation Council,NAAC),主要负责评估与认证普通高等院校。这标志着印度高等教育质量保障体系的初步建立。同年,全印度技术教育委员会也成立了一个独立机构,即国家认证委员会(National Board of Accreditation,NBA),主要负责评估和认证技术类专业课程。

1. 国家评估与认证委员会（NAAC）

国家评估与认证委员会的主要做法就是把各高校现有的状况与标准进行横向比较，找出学校的长处和不足，向学校提出适当建议，从而促进其进步和发展。NAAC会对学校和教学体系分别进行认证，学校认证的对象包括大学和学院，教学体系认证是对大学教学中所有学科的水平认证。NAAC的认证内容包括课程评估、教学评估、基础设施与资源、科研、学生资助与发展、组织机构管理、学校运作7个方面。NAAC最终会将评估定级、分数和认证报告反馈给各高校，认证结果有效期为5年。若高校想提高自己的认证等级，认证合格1年后可申请再次进行评估与认证。

2. 国家认证委员会（NBA）

国家认证委员会的认证对象是专业课程，而非高校本身。它主要对工程技术、管理、建筑、医药、酒店和餐饮管理、城镇规划和应用工艺7个专业的文凭、本科学位和研究生学位的专业课程进行评估认证，目的在于帮助筛选出达到国家认可标准的专业课程，为现有课程和开设新的专业课程提供指导方针，并鼓励全国技术类教育保持高水平高质量发展。

面对印度目前较为复杂和交叉的评估体系，《国家教育政策2020》也同样对高等教育的保障体系提出改革要求。政策指出，印度高等教育委员会统一领导，下设4个独立的机构，各尽其职，分别为：国家高等教育监管委员会（National Higher Education Regulatory Council，NHERC），全面负责所有类型的高等教育机构，制定并实施高等教育相关的法律法规；普通教育委员会（General Education Council，GEC），制定全国高等教育资格框架和学习效果评价机制，对全国高等教育授予学位、文凭、资格证书的资格进行认定；高等教育资助委员会（Higher Education Grants Council，HEGC），依据标准向全国高校的教学和科研进行拨款资助；国家鉴定委员会（National Accreditation Council，NAC），建立全国性高等教育资格认证体系和标准，对高等教育机构的质量和水平进行分层评估和认证。

这些相对独立的教学保障机构都必须采取高效透明的原则，通过多层次的监管，避免高校教育的商业化现象。所有高等教育机构，无论是公立还是私立，都要秉持非营利准则。对私立高校的学费标准，国家也将给予指导性意见并给出上限标准，确保私立高校收费的公开透明。

四、学生毕业和就业情况

2019—2020年度，印度高校毕业学生人数超过940万人，其中博士生38 986人，研究型硕士生18 220人，硕士生1 577 704人，本科生6 650 071人，获得硕士文凭的189 608人，获得文凭的807 330人，获得资格证书的80 927人，本硕/硕博连读毕业生39 064人（见表1-7）。2015—2020年印度高校毕业生人数逐年递增，博士生增长幅度最大。印度博士生注册和学位授予数量快速增加有两个主要原因：一是为了满足印度不断扩张的高校规模对师资的需求，政府加快对博士生的培养以缓解高校师资短缺的问题；二是为了满足印度经济快速发展对高层次人才的需求。

在就业方面，无论是本科、硕士还是博士培养，印度高校都十分重视以就业为导向。《2018年印度技能报告》（India Skills Report 2018）显示，工程学和医学类专业的毕业生就业率最高。同年，印度高校毕业生中，理学类专业毕业生数量最多，工程技术学类次之。56.5%的工程技术学类专业的硕士生毕业后选择继续在相同领域攻读博士学位，农学类为52.9%，理学类为19.4%，医学类为15.5%。

印度国内的就业环境无法为印度的高校毕业生提供充足的就业岗位，造成了大量的高质量人才流失。印度当局在2017年指出，60%的工程技术学类专业毕业生仍处于失业状态。而2013年对6万名不同专业的大学毕业生进行的一项研究发现，其中47%的人无法在任何技术行业找到工作。与此同时，印度的总体青年失业率在过去10年里一直维持在10%以上，导致印度理工学院等排名靠前的重点大学的大量毕业生赴美深造和工作。

表 1-7　2015—2020 年印度高校各类毕业生人数及其占比

年度	博士	研究型硕士	硕士	本科	硕士文凭	高级文凭	资格证书	本硕/硕博连读	总计
2019—2020	38 986 人 0.41%	18 220 人 0.19%	1 577 704 人 16.78%	6 650 071 人 70.73%	189 608 人 2.02%	807 330 人 8.59%	80 927 人 0.86%	39 064 人 0.42%	9 401 910 人 100%
2018—2019	40 813 人 0.45%	25 787 人 0.28%	1 500 064 人 16.50%	6 474 715 人 71.21%	159 697 人 1.76%	783 914 人 8.62%	75 358 人 0.83%	31 550 人 0.35%	9 091 898 人 100%
2017—2018	34 400 人 0.38%	28 059 人 0.31%	1 504 403 人 16.77%	6 419 639 人 71.58%	143 176 人 1.60%	737 007 人 8.22%	75 383 人 0.84%	26 409 人 0.29%	8 968 546 人 100%
2016—2017	28 779 人 0.32%	26 325 人 0.29%	1 477 919 人 16.51%	6 456 386 人 72.11%	129 032 人 1.44%	740 561 人 8.27%	67 933 人 0.76%	26 151 人 0.29%	8 953 086 人 100%
2015—2016	24 171 人 0.27%	23 124 人 0.26%	1 404 996 人 15.88%	6 331 999 人 71.55%	175 353 人 1.98%	788 322 人 8.91%	78 788 人 0.89%	22 604 人 0.26%	8 849 357 人 100%

五、师资

印度高校教师的增长速度远远低于学生人数的增长，高校师资短缺问题也是一直影响印度研究生入学和培养质量的关键。印度"十二五"规划中曾提出"教师人数要从80万人增长到160万人"，为了实现这一目标，无论是公立大学还是私立大学，都要扩大研究生招生规模。2019—2020年度，印度高校共有教师150.32万人，其中教授或同等职称（Professor & Equivalent）的人员占9.3%，准教授或副教授（Reader & Associate Professor）占10.7%，讲师/助理教授（Lecture/Assistant Professor）占68.1%，助教（Demonstrator/Tutor）占5.3%，临时教师（Temporary Teacher）占5.6%，访问教师（Visiting Teacher）占1.0%。2016—2020年，印度高校教师整体仅增长了9.1%，相比2015年反而有所下降（见表1-8）。

表1-8　2015—2020年印度高校教师数量

单位：万人

年度	教授	副教授	助理教授	助教	临时教师	访问教师	总计
2019—2020	13.98	16.01	102.35	8.02	8.50	1.46	150.32
2018—2019	12.89	15.26	97.12	7.32	7.75	1.29	141.63
2017—2018	11.42	13.94	88.84	6.43	6.69	1.16	128.48
2016—2017	12.52	14.76	94.56	6.85	6.69	1.20	136.58
2015—2016	14.60	17.46	100.91	7.69	11.20	2.33	154.19

印度高校教师并非全部具备指导研究生的资格，且指导数量也受限制。印度大学中具有博士学位的人员仅占35%。根据印度大学资助委员会的规定，具有博士学位是成为研究生导师的必要条件之一。在这个前提条件下，教授最多可以指导3个研究型硕士生和8个博士生，副教授最多可以指导2个研究型硕士生和6个博士生，助理教授最多可以指导1个研究型硕士生和4个博士生。教师的短缺严重影响了高等教育的

教学质量。

六、经费

印度独立后，高等教育经费主要来源分为政府投资和非政府投资。政府投资来自中央政府、邦政府、地方机构；非政府投资来自学生的学费、高校自筹经费、私人捐款和国际援助等。

政府投资的主体是中央政府和邦政府。根据资助模式，主要分为政府直接资助和政府间接资助两种。政府直接资助就是政府将高等教育经费直接拨给高校或相关机构。1954年政府成立的印度大学资助委员会就是负责提供经费，协调、决定、维护高等教育标准的法定机构。为确保高等教育经费得到合理的利用，印度大学资助委员会决定把财政拨款和高校办学绩效评估相结合，实施绩效资助。因此在1994年成立了国家评估与认证委员会，作为印度大学资助委员会下设的自治机构。国家评估与认证委员会对各高校进行评估，将各高校的绩效水平作为其经济资助的依据，这样就将高校的绩效与政府资助结合在了一起。政府的间接拨款则是将高校教育经费通过资助的方式直接拨给学生，再由学生以学费或学杂费的形式支付给学校。一般情况下，政府投资以直接资助为主。

在非政府投资中，学生的学费是高校的主要经济来源。印度的公立院校自独立以来依赖于政府经费，学生的学费一直较低，政府规定学生的学费不得超过学校总收入的10%。因此公立高校的学费远远低于其教学成本，贡献度可以忽略不计，但学杂费如申请费、实验室费、证书费用等却大幅上涨，因为公立高校学杂费的额度可由学校自己制定和支配。私立高校的学费是其收入的主要组成部分，一般分为三种情况：第一种情况是学校从学生那里收回办学成本的一部分，同时学校会从其他渠道，如基金会资助、企业或个人捐赠等获得另一部分资金来维持学校的运营。第二种情况是学校从学生那里收回所有办学成本，这类学校基本没有盈利，对于这类学校来说学生的学费就是其全部收入。第三种情况是学校要求学生缴纳高于其办学成本的学费，这是追求盈利的收费水平，这类学校在20世纪90年代末较为普遍，但一般也只有少数家庭才能负担得起。

全球经济网站公布的数据显示，1997—2016年，印度教育经费占政府总支出的比重的平均值为13.17%，其中2009年最少，为11.19%；1999年最多，为16.96%（见图1-1）。

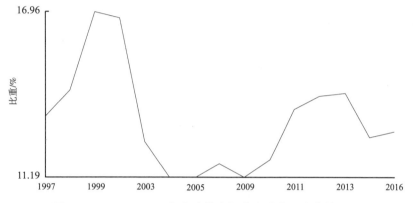

图1-1　1997—2016年印度教育经费占政府总支出的比重

印度教育部经费报告显示，2000—2019年，印度教育经费占GDP的比重的平均值为3.81%，其中2004—2005年度最低，为3.26%；2018—2019年度最高，为4.3%（见图1-2）。

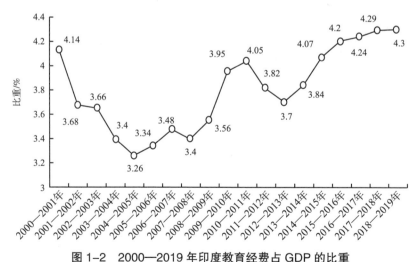

图1-2　2000—2019年印度教育经费占GDP的比重

2018—2019 年度印度投入总教育经费 81 543.7 亿印度卢比，其中小学教育经费 33 912.2 亿印度卢比，占 GDP 的 1.79%；中学教育经费 20 928.1 亿印度卢比，占 GDP 的 1.10%；高等教育经费 11 734.6 亿印度卢比，占 GPD 的 0.62%；成人教育经费 101.4 亿印度卢比，占 GDP 的 0.01%；职业教育经费 14 867.4 亿印度卢比，占 GPD 的 0.78%。2016—2019 年，在整体教育经费中，高等教育经费占 GDP 的比重在逐年微增（见表 1-9）。

表 1-9　2016—2019 年不同类型教育经费占 GDP 的比重

单位：%

年度	小学教育	中学教育	高等教育	成人教育	职业教育	总计
2016—2017	1.76	1.03	0.57	0.01	0.87	4.24
2017—2018	1.79	1.07	0.60	0.01	0.83	4.30
2018—2019	1.79	1.10	0.62	0.01	0.78	4.30

印度《国家教育政策 2020》承诺大幅提高教育投资。印度的公共教育支出一直没有达到 GDP 的 6% 的建议水平，这一数字是印度 1968 年的政策设想，并在 1986 年、1992 年的政策中得到了进一步的重申。印度目前的公共教育支出远远小于大多数发达国家和发展中国家，为了实现优质教育，并为印度带来相应的多种收益，《国家教育政策 2020》明确提出，中央政府和各邦政府将大幅增加对教育的公共投资，使之尽早达到 GDP 的 6% 的标准。

第四节　高等教育国际化

从整体看来，印度的高等教育国际化发展经历了两个阶段：第一阶段主要以学习西方国家的办学经验为主，并得到西方国家和国际组织的教育援助；第二阶段印度政府和高校开始有意识地在具体政策上加大对高等教育国际化的执行力度，更具有主动性和自主性。

一、国际化历程

印度高等教育国际化可以20世纪90年代为时间点划分。第一阶段为20世纪40年代至20世纪90年代。独立后的印度大力发展本国教育，当时尼赫鲁提出建设一批具有国际化水平的高校，服务于国家工业发展战略。这一时期，印度高等教育的国际化发展主要以政府为主导，通过借鉴先进国家的经验以及依靠国际组织的援助等方式来开展本国的教育国际合作。在美国、苏联、英国、德国等西方国家的帮助下印度建立了后来国际知名的印度理工学院。

其中美国对印度理工学院的援助最大，影响最为久远。1951年印度理工学院第一所分校卡拉格普尔分校建成，该分校以美国麻省理工学院为蓝本，在学术、科研和管理上，也按照世界一流大学的标准来建设。1958年，在美国国际开发署的指导下，麻省理工学院开始援助印度继续建设印度理工学院的坎普尔分校。1961年美国国际开发署组建了美国顶尖的9所大学联盟，包括加州理工大学、加州大学伯克利分校、普林斯顿大学等，专门援助印度理工学院坎普尔分校，援助项目为期10年（1962—1972年）。在这10年中，美国派出200名教师对印度给予全方位的指导，坎普尔分校也派教师赴美国学习。1964年至1971年间，共有98名在美国获得学位的印度高端人才回到坎普尔分校任教，坎普尔分校也培养了大批印度学者，他们成为日后印美两国间合作交流的中坚力量。除此之外，两国还成立美国—印度教育基金会（USIEF），通过支持优秀学者、教师和学生的教育交流促进两国公民间的互相了解。1950年2月2日，印度总理贾瓦哈拉尔·尼赫鲁和美国大使洛伊·亨德森（Loy Henderson）签署了《教育交流协定》，并在印度建立了美国教育基金会（United States Educational Foundation），负责在印度的德福布莱特项目。

1957年，在联合国教科文组织（UNESO）的支持下，印度理工学院孟买分校得以建立。此后至1973年，苏联对孟买分校给予了资金、教学科研设备以及专家指导的支持。除此之外，德国、法国、新西兰以及国际组织也向印度高等教育提供了各方面的支持。

第二阶段是进入20世纪90年代后，印度高等教育国际化迎来了快速发展时期，印度一些高校开始主动寻求国际合作机会，政府也简化了学生的出国留学手续，鼓励更多印度学生赴海外学习。在政府层面，1995年，印度加入国际贸易组织后与各国经济交流合作密切；2002年成立了印度海外教育促进委员会（COPIEA），该组织围绕高等教育国际化与海外高校积极开展合作；2010年政府通过了《外国教育机构条例草案》（Foreign Educational Institutions Bill），规范了在印度的外国教育机构对跨国公司的人才培养制度。在这一阶段，印度高校在前期海外高校和组织的援助下，逐步形成了自己的办学特色并走出了一条自己的国际化办学道路。

二、国际化内容

印度高等教育国际化主要体现在学生国际化、教师国际化、课程国际化及合作办学、国际交流四个方面。

（一）学生国际化

印度并不是一个主要的留学目的地，印度的国际学生数量很少，国家入境移民率只有0.1%，是世界上入境移民率较低的国家之一。因此，印度政府为吸引更多国际学生，使其教育体系国际化，2018年发起了"留学印度"（Study in India）计划。该计划的目标是到2023年，印度的国际学生数量增加3倍，达到20万人。该计划侧重于一些非洲国家、伊朗、伊拉克、沙特阿拉伯、土库曼斯坦、哈萨克斯坦、塔吉克斯坦、马来西亚、中国、泰国和越南，以及其他一些对印度外交具有重要意义的国家。

表1-10列出了2015—2020年印度国际学生人数和国别数。2019—2020年度，赴印度留学学生共计49 348人，其中排名前十的国家分别为尼泊尔（13 880人，28.1%）、阿富汗（4 504人，9.1%）、孟加拉国（2 259人，4.6%）、不丹（1 851人，3.8%）、苏丹（1 758人，3.6%）、

美国（1 627 人，3.3%）、尼日利亚（1 525 人，3.1%）、也门（1 437 人，2.9%）、马来西亚（1 353 人，2.7%）和阿联酋（1 347 人，2.7%）。在这些国际学生中，本科占比为 74.3%，研究生占比为 16.6%。印度国际学生总人数相较于 10 年前的 27 531 人仅增长了不到一倍。国际学生在本科专业的选择上，排名前三的专业类别是技术学（9 503 人）、理学（3 964 人）和管理学（3 290 人）。

表 1-10　2015—2020 年印度国际学生人数和国别数

项目	2015–2016	2016–2017	2017–2018	2018–2019	2019–2020
人数 / 人	45 424	47 575	46 144	47 427	49 348
国别数 / 个	165	162	166	164	168

印度每年学生出国留学的数量要远远多于国际学生留学印度的数量。根据联合国教科文组织的统计，印度 1998 年以来出国留学的人数随着家庭的支付能力的变化而变化。2006 年，印度出国留学人数为 14.6 万人，2010 年增长到 20.9 万人。但 2011—2013 年，出国留学人数连续下降，当时印度正处于经济衰退和印度卢比大幅贬值的时期。2014 年起出国留学人数开始回涨后一直保持上涨趋势（见表 1-11）。

表 1-11　1998—2017 年印度出国留学人数

单位：万人

年份	1998	1999	2000	2001	2002	2003	2004	2005	2006	2007
出国留学人数	5.9	6.0	6.6	7.8	10.3	12.1	13.5	14.7	14.6	16.2
年份	2008	2009	2010	2011	2012	2013	2014	2015	2016	2017
出国留学人数	18.4	20.4	20.9	20.6	19.2	19.0	21.5	25.6	27.7	27.8

印度学生留学首选国为美国和英国。20 世纪 90 年代末至 21 世纪初期，留学美国的印度学生人数占总出国留学人数的 87.6%，直到 2005 年，学生选择的留学国家逐渐增多，其中赴美留学学生人数占

50%，仍为最大目的地国。根据印度大学联合会的统计，2006—2012年印度学生主要留学目的地国家依次为美国、英国、加拿大、澳大利亚、新西兰、中国、德国，6年间印度学生赴上述国家留学人数增加了25%。而对于专业的选择，印度学生偏爱STEM（科学Science、技术Technology、工程Engineering、数学Mathematics，四门学科英文首字母的缩写）课程，有75%的印度学生赴美国攻读STEM方向的研究生。

（二）教师国际化

印度政府不允许高校长期聘用外籍教师，但可以引进外籍教师进行短期授课或为印度国内教师提供培训课程。联邦科学技术部（Department of Science and Technology）也通过开展高级合作研究访问学者项目，支持外籍研究人员在印度公立高校担任一段时间的兼职教师。除此之外，如印度理工学院和印度管理学院等"国家重点学院"也会通过聘用在海外留学并取得学位的印度教师回国教书。另外，印度政府为提高本国教师国际化水平，也会派遣印度高校教师到海外名校进行短期交流学习，并专门设立博士生基金，资助印度教师赴海外名校攻读博士学位，以此提高印度高校的师资质量。

为了使印度高等教育管理与世界接轨，印度大学资助委员会还为部分高等教育管理人员提供经费，资助他们参加各类培训和国际会议，拓展国际视野，以提高管理者的相关工作能力。

（三）课程国际化及合作办学

开设国际化课程和建立海外分校是高等教育国际化的一个重要策略。自20世纪90年代至今，印度政府鼓励高校推进国际化建设。大学资助委员会在《"十五"高等教育发展规划（2002—2007）》期间专门设置了印度海外高等教育项目，积极推进印度高校与海外高校的合作交流；《"十一五"高等教育发展规划（2007—2012）》中也提到要进一步发展高等教育国际化，支持印度高校的海外发展；在《"十二五"高等教育发展规划（2012—2017）》中，印度政府提出鼓励高校建立专门的国际中心，提升国际化发展水平。

印度高校课程国际化的表现为开设国际认可的课程并采用英文授

课。国际课程的开设不仅能拓宽印度学生的视野,还能吸引海外学生留学印度。在印度各大高校中,英语几乎是研究生教育阶段的通用语言,这也是印度在国际学术和科研领域中发声、开展国际合作和联合研究方面的基础和优势。另外,许多高校在多地都成立了区域研究中心,如尼赫鲁大学成立了东南亚研究中心、德里大学成立了中国研究院等。

印度高等教育课程体系的国际化是海外合作办学的基本要素之一,它标志着印度高等教育合作办学的课程得到了国外大学的认可。1994年,印度的国家认证委员会对印度高等教育合作办学机构和课程进行监督和评定,帮助合作办学机构实现课程目标,并鼓励合作办学机构进行自评,改进课程的教学和研究,提升了印度高等教育国际合作办学课程体系的国际标准。

印度自20世纪90年代以来,制定了高等教育国际化发展战略推进高校海外办学,并相继已有11所印度的大学在海外建立分校或教育中心,是海外分校输出最多的发展中国家。截至2016年,印度相继在阿联酋、新加坡、马来西亚、澳大利亚、毛里求斯、尼泊尔等国家建立了海外分校,分别为在尼泊尔建立的马尼帕尔医学院(Manipal College of Medical Sciences,NEPAL)、在澳大利亚建立的斯皮·简全球管理悉尼学院(SP Jain School of Global Management)、在新加坡建立的斯皮·简全球管理中心(SP Jain Centre of Global Management)、在毛里求斯建立的国际技术研究院(IITRA)、在马来西亚建立的马尼帕尔国际大学(MIT),以及在阿联酋建立的毕勒拉科技学院迪拜分校(Birla Institute of Technology and Science-Dubai Campus)、管理技术学院迪拜分校(Institute of Management Technology-Dubai)、马尼帕尔大学迪拜分校(Manipal University-Dubai)、斯皮·简商学院迪拜分校(SP Jain Centre of Management-Dubai Campus)、巴哈拉提·维达皮斯大学(Bharati Vidyapeeth University)和马杜赖卡玛拉大学(Madurai Kamaraj University)等。

国际化合作办学机构的建立解决了印度入学竞争激烈和高校自主发展空间的问题。印度是一个人口大国,2015年,印度理工学院的录取率仅为2.89%，而同年斯坦福大学的录取率为5.05%、哈佛大学的录取率为5.33%。激烈的入学竞争促使一部分学生选择了海外合作办学高校。另外，印度为解决教育公平问题，还一直沿用着席位保留政策。这一政策虽然在一定程度上保证了高等教育的公平性，但也限制了高校招生的自主权，影响了高校的发展。但海外分校不仅可以由学校决定录取人数，而且费用也大大高于印度国内的收费标准。

  印度理工学院是印度公立高校国际化办学的成功典型之一。印度理工学院在发展过程中，国际化策略起着极为重要的作用。在建校初期，印度理工学院第一所分校卡拉格普尔分校就以世界著名的麻省理工学院为蓝本，除了建立起具有特色的学术和科研管理制度，该分校还聘请来自欧美的著名学者在校担任职务。之后的孟买分校也借鉴了第一所分校的成功经验，在联合国教科文组织的资金和技术援助下，在苏联、美国、德国的帮助下建立了孟买分校。接下来十几年，在这些发达国家的帮助下，印度理工学院不断扩建分校。如果说卡拉格普尔分校和孟买分校的建立是印度理工学院国际合作的开端，那么马德拉斯分校和坎普尔分校的建立则标志着国际合作的全面深化。在学生交流方面，卡拉格普尔分校与全球著名大学合作，如与科廷大学、墨尔本大学等开展博士联合培养项目，开设学分转换机制。同时，为倡导全球学术网络建设，该校还开设了国际暑期和寒假项目，外国学生和学者可通过此项目参加短期培训。在科研合作方面，印度理工学院各分校的学者们也积极同世界各国特别是西方国家学者保持着密切联系。相当一部分印度专家从英国、美国、德国获得了博士学位，并在一些新领域，如物理、晶体学和数学领域，与这些国家的科学家开展联合研究。

  在印度海外办学最典型和成功的案例是印度私立大学排名第一的阿米提大学。自1996年成立以来，阿米提大学不但在印度本土的不同城市建立了22个校区，还制定了明确的国际化发展战略，其校长表示"我们的目标是未来10年打开50个国家的市场"。目前，阿米提大学已经在英国、新加坡、阿联酋（迪拜、阿布扎比）、罗马尼亚、毛里求斯、南非、中国、美国（纽约、西雅图、旧金山）、荷兰、乌兹别克斯坦的10个国家建立了13所全球校园，有一万余名学生就读阿米提大学海外分校或参与海外项目，这些海外分校运行良好并得到了当地政府的认可。例如，阿米提大学迪拜分校（Amity University Dubai）已经成为阿联酋最大的综合私立大学，其教学质量通过了迪拜有关国际认证组织的认可，也被印度国家评估和认证委员会评为"A"类学校。新加坡阿米提全球学院（Amity Global Institute）被英国国际学院认证服务机构（Accreditation Service for International Colleges，ASIC）评为优等院校（Premier College）。

（四）国际交流

21世纪以来，印度已与51个国家和地区签订了教育交流计划（Educational Exchange Programmes，EEPs）和谅解备忘录（Memorandum of Understandings，MoUs）。这些国家包括蒙古、亚美尼亚、坦桑尼亚、圭亚那、以色列、澳大利亚、缅甸、匈牙利、叙利、乌兹别克斯坦、新西兰、泰国、斯里兰卡、墨西哥、巴西、阿富汗、克罗地亚、厄瓜多尔、卢旺达、沙特阿拉伯、中国、葡萄牙、法国、埃塞俄比亚、缅甸、阿曼、南非、挪威、智利、科威特、博茨瓦纳、马来西亚、土库曼斯坦、加拿大、印度尼西亚、莫桑比克、俄罗斯、特立尼达和多巴哥、毛里求斯、也门、卡塔尔、塔吉克斯、布隆迪、白俄罗斯、韩国、德国、爱沙尼亚、美国、英国、捷克和秘鲁。印度与以上国家的教育交流计划旨在学生、学者和科研人员互访，出版物共享，联合举办国际研讨会，学历互认和促进高校之间的交流这五个方面开展合作。

此外，印度还与国际组织机构和多边机构开展教育合作，如联合国教科文组织、学习联邦（Commonwealth of Learning）、金砖国家（BRICS）、南盟（SAARC）、印度–巴西–南非联盟（India-Brazil-South Africa，IBSA）、东亚峰会（East Asia Summit，EAS）、环太平洋联盟（Indian Ocean Rim-Association for Regional Cooperation，IOR-ARC）、经济合作发展组织（Organization for Economic Co-operation and Development，OECD）、欧洲联盟（European Union，EU）等。

三、留学政策

在 2015 年"留学印度"计划的推动下，印度文化关系委员会（Indian Council for Cultural Relations，ICCR）设立了两项奖学金以鼓励国际学生留学印度。一项为"普通奖学金计划"（General Scholarships Scheme，GSS），这是最受国际学生欢迎的奖学金之一。该奖学金每年根据计划分配给亚洲、非洲和拉丁美洲国家的学生，支持其到印度攻读本科和研究生学位，或支持国际学生在印度的大学进行科研。另一项是"散居儿童奖学金计划"（Scholarship Programmes for Diaspora Children，SPDC），该奖学金是提供给在印度高等教育机构学习的海外印度公民，以及非印度公民但居住在印度的外国人的孩子，支持印度籍和非印度籍人的子女在印度各个大学攻读技术、人文、商业、管理、新闻、酒店管理、农业等领域的专业。获得此项奖学金的学生每年可获得 4 000 美元的资助。截至 2016 年，该项奖学金已经资助了来自 66 个国家的 150 名学生。

四、国际竞争力

印度的高校数量较多，导致其发展的关键问题是质量与规模的不同步。印度高校规模发展很快，但相应的经费和硬件资源未能跟上，导致大部分高校教育质量存在问题，这种现象被学者称为"过度的扩充"。但在 2022 年 QS 世界大学排名中，仍有包括印度理工学院各分校在内的 9 所高校排名世界 500 强，其中孟买理工学院排名世界 177，德里理工学院排名世界 185，印度科技学院排名世界 186。这源于印度政府对一部分重点高校加强建设，并在政策上支持这些高校建设成为世界一流大学。

（一）政策对高等教育的支持

印度对世界一流大学建设的尝试开始于 20 世纪 90 年代末，在"九五"计划（1997—2002 年）期间出台了"卓越潜力大学计划"（Universities with Potential for Excellence，UPE），该计划为一些大学提供大量的实质性的支持,其目的是使这些大学通过适应现代的教学方法、开发适合学生的教材、改变评估方法和追求卓越等途径能够在这个竞争激烈的世界中生存下去,从而与世界一流大学相媲美。该计划的指导方针中明确列出了以下 10 个具体目标:①为了面对未来的挑战,在教育、培训、研究和管理方面要追求卓越;②为了在教学、研究和拓展计划上达到卓越水平,要提高学术水平、加强设施建设;③推动灵活、有效的管理;④为了提高本科和研究生阶段学生学习和教师教学的质量,要引进灵活的学分制和目前全球都接受的一系列创新手段;⑤促进与国家,特别是本地区的社会和经济需要有关的学科建设;⑥设置与研究生阶段衔接的专业课程来提高本科阶段的教育质量;⑦促进与本国其他中心、部门和实验室的交流合作;⑧进行考试改革,引进如学期制、学分制、持续性内部评估(Continuous Internal Evaluation)等;⑨推动大学自治和权力下放;⑩开展以上可以带领大学走向卓越的所有活动。后来在"十五""十一五""十二五"计划期间对该计划的指导方针进行了调整。到 2007 年,印度开始重视世界一流大学的建设,在"十一五"高等教育规划(2007—2012 年)中明确提出要新建 14 所世界一流大学,这标志着印度创建世界一流大学的计划被正式提上日程。

  2012 年 5 月 21 日,印度人力资源开发部部长在下议院提出了"创新型研究大学"议案(University for Research and Innovation Bill),2013 年 2 月 26 日,人力资源开发部常务委员会提交了该议案的报告。该议案提出在建立和合并大学方面进行研究和创新,使大学发展成为教育、研究和创新的中心,促进学习和设计、开发和提供解决方案以及与之相关的事项的研究与创新。在"十二五"规划期结束时,将建立 20 所"创新型研究大学"。"创新型研究大学"的主要目标有以下四个方面:追求卓越的知识;研究解决社会问题;在大学录取、任命和学术评估方面保持透明;与研究机构和行业建立联系。

  面对 21 世纪全球高等教育背景的变化,如大学生数量空前增加、新技术促进互联网的兴起、世界经济更加一体化以及文化更加多元化,印度再一次意识到了这些变化给高校带来的挑战。2013 年,大学资助委员会提出了"创新大学计划"（Scheme on Innovation Universities），该计划的基本目标是促进学习、分享和大学内外部共同成长的创新方式的发展。该计划在大学的教学创新、研究创新和组织创新方面给予支持和鼓励。

2017年5月，印度人力资源开发部向政府提交了"卓越大学计划"（Institutions of Eminence Scheme），该计划要选出20所"卓越大学"，包括10所公立大学和10所私立大学，并在10年内将它们建设成为排名世界500强的一流大学，随着时间的推移，学校还应不断提高自己的排名，最终进入世界前100名。这一计划也符合2013年印度工商协会联合会高等教育委员会制定的《印度高等教育：2030年的愿景》。《印度高等教育：2030年的愿景》主要内容包括未来近20年印度高等教育转型的设想、愿景以及实现该愿景的路径。愿景提出，到2030年，印度将有20所以上大学名列全球前200。"卓越大学计划"对申请的大学有着更加详细的规定，如学校应提供更多新兴技术和有关国家发展的跨学科课程，学校内要有很大比例的外籍教师，教师均应毕业于世界500强大学或在世界500强大学中有教学经历；保持合理的本土学生和国际学生比例；师生比不应少于1∶20，平均每个教师每年应在同行评议的著名的国际期刊上至少发表一篇论文，获得NAAC或类似NAAC的认可等。

（二）工商企业界对高等教育竞争力的助推

市场因素是印度高等教育竞争力提升的重要力量。随着高等教育私有化和市场化，外国投资和私人投资资本大量进入印度高等教育领域。据统计，2001—2012年，共有205.1亿印度卢比的外国资本进入印度高等教育领域。在印度国家基础设施，如电信、公路等建设中也启用公司合作的模式。印度企业通过建立大学科技园、与大学联合科研和共同开发课程等方式，支持印度大学提升国际竞争力。20世纪90年代，印度第一个围绕印度理工学院、印度科学学院等一流大学和科研机构的软件科技园在班加罗尔建成，这一举措促进了印度大学科研的产业化，也为大学提供了更充足的资金和实验设施。印度IT巨头信息系统公司（Info Sys）也设立了"校园联结项目"（Campus Connect），公司入校为学生提供专业课程的扩充培训，邀请学生走进公司研发机构进行参观，促进了学生理论与企业实践的结合。

（三）加强海外印度人才的保留政策

在20世纪70年代之前，印度政府认为大量的人才外流不仅使国家在高等教育中投入的巨额财政付之东流，也使印度国内发展缺乏新鲜脑力的补充。但随着海外印度人在国际舞台上崭露头角，印度政府逐渐改变了之前的看法，认为印度人才流向以美国为主的发达国家，这在某种程度上也是属于印度的一种"脑力储蓄"。因此，为增强印度政府与海外印度人的联系，印度政府为在海外工作或留学的印度人制定了一系列政策。

1. 成立海外印度人高级委员会、海外印度人事务部

2000年9月，印度外交部成立一个高级别的委员会，即后来的海外印度人高级委员会（High Level Committee on Indian Diaspora），该委员会的主要任务是考察海外印度人的历史、分布、职业，以及他们对母国的感情联系和建议等。印度政府于2004年建立了海外印度人事务部，该部为海外的印度人提供专门的政策支持以满足其期望、鼓励印度国内与侨民的互动、关注海外印度人的诉求。为了促进海外资金流入，印度政府设立了"海外印度人服务中心"（Overseas Indian Facilitation Centre）。印度政府还建立"全球印度人知识网络"（Global-Indian Network of Knowledge），用以引进科技。

2. 设立海外印度人节，颁发海外印度人奖

2003年，印度设立了海外印度人节（Pravasi Bharatiya Divas Convention），印度总理为在所在国提高印度人的地位而作出杰出贡献的人颁发海外印度人奖（Pravasi Bharatiya Samman Awards），此后一年举办一次。

3. 给予海外印度人双重国籍和选举权

印度政府还通过给予海外印度人身份卡（Overseas Citizen of India，OCI）和选举权，以此鼓励其参与印度的政治。值得注意的是，双重国籍并非面向所有国家开放，仅面向在美国、英国、加拿大、澳大利亚、新西兰、新加坡、马来西亚、荷兰、意大利、爱尔兰、葡萄牙、瑞士、

希腊、塞浦路斯、以色列、法国、瑞典和芬兰18个国家的海外印度人开放。获得双重国籍的海外印度人在出入境、居住期限等方面享受便利条件。

4. 鼓励青年回印交流参观，增强海外印度人与母国的互动

印度举办的认知印度（Know India Program）活动，组织海外印度人回到印度了解当代印度。根据海外印度部2014—2015年度的报告，此活动已经举办了31期，共计972名海外印度青年参与了此项活动。2008年起，"寻根计划"（Tracing the Roots）为有寻找母国家人意向的海外印度人提供帮助。2012年起，印度政府开展了学习印度活动（Study India Programme），促进海外印度青年大学生通过短期大学交流的方式了解印度的历史和现在。

这些举措不但使世界各地的印度人感受到了母国的温暖和关怀，还有效地防止了高端人才的流失。在政策的鼓励下，越来越多的海外印度人，即使在异国定居和工作，也不忘和母国保持良好联系，并在科研、教育等方面继续回报印度。这使印度高等教育与海外高层次人才建立起了畅通的交流机会。

（四）印度大学的世界排名

印度通过国家层面出台一系列政策，表明了对建设一批世界一流大学的决心。企业助推高等教育竞争力的提升，政府加强对海外印度人的保护。在2012—2022年整合10年间，大部分政府重点建设的高校世界排名呈不断上升趋势，在QS世界大学排名中有9所大学跃居世界前500（见表1-12）。

表1-12　2012和2022年QS世界大学排名中世界前500的印度大学

大学名称	2012年排名	2022年排名
印度理工学院孟买分校	227	177
印度理工学院德里分校	212	185

续表

大学名称	2012年	2022年
印度科技学院	147	186
印度理工学院马德拉斯分校	312	255
印度理工学院坎普尔分校	278	277
印度理工学院卡拉格普尔分校	349	280
印度理工学院瓜哈提分校	551~600	395
印度理工学院卢克里分校	401~450	400
德里大学	401~450	501~510

第五节 中印高等教育交流与合作

在"一带一路"倡议提出后，中国和印度两国的教育交流合作取得了一定成效。加强两国高等教育合作是两国增进民族理解、加强文化沟通、实施战略对接的重要途径。中印之间的高等教育交流主要体现在两国教育政策的保障、共筑交流合作平台、合作办学、互设研究机构、学生流动、开展对方国家语言教学等方面。

一、教育政策的保障

中印两国政府在保障双方高等教育交流方面出台了一系列政策，促进了中印两国的教育交流与合作。

从20世纪80年代开始，中印之间的文化教育交流重新起步。1988年5月，中印两国签署了《中华人民共和国政府和印度共和国政府文化合作协定》，旨在推动两国文化、艺术、教育方面的合作。同年，两国签署了《中华人民共和国政府和印度共和国政府文化合作协定1988、1989、1990年执行计划》，计划规定双方互派不超过12名留学生学习对方国家的语言和艺术等专业。1991年3月,两国签署《中华人民共和国政府和印度共和国政府文化合作协定1991—1993年执行计划》,规定双方每年给予不超过17名奖学金学生交换名额,并同意通过外交途径聘请对方国家的教师任教,开展大学之间的学术合作。1991年6月,"基本教育与国家发展:中国和印度历史经验"国际研讨会在上海举行,中印两国代表在会上介绍了各自发展基础教育的历史经验。1995年2月,两国政府签订《中华人民共和国政府和印度共和国政府文化合作协定1995—1997年执行计划》,内容包括互派文化教育代表和研究访问学者,每年相互提供25个奖学金名额。

进入21世纪后,随着印度在教育国际合作政策上逐渐转向主动,中印双方也出台了一系列政策。2003年6月,印度总理瓦杰帕伊访问中国,两国签署了《中印关系原则和全面合作的宣言》以及系列文件,就增加两国教育交流、简化签证手续等内容签署了合作备忘录,把已有协议中关于留学生教育的条款从文化交流中独立出来,由印度驻华使馆文化处负责。2006年11月,两国共同发布了《中印联合宣言》,其中第13条、第29条、第30条以及第31条都对双方教育交流合作有益,特别是第31条:访问期间签署的新的教育交流计划将进一步加强中印教育领域的合作。2010年9月,双方教育部部长再次见面,就加强两国教育交流与合作交换了意见,并就印度汉语教学、大学生交流和双边可持续教育合作进行了深入的探讨。2015年以后,《2015—2017留学工作行动计划》《推进共建"一带一路"教育行动》等重要文件陆续发布,提出加强国别区域研究和非通用语种建设,扩大赴"一带一路"沿线国家公派留学的规模,实施"丝绸之路"留学推进计划等一系列措施,鼓励双向留学生教育培养。两国教育政策在一定程度上促进了双方教育交流与发展。

"一带一路"倡议提出后,两国积极建立友好省邦和友好城市关系,如中国北京、成都和昆明分别与印度德里、班加罗尔、加尔各答签署建立了友好城市关系。2018年12月,由国务委员兼外交部长王毅与印度外长斯瓦拉杰共同主持的中印高级别人文交流机制首次会议在新德里举行。中印双方有关部门负责人围绕文化、媒体、影视、博物馆、体育、青年、旅游、传统医药与瑜伽、教育与智库等领域的交流合作进行了深入讨论，达成广泛共识。2019年8月，王毅同印度外交部部长苏杰生共同主持了中印高级别人文交流机制第二次会议，双方代表共同签署了《2020年中印外交部交流合作行动计划》，并见证签署文化、体育、传统医药、博物馆等人文领域双边合作文件。

二、共筑交流合作平台

目前，中印双边教育交流合作平台主要有"中印教育与科技联盟""中印大学校长论坛"等。"中印教育与科技联盟"旨在通过探索两国国际教育合作模式，建立完整的产学研相结合的体系，开拓中印双向教育交流项目，促进两国学生之间的流动以加强两国的高等教育交流合作。"中印大学校长论坛"主要通过交流两国高校的经验、签署合作协议等方式来夯实高等教育交流与合作基础，如2016年在北京召开的"中印大学校长圆桌会议"，印度总统普拉纳布·慕克吉、中国教育部部长袁贵仁出席会议，来自兰州大学、北京大学、清华大学、上海交通大学、印度理工学院、印度管理学院、印度古吉拉特中央大学等20所中印两国高校校长参加了会议，会议就高校科研深度合作、合作培养学生、师生互换等方面的内容达成合作协议。除此之外，中印两国还积极搭建并参与区域多边教育论坛，如中国—南亚教育分论坛、金砖国家大学校长论坛、新加坡—中国—印度高等教育对话论坛、亚洲大学校长论坛、东亚峰会高等教育合作论坛、上合组织青年交流营、亚洲大学联盟、金砖国家教育部长会议、上合组织成员国教育部长会议和亚洲教育论坛之"印中管理家研讨会"等。

在文化交流方面，中印双方也搭建了一些平台，促进了教育交流合作，如中印青年传统文化交流大舞台活动、四川大学南亚研究所举办的"东方外交与印度"、玄奘与丝绸之路学术研讨会、中印文化交流国际研讨会、中印佛教及相关友好交流"历史与未来"国际研讨会。此外，"中印教育文化交流周"与"中印友好年"也是中印教育交流的主要载体。

在科技合作方面，1989—2013 年，中印先后举行了 6 次联合委员会议，签署了各种协议和组织间谅解备忘录，规定建立印度—中国联合委员会科技合作机制，规划、协调、监督、推动该领域的合作。2016 年，第四次中印战略经济对话会议中，中印双方在政策协调、基础设施、高技术、节能环保、能源等领域加强合作，并更多地向民生领域倾斜，签署了《中华人民共和国国家发展和改革委员会与印度共和国国家转型委员会关于开展产能合作的原则声明》《中华人民共和国国家发展和改革委员会与印度共和国电子信息部关于"互联网＋"合作的行动计划》及本次对话会议纪要等一系列文件。双方在科技合作方面借力生力、协力给力、蓄力发力，提升了彼此的聚合力和创新力。

在企业合作方面，"国家中印科技国际创新园"由临沂市拓普网络股份有限公司与国际知名 IT 企业 SRM 集团合作建设，位于国家级临沂经济技术开发区内，项目占地 136 亩，总投资 3.6 亿元，总建筑面积 11 万平方米，包括研发中心、国际交流中心和专家公寓。印度 SRM 集团、IIHT 集团和 Oyster 公司已经确定入驻。项目建成运营后，全面发展物联网、云计算、嵌入式软件、应用软件、软件外包、动漫制作等产品和服务，可容纳百家软件企业、5 000 余名软件创业者，年产值达 20 亿元。国家致力于将其打造成为具有国际化水准、影响力大、高层次人才聚集的高科技软件园区和国际化的软件产业公共服务平台。2014 年，小米公司正式进入印度。为了使投资更有实效，小米公司一直计划在当地建立数据中心。此外，公司还在印度设立了研发中心并开始针对当地市场研发智能手机，印度已成为小米公司在中国之外的第二个重要市场。2020 年 11 月 20 日，第四届中国—印度技术转移、创新合作与投资大会以云会议方式召开，中印两国企业、研究机构代表近百人参会，会议就农产品和食品加工、生物技术和医药产业、基础设施、信息技术、新能源与可再生能源等领域合作进行了广泛交流和热烈讨论，取得了良好效果。

三、合作办学

目前中印合作办学项目共有5个，分别是广东工业大学与韦洛尔理工大学合作举办的动画专业本科教育项目；黄淮学院与迈索尔大学合作举办的软件工程专业本科教育项目；湖北师范学院与拉夫里科技大学合作举办的生物技术专业本科教育项目；河北金融学院与印度R.V.S.教育集团合作举办的软件技术专业高等专科教育项目；云南民族大学与印度辨喜瑜伽大学合作举办的民族传统体育学专业（瑜伽）硕士研究生教育项目。中印合作办学从项目层次来看，以本科教育层次合作项目为主。合作专业是双方院校的优势学科，如软件技术、软件工程、生物等专业，且每一期交流的人数为100~200人。

中国教育部2012年批复广东工业大学与韦洛尔理工大学合作举办动画专业本科教育项目，每年招生人数为200人，纳入国家普通高等学校高考招生计划。该项目教学计划由广东工业大学和韦洛尔理工大学共同制订，并由双方高水平教师进行授课，其中87%的专业核心课程由韦洛尔理工大学派遣优秀教师采用英文版教材进行全英语授课和考核。该项目学制四年，学生在广东工业大学学习专业课阶段，可以申请赴印度韦洛尔理工大学参加一个学期的交换学习。学生在允许的修业期限内获得规定的学分，经广东工业大学审核，达到毕业与学位授予要求的，颁发广东工业大学毕业证书与学士学位证书；经印度韦洛尔理工大学审核，达到毕业与学位授予要求的（目前印方要求有赴韦洛尔理工大学一个学期交换学习的经历），颁发韦洛尔理工大学学士学位证书。

中国教育部2012年批复黄淮学院与迈索尔大学合作举办软件工程专业本科教育项目。该项目引进印度迈索尔大学的22门课程，占全部课程门数的50%，包括语言课程2门、专业基础课程7门、专业核心课程13门，培养方案和课程教学大纲由双方大学协商制定。该项目2013年开始招生，招生人数115人。

湖北师范学院与拉夫里科技大学合作举办的生物技术专业本科教育项目获批合作时间为2014—2018年，每年一期，每期计划招生人数为

120 人。目前该项目已经停止招生。

河北金融学院与印度 R.V.S. 教育集团合作举办的软件技术专业高等专科教育项目，办学层次为高等专科教育学历，计划每年招生 100 人，学制 3 年，纳入国家普通高等教育专科招生计划。学生毕业后可获得河北金融学院高等专科毕业证书和印度结业证书（Provisional Certificate）。

2017 年 1 月，教育部批准云南民族大学与印度辨喜瑜伽大学合作举办民族传统体育学专业（瑜伽）硕士研究生教育项目。2019 年 1 月，教育部批准将该项目变更为云南民族大学与印度辨喜瑜伽大学合作举办体育硕士（瑜伽）教育项目，这是中国第一个瑜伽方向的硕士学位授权点。瑜伽硕士学制为 3 年，纳入国家普通高等教育招生计划，参加全国普通高等学校统一入学考试，计划每年招生 30 人。该项目采用"2+1"的模式进行培养，即 2 年在国内学习，1 年在印度学习，修满规定学分，达到学位授予条件即可获得云南民族大学硕士研究生毕业证书、学位证书和印度辨喜瑜伽大学硕士学位证书。

四、互设研究机构

设立国别研究机构是增进两国理解、加强沟通合作交流的重要途径。目前，中国共设立了 6 所印度研究中心，分别为深圳大学印度研究中心、云南财经大学印度洋地区研究中心、西华师范大学印度研究中心、复旦大学甘地和印度研究中心、北京大学印度研究中心和北京第二外国语学院印度研究中心。

深圳大学开展印度研究始于 1984 年，2005 年正式成立深圳大学印度研究中心，季羡林先生为中心首席顾问。该中心 2011 年获授"深圳大学人文社会科学重点研究基地"，2019 年获授"深圳市人文社会科学重点研究基地"，2020 年被评为国家民委"一带一路"国别和区域研究中心，2021 年被评为教育部国别和区域研究中心备案（试点）。该中心先后开设"印度文化概要""印度视觉艺术""印度文化遗产赏析""《摩奴法论》与印度社会"等 10 余门课程，出版《梵典与华章》《中国印度诗学比较》《季羡林评传》《中外文学交流史·中国：印度卷》《印度文化论》《中国外国文学研究的学术历程：印度文学研究的学术历程》《"一带一路"开创人类文明新纪元——兼论中国印度的历史担当》等 30 多部著作。中心成员目前开展国家、省部级社科基金研究项目 7 项。

云南财经大学印度洋地区研究中心成立于 2011 年 8 月。中心主要围绕印度洋地区政治、经济、文化、法律、贸易、教育、旅游等相关领域展开研究，力争尽快成为相关领域的国内权威研究机构，为政府、企业及社会各界提供与印度洋地区相关的智力支持和咨询服务，打造成中国与印度洋地区之间的学术交流与合作平台，促进中国与印度洋地区的学术交流与合作，成为重要的区域性国际学术机构。

西华师范大学印度研究中心成立于 2014 年。根据学术研究的需要和自身条件，西华师范大学印度研究中心初步确定了"印度外交与中印关系""印度政府与政治""中印基层治理比较研究""印度政党研究（印共）""中印经济关系研究""中印教育合作研究"等几个主要研究方向。同时，根据需要开展对斯里兰卡和尼泊尔相关问题的研究。

复旦大学甘地和印度研究中心成立于 2015 年。印度总理纳伦德拉·莫迪于 2015 年 5 月 15 日到访复旦大学，参加甘地和印度研究中心揭牌仪式，并发表演讲。在演讲中，莫迪阐述了甘地思想的重要性，他说："甘地出生于印度的一个小城镇，但是他是一个世界公民。世界现在产生的很多问题，甘地都为解决这些问题指明了方向。当今世界主要面临两个重要问题，一个是气候变化，另一个是恐怖主义，为了解决这些问题，我们可以引进甘地的思想。"莫迪还谈到了中印两国在思想文化领域的历史渊源，并提出中印两国应当携手努力打开知识的大门。在李克强总理和莫迪总理的见证下，许宁生校长与印度文化关系委员会（ICCR）总干事麦赫塔在人民大会堂签署了甘地和印度研究中心合作建设的备忘录。

北京第二外国语学院印度研究中心成立于 2020 年，12 月 3 日在北京第二外国语学院亚洲学院举行了"印度研究中心"揭牌仪式。北京第二外国语学院副校长朱佩芬在致辞中肯定了印度在历史文化、国际现状等方面的重要地位和意义,并以语言、宗教、区域研究为例,展望了印度研究中心在未来多样的可行性。她强调,在寻求多样发展、切合主流的道路上,必须坚持以自身优势、特色为主导,不能放弃以语言、文学、文化研究为根本的思想,要在此基础上开拓进取。她为研究中心的发展指明了工作方向,期待在校内形成跨专业、跨领域合作。

印度较为著名的中国研究中心有印度中国研究所、德里大学中国研究所(Institute Of Chinese Studies,Delhi)、尼赫鲁大学国际关系学院等。其中,德里大学中国研究所是印度专门从事中国问题研究的权威学术机构,代表着印度中国研究的最高水平。中国研究所的前身——中国研究小组(The China Study Group),是1969年由印度德里大学、贾瓦哈拉尔·尼赫鲁大学、发展中社会研究中心(CSDS)、经济增长研究所(The Institute of Economic Growth)、国防分析研究所(The Institute of Defence Studies and Analyses)等机构的学者发起和建立的一个非正式的学术论坛。随着研究工作的展开以及印度政府和民间了解中国的需求不断增加,为集聚学术资源,促进印度中国学研究的发展,中国研究小组于1990年在已有基础上建成为中国研究所,这是印度中国学发展的一个重要里程碑。其建所的主要宗旨是:通过发起、承担和支持所内外的研究课题,积极促进印度中国学的系统研究;为该领域的学术交流和合作提供支持;不断扩充图书馆中、英文中国学研究资料,建设相关数据库,提供信息服务;促进印度学术机构和学者与中国和世界其他各国的学术交流活动。中国研究所一直致力于采取多种形式促进印度中国学研究的发展和研究队伍的壮大,例如:定期举办讲座、研讨会、学术会议;组织研修班(National Training Workshop),吸收印度国内从事中国和东亚研究的学者,特别是青年讲师参加,与该所研究员和访问学者交流互动;积极参与印度亚太研究联合会(ICAPS)的会议;在与印度国内中国问题研究各机构和专家学者紧密联系的同时,该所与中国、中国香港、中国台湾、俄罗斯、美国、日本、英国等国家和地区的研究机构、大学及学者,如中国社会科学院、俄罗斯远东研究所、美国兰德公司等,都有着定期的学术交流和合作。

五、学生流动

我国改革开放以来,两国政府间签订的重要协议和政策性文件是促进两国学生交流的重要依据,中印两国学生交流也逐步增多。在起步阶段,根据我国教育部统计的数据,1997年,印度自费来华留学生只有7人,到2003年,每年到印度留学的中国学生也不超过20人。在这一时期,中印两国学生的交流从无到有,虽然人数少,影响力有限,但始终没有间断,为之后的发展奠定了基础。

进入21世纪后,高等教育领域的全球化发展趋势日益显著,中印两国学生交流也飞速增长。从2003—2007年,印度来华留学生人数呈飞跃式增加。2003年,印度来华留学生人数首次突破100人,2007年快速增加到了7 190人,来华留学生国别排名也从2003年的第31跃居到2007年的第7。2007年,印度来华留学生中本科生比重为11.9%,专业主要集中在临床医学。2012年,印度来华留学生数量首次破万,达到10 237人,10年间几乎增加了近100倍。

2002年,印度成立海外教育促进委员会(COPIEA),旨在推动与世界各国的合作交流,促进印度的教育服务贸易发展,加快高等教育市场化发展。21世纪初期,我国赴印度留学的学生数量也有所增加。根据教育部出国留学调研组的统计,2006年,我国赴印度留学学生人数为166人,2010年为993人。

在"一带一路"倡议提出后,两国从政府到高等教育机构都更积极地开展了科研、人才培养、学生交流方面的合作。2012年以来,印度来华留学人数逐步增加,至2018年已达到23 198人,来华留学人数在留学生来源国家中排名第4,专业侧重于医学类、计算机类以及铁路相关专业。但因对印度基础设施、气候、饮食等比较难以适应,以及签证管理制度严格、留学信息不畅通等因素,我国学生赴印度留学人数未见持续明显增长,甚至出现整体递减趋势(见表1-13)。中印两国学生流动数量呈现巨大差异。

表 1-13 2012—2020 年中印留学生人数对比

单位：人

项目	2012	2013	2014	2015	2016	2017	2018	2019	2020
中国学生留学印度人数	682	694	444	294	191	177	172	106	122
印度学生留学中国人数	10 237	11 781	13 578	16 694	18 717	20 911	23 198	—	—

六、中文教育

（一）历史背景

印度是毗邻中国的南亚大国，是历史上第一个与中国建交的非社会主义国家。中印文化交流日益频繁，在这个过程中，中文教育与推广成为推动两国联结的首要动力，其大致可分为中文教育的黄金时期、停滞时期和深化发展时期。

1. 中文教育的黄金时期（20 世纪 30 年代至 60 年代）

这一时期两国的文化交流和互动很频繁，中文在印度也逐步开始发展。印度加尔各答大学于 1918 年开设中文课程，是印度境内第一个开设中文教育的高校，至今一直十分重视中文教育。虽然中印关系曾有起伏，但该校从来没有中断过传播中文知识。1921 年印度国际大学成立，1937 年该大学正式开始进行中文教育。印度伟大的思想家、文学家、教育家泰戈尔十分重视中国研究，也是提出开办中国学院的第一人，他曾多次邀请中国学者赴印度国际大学参与研究和教学工作。谭云山是响应中印文化交流号召并远赴印度国际大学的第一位中国学者，在印度国际大学担任中文教师。1927—1937 年，谭云山曾多次往返于中国和印度之间，并于 1933 年在南京成立了中印学会。1934 年在印度国际大学成立了中印学会印度分会，蔡元培担任第一任学会负责人，谭云山担任秘书，泰戈尔担任印度分会的第一负责人。中印学会的主要目标有九个：一是组织印度文化代表团和中国文化代表团互访；二是组织两国代表团分别在对方国家讲授文化课程；三是推荐印度和中国学生赴对方国家学习对方文化；四是在中国建立中印研究机构或者是印度研究机构；五是在印度建立印中文化机构或者是中国学院；六是出版图书和期刊来发表印度和中国文化的研究成果，并且弘扬中印文化的精神以及相应的内容；七是在中国和印度两个国家成立中印出版社，出版和发行两国的图书；八是在中国和印度两个国家之间都建立博物馆和图书馆；九是中印互派访问学者，并且给这些学者提供帮助和住宿。

1950年4月1日，中印正式建交，两国的友好关系使中文教育也在向前推进。在这一时期，印度开设中文课程的大学在不断增多，如阿拉哈巴德大学、德里大学、旁遮普大学等高校相继开办了两年制的中文学习证书班，中文教育也在这一时期迅速发展起来。

2. 中文教育的停滞时期（20世纪60年代中期至80年代中后期）

在这一时期，中印两国关系出现变化，中文教育也在印度面临窘境。中国学院的地位也大不如从前，加上教材陈旧、师资不足、资金短缺等问题，学位授予权被迫取消。除高校的中文课受创外，原有的其他中文学校和培训机构也纷纷倒闭。在这一时期，两国关系低迷，印度的中文教学备受打击，印度学生对学习中文的兴趣也有所削减，中文在印度的传播受到阻碍。

3. 中文教育的深化发展时期（20世纪80年代末至今）

20世纪80年代末，中印关系开始恢复，文化交流活动也不断增多，印度的中文教育发展逐渐进入深化期。1979年，印度外交部部长阿塔尔·比哈里·瓦杰帕伊（Shri Atal Bihari Vajpayee）访问中国，开启了中印关系发展的新阶段。1988年12月，印度总理拉吉夫·甘地（Gajiv Gandhi）访问中国，又进一步推动了中印关系的发展。进入21世纪，两国的文化交流合作不断扩大。2005年，温家宝总理对印度进行了为期4天的正式访问，宣布建立战略合作伙伴关系，两国关系由此迈进新阶段。2006年为"中印友好年"，2011年为"中印交流年"。在这样的形势下，印度的中文教育事业开始逐渐复苏，不仅恢复了之前停办的课程，还涌现出了新的一批高等院校创建中文院系，如尼赫鲁大学、贝拉斯印度教大学、锡金大学、特斯普尔大学等。

2011年4月，印度中等教育中央委员会将中文纳入中学教学大纲中，2012年4月起将中文列入外语课程，首期在500所中学开设中文课，并在今后逐步普及下辖的其他中学。印度初等教育委员会也在印度外交部的要求下着手研究在小学加入中文教学的可行性，这也是印度中文教育政策在基础教育体系上的重大变化。"一带一路"倡议提出后，两国政府更加积极有为、态度更加开放互信，从而推动中文教育稳步发展。在这一时期，都安大学、贾坎德中央大学、孟买大学等超过20所印度高校都纷纷开设了中文课程。

（二）中文教学情况

在"汉语热"的背景下，截至2021年，印度有22所高校开设了中文课程（见表1-14），其中大部分高校分布在印度东北部与中国接壤的区域。其中开设中文学历课程的高校有印度国际大学、尼赫鲁大学、贝拉斯印度教大学、锡金大学、孟买大学、都安大学、古吉拉特中央大学和贾坎德中央大学，其他大学均开设了不同学制的文凭或资格证书班，重点培养学生的中文交际能力。

表1-14 印度开设中文课程的高校

序号	中文校名	英文校名	开设中文课时间	所在城市（中文）	所在城市（英文）
1	加尔各答大学	Calcutta University	1920	加尔各答	Kolkata
2	印度国际大学	Visva-Bharati University	1937	桑蒂尼盖登	Bolpur, Shantiniketan
3	阿拉哈巴德大学	University of Allahabad	1950	阿拉哈巴	Allahabad
4	贝拉斯印度教大学	Banaras Hindu University	1961	瓦拉纳西	Varanasi
5	德里大学	Delhi University	1964	新德里	New Delhi
6	旁遮普大学	Punjab University	1964	昌迪加尔	Chandigrah
7	尼赫鲁大学	Jawaharlal Nejru University	1973	新德里	New Delhi

续表

序号	中文校名	英文校名	开设中文课时间	所在城市（中文）	所在城市（英文）
8	特斯普尔大学	Tezpur University	2003	特斯普尔	Tezpur
9	艾哈迈达巴德管理学院	Ahmedabad school of Management	2007	艾哈迈达巴德	Ahmendabad
10	桑吉大学	Sanchi University	2008	桑吉	Sanchi
11	古吉拉特中央大学	Central University of Gujarat	2009	甘地纳格尔	Gandhinagar
12	韦洛尔理工大学	Vellore Institute of Technology	2009	韦洛尔	Vellore
13	锡金大学	Sikkim University	2010	甘托克	Gangtok
14	都安大学	Doon University	2010	德拉敦	Dehradoon
15	印度国立伊斯兰大学	Jamia Millia Islamia Central University	2011	新德里	New Delhi
16	英语和外国语大学	English and Foreign Languages University	2011	海得拉巴得	Hyderabad
17	贾坎德中央大学	Central University of Jharkhand	2012	兰契	Ranchi
18	孟买大学	University of Mumbai	2013	孟买	Mumbai
19	卡利尼亚大学	Kalyani University	2015	卡利尼亚	Kalyani
20	曼尼普尔大学	Manipur University	2017	英帕尔	Imphal
21	贾达沃普尔大学	Jadavpur University	—	加尔各答	Kolkata
22	班加罗尔大学	Bangalore University	—	班加罗尔	Bangalore

1. 印度国际大学

印度国家大学是印度开展中文教育和研究最早的大学之一，中国学院也是第一个被印度政府教育部门批准的学士和硕士学位授权点。中国学院在中印交流历史上作出的巨大贡献，使其在印度中文教育领域中扮演着极为重要的角色，地位和影响力不容忽视。目前，该校已经开设了本科、硕士、研究型硕士和博士的中文专业。经过多年的不懈努力，中国学院打造了一支属于自己的中文教师团队，目前有正式教师8人。在本科教学中，实用性语言技能训练在第一年（预科阶段）全部完成，到二年级逐步引进中国文化历史方面的课程。2011年6月，印度国际大学与云南大学签署了合作备忘录，根据协议，两校每年都要互派师生进行交流访问，包括汉语夏令营、中文教师志愿者、师资交流等项目。2011—2017年，云南大学共向中国学院派送了5名中文教师。从2012年起，云南大学和印度国际大学每年都会开展校际文化交流活动，师生互到对方校园参观、交流研讨、聆听专家讲座等，这使中国学院的中文教育水平有了实质性的提升。在两所大学的共同配合和不懈努力下，中国学院中文教育的影响力越来越大。2013年，中国学院还获得了中国国家主席习近平颁发的"和平共处五项原则友谊奖"。

2. 尼赫鲁大学

1973年，中文作为一门专业正式进入尼赫鲁大学。该大学的东南亚研究中心已成为在印度学习中文以及从事中国语言、文学、文化和其他相关领域的最大研究中心之一。目前该中心有四个专业，分别为中文、朝鲜语、日语和蒙古语。针对中文专业，中心开设了三年制的本科、五年制的研究型硕士和三年制的博士点。目前，东南亚中心共有12名常任教师，中文专业每年招收55名新生，其中本科生45名，研究生10名。

3. 德里大学

德里大学在印度高等教育中是规模最大的高校之一，中文教育的正式开展时间可以追溯到20世纪60年代。1964年，德里大学成立了第一个中文教育机构——隶属于社会科学院的东亚研究系，当时被命名为"中文研究中心"，后来该学院增设了日语专业和韩语专业，中心又更名为"东亚研究系"。目前，德里大学还没有设立中文专业的学历教育，只有非学历教育，分为全日制班和非全日制班，全日制教学为2年，修满期限后可获得汉语文凭或高级文凭证书，非全日制班的时间不限。东南亚研究系目前只有6名教师。

在印度中文教师资源有限，印度高校的中文教师主要由本土教师（中文为第二语言）和客座教师（中文为母语）两种类型。受到历史和现实条件的限制，目前的中文教师以本土教师居多，且师资资源极为匮乏，整体水平参差不齐。据不完全统计，截至 2021 年，在开设中文课的印度高校中仅有 60 余名中文教师，并且还在逐渐减少。除了教师的数量不足，质量也是阻碍印度中文教育发展的另一个因素。虽然这些本土教师大多在中国有过留学经历、有较强的交际能力和丰富的教学经验，但作为中文非母语者仍存在语言知识和文化背景的缺陷，导致学生可能无法接受完全准确的中文词汇发音、语法结构的训练。在为数不多的客座教师中，有相当一部分是非中国籍的东南亚华裔，他们大部分没有专业的中文教学经验，只是在印度工作或访学时利用自己的业余时间教授中文。

（三）孔子学院

印度目前共设立了 2 所孔子学院、2 个汉语教学中心、3 个孔子课堂，分别是韦洛尔理工大学孔子学院、孟买大学孔子学院、拉夫里科技大学汉语教学中心、金德尔全球大学汉语言培训与研究中心，以及加尔各答中文学校孔子课堂、印度巴拉蒂大学广播孔子课堂和曼格拉姆大学汉语教学中心。

1. 韦洛尔理工大学孔子学院

印度韦洛尔理工大学与中国郑州大学于 2007 年 4 月 19 日签署协议共建孔子学院，2009 年 4 月 9 日正式揭牌。两校自共建孔子学院以来师生交流密切。孔子学院每年春节期间都会举行大型文化活动；从 2009 年开始每隔两年举办一次"你好中国"大型文化活动；自 2014 年 5 月成功举办首届印度中文比赛以来，每年都承办汉语桥世界大学生与中学生中文比赛。2010 年 12 月，温家宝总理向韦洛尔理工大学校长 G. Viswanathan 颁发"中印友好贡献奖"。截至 2019 年，韦洛尔理工大学孔子学院在印度韦洛尔、金奈、班加罗尔、孟买、浦那、新德里设立了 9 个考试中心，汉语水平考试、青少年汉语考试已经成为印度广大汉语学习者最为熟知的汉语证书考试。

郑州大学长期以来一直重视印度韦洛尔理工大学孔子学院的建设工作，选派优秀中青年骨干教师作为中方院长扎根印度，积极开拓印度汉语推广市场，使得学习汉语、热爱汉语的人数越来越多，汉语考试在印度生根发芽，开花结果。

2. 孟买大学孔子学院

2013年7月18日，孟买大学孔子学院成立，中方合作院校为天津理工大学。在揭牌仪式上，孟买大学校长Welukar博士表示，孟买大学孔子学院的成立意义重大。第一，中国是印度的近邻，是世界上的经济强国，学习汉语势在必行；第二，孔子学院的建立，可以使印度更加深刻地了解中国文化，为双方的沟通提供基础；第三，印度可以学习中国的武术，孟买大学孔子学院将为在校学生和周边社区开设武术课堂。中国文化博大精深、源远流长，中国作为印度的近邻更应该加深彼此的了解，两校间的合作不应仅局限于语言和文化方面，在科学、技术等其他专业领域也应该紧密合作共同发展。

2017年4月15日至17日，中国驻孟买总领馆联合孟买大学孔子学院在该校季羡林中国研究中心首次举办了"汉语本土教师培训班"，来自同济大学、华东师范大学、复旦大学的3位汉语教学专家联袂授课。来自孟买、德里和浦那等地的50余名印度汉语教师接受了为期3天的密集强化培训，学习汉语教学基础、教学方法、教学组织与课堂管理及跨文化交际等课程。学员们还通过本次培训互相熟悉，自发组建了"孟买汉语教师协会"。他们纷纷表示，希望中国驻孟买总领馆能够给予更多的支持和指导，将更多优秀的学习汉语的学生送往中国留学，并定期组织汉语教学交流活动。

3. 拉夫里科技大学汉语教学中心和金德尔全球大学汉语言培训与研究中心

2018年12月20日，中印高级别人文交流机制首次会议系列活动——中印语言与文化研讨会在新德里举行，中印两国语言学者专家、印度中文学习者120余人参加研讨会。研讨会开幕式上，驻印度公使、孔子学院总部和中印双方合作院校负责人共同为拉夫里科技大学汉语教学中心和金德尔全球大学汉语言培训与研究中心揭牌。仪式上，印度金德尔大学校长拉吉·库马尔表示，印度拥有8亿青少年，青少年间的学习和了解对于两国关系长远发展意义重大。巩固深化中印关系，不仅应在政治、经贸领域加大力度，更应进一步加强教育交流与合作。中印学者一致认为，本次研讨会对进一步促进中印语言文化交流意义重大，双方一致呼吁，同心协力，在文学经典互译、作家艺术家互访、本土汉语师资培训等方面加大力度，进一步提升双方语言和文化交流合作的水平。

拉夫里科技大学汉语教学中心成立后，首批招收学员100余人。该中心课程涉及公选课、兴趣课和证书课，年学时320。同时，该中心还举办各类中华传统文化活动。

4. 孔子课堂

孔子课堂是近年来全球中文教育的新颖形式，采用中国权威机构授权、中外教学单位共建的形式，展开更具民间交流性质的文化传播活动。印度首家孔子课堂成立于2017年11月28日，合作方是云南师范大学和加尔各答中文学校，二者的合作在多年前即已展开。主要形式是云南师范大学定期向加尔各答中文学校派驻两名中文老师，同时也负责招募相关志愿者赴印度辅助教学。这种形式在孔子课堂成立后还将延续，同时在汉办以及中国驻加尔各答总领馆的支持下，系统性、规范化的中文教材引进，汉语水平考试培训，中国特色文化活动等都将借助孔子课堂得以强化和开展。2019年3月29日，印度加尔各答中文学校孔子课堂第一届理事会会议在云南师范大学举行。双方在进一步深化合作、扩展课堂规模等方面达成共识。在今后的工作中，双方将继续相互支持、相互理解、共同努力，为加尔各答中文学校孔子课堂的建设发展携手努力。

曼格拉姆大学汉语教学中心成立于2019年8月11日，中方共建单位是井冈山大学，这是井冈山大学在海外共建的首个汉语教学中心。中印双方校长在表态发言中表示，双方一定会加强沟通、精诚合作，进一步完善沟通机制、明晰发展规划、配置优质资源、争取各方支持，确保曼格拉姆大学汉语教学中心稳定运行。

第六节 代表性大学

一、印度理工学院

印度理工学院（Indian Institute of Technology，IIT）创建于1951年，在全国共设有7所分校，分别是德里分校、坎普尔分校、卡拉格普尔分校、马德拉斯分校、孟买分校、瓜哈提分校和卢克里分校。1963年，根据印度国家技术院校法案，印度理工学院被列为国家重点学院，并赋予独立的学术政策、独立的招生及学位授予权。印度理工学院在全国的7所分校均为政府大学，在教学和经济管理上由直属中央政府的印度理工学院委员会管辖。印度人力资源开发部是该委员会的主席单位，每个分校各设董事会负责全权管理。董事会负责各分校的学术政策的制定、教学大纲的审核及成绩考核。

（一）印度理工学院卡拉格普尔分校（Indian Institute of Technology Kharagpur，IITKGP）

1951年8月，在联合国教科文组织帮助下，尼赫鲁总理任命萨尔卡尔组建委员会，研究成立一所按照国际标准设置、以美国麻省理工学院为蓝本、独具印度特色的高科技学院，并在印度东西南北部各设分校，第一所印度理工学院卡拉格普尔分校正式创建。20世纪80年代后，在德国学术交流服务中心资助下，6所IIT分校与6所顶尖的德国工业大学（亚琛、柏林、达姆施塔特、德累斯顿、卡尔斯鲁厄、斯图亚特）开展研究生合作培养。其中，卡拉格普尔分校在科研、经费、设备、人才、课程等方面广泛深入地开展了国际合作。卡拉格普尔分校主要的优势专业有航空工程、化学工程、化学、土木工程、地球科学、计算科学与工程、电子工程、机械工程、人文与社会科学、数学、工业设计中心、冶金与材料工程和物理学。卡拉格普尔分校在2022年QS世界大学排名中位列280。

（二）印度理工学院孟买分校（Indian Institute of Technology Bombay, IITB）

20世纪60年代，印度政府决定在第三个五年计划中重点发展理工教育，并推行质量改进计划。印度政府于1956年与联合国教科文组织达成合作，该合作的产物就是1957年在孟买建立的印度理工学院分校——孟买分校。1956—1973年，在联合国教科文组织帮助下，苏联给予了孟买分校大量的援助。苏联赠送给孟买分校大批教学科研设备，并派出专家到学校指导，共计派出了59名专家和14名技术员。孟买分校主要的优势专业有航空工程、生物科学与工程、化学工程、化学、计算科学与工程、材料与冶金工程、机械工程。孟买分校在2022年QS世界大学排名中位列177。

（三）印度理工学院马德拉斯分校（Indian Institute of Technology Madras, IITM）

1956年，德国政府为在印度建立工程高等教育学院提供技术援助。1959年，在德国波恩签署了第一个印德协议——马德拉斯分校正式成立。1966年，印德签订了第二个印德协议，内容包括德国向印度的20个实验室提供实验设备，为印度提供急需的新实验室，并向印度选派教授、专家，同时德国的大学为印度培训60名印度教师和技术人员。20世纪60年代，德国国家领导人以及柏林工业大学、布伦瑞克工业大学、亚琛工业大学、波恩大学、汉堡大学、斯图加特大学的校长或副校长相继访问马德拉斯。马德拉斯分校校长也于1967年访问了德国，与德国的学者、官员、政府代表、德国学术海外服务处等进行了深入的交流。1974年，印德政府开始签署第四个印德协议，内容包括通过R&D项目建立印德大学间的合作关系，加强工业咨询服务，启动电机工程研究生项目。1981年，第五个印德协议签署，两国继续加强大学间的合作项目，推动微处理器实验室、低温实验室和高聚合物实验室之间的学术交流，进一步交换访问学者。在与德国合作的同时，马德拉斯分校还与其他国家进行合作，如 1976 年，法国政府签订一项与马德拉斯分校航空系合作和援助的协议。马德拉斯分校拥有近 540 名教职员工、8 400 名学生和 700 名行政和服务人员，是一所独立学院，在 2022 年 QS 世界大学排名中位列 255。

（四）印度理工学院坎普尔分校（Indian Institute of Technology Kanpur，IITK）

1958 年，美国国际开发署计划安排麻省理工学院援建印度理工学院坎普尔分校，1959 年，坎普尔分校正式建立。1961 年美国国际开发署组建了援助坎普尔分校的 9 所顶尖大学联盟，坎普尔分校先后有 50 位教师和技术人员在美国联盟大学接受专门训练。到 1971 年 6 月，坎普尔印美项目共计花费了 750 万美元为坎普尔分校的各系和研究中心提供设备。普渡大学图书馆合作项目为坎普尔分校图书馆购买的书籍和期刊约 4 万册，价值 720 万美元。坎普尔分校有 9 个工程院系，并设有物理、化学、数学和人类学等基础学科系。主要的优势专业有航空工程、生物科学与工程、化学工程、计算机科学与工程、工业与管理工程、材料与冶金工程以及机械工程。坎普尔分校在 2022 年 QS 世界大学排名中位列 277。

（五）印度理工学院德里分校（Indian Institute of Technology Delhi，IITD）

德里分校成立于 1961 年，于 1963 年正式招生，是全国 7 所理工学院的核心院校，位于德里南部城区，与尼赫鲁大学和国家教育研究培训学院比邻。德里分校约有 6 000 名学生，其中，本科生 2 000 名、研究生 3 000 名、博士生 900 名。德里分校有 13 个院系、9 个研究中心、2 个多功能中心，有教师 450 名，其中教授 200 名、副教授 100 名、讲师及助教 150 名。德里分校主要的优势专业有应用工程、生物工程与生物技术、土木工程、化工、计算机科学与工程、管理研究、机械工程、物理、纺织技术等。德里分校在 2022 年 QS 世界大学排名中位列 185。

（六）印度理工学院瓜哈提分校（Indian Institute of Technology Guwahati，IITG）

瓜哈提分校成立于 1994 年，主要的优势专业有生物技术、化学、土木工程、化工、计算机与工程、设计、电子与通信、数学、机械工程、物理。瓜哈提分校在 2022 年 QS 世界大学排名中位列 395。

（七）印度理工学院卢克里分校（Indian Institute of Technology Roorkee, IITR）

卢克里分校成立于 2001 年，基础学科领域有化学、地球科学、人类学、物理和数学，工程学科领域有建筑、生物、化工、土木工程、地震、电力、电子与计算机、机械与工业、冶金以及造纸，应用研究领域有水文地理学、管理和水资源。卢克里分校在 2022 年 QS 世界大学排名中位列 400。

印度理工学院可以单独授予科技学士学位，每年有 2 500 名工程师毕业。

印度理工学院的教育理念是注重训练学生理论、实务兼备。学生毕业前要修满 180 个学分，其中必须有 20 个基础学科学分。每 5 个星期举行一次全校性大考，成绩全校排名。从大一开始，每学期都要修 6 门理工类课程，以及 2~3 门实验课。在学校的安排下，每名学生至少要到一家企业实习。

印度理工学院师资比为 1∶6 至 1∶8，其核心课程包括理学、人文科学、技术学及工程学专业类别中的课程。各分校都有权调整本校的专业设置，教师也可以根据自己的特长和意愿自主设计并实施教学或科研计划。德里分校侧重工程学；坎普尔分校在侧重工程学的同时，还特别强调提升学生可持续发展的自学能力；孟买分校强调培养专家研究型人才，实行工学硕士和博士论文的公开答辩制度；卡拉格普尔分校重视工程学专门理论的学习与技能操作，培养具有较强动手能力的学生；马德拉斯分校重视对学生的实践操作和工程制图训练，主张学生要多参与当地业界的活动，以与业界保持互动。

印度理工学院不仅是印度最好的大学，在世界上也很有名气，其毕业生为美国高科技人才的重要来源地之一。加州大学伯克利分校副教授萨克斯恩对美国高科技企业集中地硅谷的新移民企业家进行了一项调查，在约 2 000 个新创业的企业之中，有 40% 是由印度人开办的，而这些印度人中，50%是印度理工学院培育出来的人才。印度理工学院的毕业生每年有70%会出国，且大部分去往美国。印度理工学院总共培养了17万毕业生，留在美国的就超过3.5万人。

二、印度科技学院

印度科技学院（Indian Institute of Science，IISc）是一所公立大学，坐落在印度班加罗尔，正式成立于1909年。印度科技学院被视为印度的第一所科技学院，其办学目标是通过提供世界一流的教育培养未来的科学技术领导者，将科学技术突破应用于印度的财富创造和社会福利，成为世界上最重要的学术机构。学校有6个学部，分别为生物科学学部、化学科学学部、电气电子与计算机学部、交叉科学学部、医学部、物理数学科学学部，另外还有40个专业和研究中心，学校在计算、空间和核能领域作出了巨大的贡献。印度科技学院在2022年QS世界大学排名中位列186。

三、德里大学

德里大学（University of Delhi，DU）位于印度首都新德里，在印度的高等学府中，是地位最高、影响最大的大学。德里大学始建于1922年。20世纪60年代初期，印度大学资助委员会开始在印度全国建立高级研究中心，在批准的18个中心中，德里大学占有6个中心，分别为物理学、化学、植物学、动物学、经济学和社会学研究中心。1973年，德里大学在德里南部建立了南校区，该校区以艺术和社会科学著称。1983年，学校在德里又建了东、西两个校区，东校区以医学类专业著称，西校园以工程技术类专业著称。学校有14个学部，包括文学、教育学、管理学、音乐学、社会科学、艺术、应用科学、数学、技术、商业学、法学、医学、科学、继续教育和远程教育学部，有86个学院、91个专业，分布在整个德里市。学校在校学生约4万人，教师6 000余人。学校是一所在国内外享有盛名的综合性大学，主要学科领域有IT、理学、艺术、社会科学、法学、音乐与美术、工学、商业与金融、管理学、医学、教育学等。德里大学在 2022 年 QS 世界大学排名中位列 501~510。

四、尼赫鲁大学

尼赫鲁大学（Jawaharlal Nehru University，JNU）是为纪念印度历史上第一任总理加瓦哈拉尔·尼赫鲁而建立的文理综合性大学，是全球大学高研院联盟和国际大学协会的成员。尼赫鲁大学成立于 1969 年，占地 1 000 英亩。学校主要以培养研究生和进行科学研究为主。2019 年，在校生 8 805 人，国际学生 241 人，教师学生比为 1∶15。学校共有 8 个学院，包括国际研究学院、语言学院、生命科学院、社会科学院、环境科学院、计算机系统科学院、物理科学院和生物学研究中心等，多以培养研究生以上层次的人才为主。尼赫鲁大学在 2022 年 QS 世界大学排名中位列 561~570。

尼赫鲁大学与世界上 48 个国家的 272 所知名大学在师生交换、共同开展研究等诸多领域开展了合作，合作大学包括日本大谷大学、美国伊利诺伊大学香槟分校、韩国东国大学、美国北卡罗来纳大学教堂山分校、土耳其安卡拉大学、加拿大滑铁卢大学、澳洲新南威尔士大学、英国兰卡斯特大学等。除此之外，尼赫鲁大学与中国的 13 个高校也签署了谅解备忘录，分别为暨南大学（2005 年）、清华大学（2014 年）、北京师范大学（2015 年）、山东大学（2015 年）、贵阳学院（2016 年）、铜仁学院（2016 年）、贵州民族大学（2016 年）、四川大学（2016 年）、济南大学（2018 年）、云南省社会科学院（2018 年）、云南民族大学（2018 年）、深圳大学（2018 年）和中国人民大学（2019 年）。

五、阿米提大学

阿米提大学（Amity University，Amity），成立于 1996 年，是由 Ritnand Balved Education Foundation 建立的一所私立大学。自 1996 年成立以来，阿米提大学在短短的 26 年间发展迅速，相继在印度德勒克瑙、斋浦尔、古尔冈、孟买、兰契、海得拉巴等地建立了 23 个校区。

阿米提大学是学生规模在 100 000 人以上的大型私立研究型综合大学，拥有 4 500 名教师和科研人员。学校在印度私立大学中排名第一，在法学和工程学方面有很强实力。学校也得到了印度政府机构的认证，如大学资助委员会、印度技术教育委员会、国家评估与认证委员会的认证，同时也是印度大学联盟（Association of Indian Universities）和英联邦大学协会（Association of Commonwealth Universities）的成员。阿米提大学在 2022 年 QS 世界大学排名中位列 1 000~1 200。

阿米提大学十分重视国际化发展。2009 年，阿米提大学与北京理工大学签订协议，开展学位（双学位）项目合作，共建海外生源基地，联合培养阿米提大学的本科生。在该项目中，阿米提大学学生在印度学习 2 年，之后来北京理工大学学习 2 年。毕业时，参与该项目的学生可同时获得北京理工大学和阿米提大学授予的学位。随着"一带一路"倡议的推进，阿米提大学在中国的合作项目逐渐增多。2017 年，中国政法大学也受邀前往阿米提大学讨论教师互派、暑期学校、实习项目及博士联合培养等合作事宜。除以上两所高校，阿米提大学也与南京航空航天大学和北京大学开展项目合作。阿米提大学与中国高校合作时，一般选择合作高校的强势学科和优势专业，如北京理工大学信息与电子学院的信息与通信工程和中国政法大学的法学等。

参考文献

[1] 中华人民共和国外交部［EB/OL］.［2022-02-05］. https://www.mfa.gov.cn/web/gjhdq_676201/gj_676203/yz_676205/1206_677220/1206x0_677222/.

[2] 赵学瑶，宋改敏. 文化视域下印度高等教育复合治理模式研究［J］. 现代教育管理，2015（2）：52-56.

[3] 王洪岩. 当代印度政治制度的特点及功能研究［D］. 石家庄：河北师范大学，2007：39.

[4] 彭婵娟. 20 世纪 90 年代以来的印度高等教育治理变革研究［D］.

杭州：浙江大学，2017：18.

[5] 刘晓燕. 独立后印度高等教育的发展与印度现代化［D］. 太原：山西大学，2010：11.

[6] 曲恒昌. 独具特色的印度大学附属制及其改革［J］. 比较教育研究，2002（8）：27-30.

[7] 曹秀娟，徐辉. 试析印度高级中学证书考试制度及启示［J］. 外国教育研究，2010（6）：54-57.

[8] 李双宏. 印度高考制度探析［J］. 比较教育研究，2010（9）：58-60.

[9] 施晓光. 印度教育"保留政策"问题探析［J］. 比较教育研究，2008（10）：46-50.

[10] 安双宏. 印度高等教育优待弱势群体保留权政策研究［J］. 比较教育研究，2016（4）：38-42.

[11] 肖海霞. 独立后印度公立大学本科招生录取制度研究［D］. 南昌：南昌大学，2019：39-40.

[12] Graduate Aptitude Test in Engineering（GATE）［EB/OL］.［2022-03-07］. http://gate.iitd.ac.in.

[13] Ministry of Education，Government of India. University Grants Commission（UGC）-NET［EB/OL］.［2022-03-08］. https://ugcnet.nta.nic.in/WebInfo/Page/Page?PageId=1&LangId=P.

[14] 王晓文. 印度莫迪政府的大国战略评析［J］. 现代国际关系，2017（5）：33.

[15] Ministry of Education. All India Survey on Higher Education 2019—2020［R］. Ministry of Education，2020.

[16] Ministry of Human Resource Development，Government of India. National Education Policy 2020［R］. Ministry of Human Resource Development，Government of India，August 2020：33-49.

[17] Ashish Jha. National Education Policy 2020：Higher Education Reforms［EB/OL］.［2021-01-12］. https://www.buddy4study.com/article/national-education-policy.

[18] 武学超，宋梦佳.印度高等教育转型的改革向度及基本逻辑[J]. 外国教育研究，2021（10）：90.

[19] 许明.高等教育质量保障体系的国际比较[M].大连：辽宁师范大学出版社，2005：246.

[20] 雷琨，王战军，于妍.印度研究生教育规模、结构发展分析[J]. 学位与研究生教育，2020（1）：68

[21] SHARMA Y. India in "Initial Stages" of higher Education Massification-Report[EB/OL].（2019-11-28）[2020-01-02]. https://www.universityworldnews.com/post.php?story=20191 128104421724.

[22] WENR. Education in India[DB/OL].（2018-09-13）[2022-02-27]. https://wenr.wes.org/2018/09/education-in-india.

[23] Planning Commission-Government of India. Twelfth Five Year Plan（2012—2017）: Social Sectors[M]. SAGE Publications, 2013.

[24] 阿特巴赫.巨人觉醒：中国和印度高等教育系统的现在和未来[J]. 覃文珍，译.大学教育科学，2010（4）：3-17.

[25] University Grants Commission. Minimum Standards and Procedure for Awards if M.Phil./Ph.D Degree[S]. New Delhi, 2016：5.

[26] The Global Economy[EB/OL]. https://www.theglobaleconomy.com/India/Education_spending_percent_of_government_spending/.

[27] Ministry of Education. Analysis of Budgeted Expenditure on Education 2016—17 to 2018—19[R]. Ministry of Education, 2021.

[28] 连进军.印度理工学院的国际合作办学之路探讨[J].第六届全国中外合作办学年会，2015：458.

[29] Government of India. The Foreign Educational Institutions（Regulation of Entry and Operations）Bills, 2010[DB/OL].[2020-04-14]. http://karmayog.org/education/upload/29981/Foreign%20Educational%20Institutions%20Bill%202010.pdf/.

[30] 联合国教科文组织：[DB/OL].[2020-04-14].hppt://data.uis.unesco.org/index.aspx?queryid=173.

［31］India Set on Becoming a Major Regional Study Destination［EB/OL］. ［2022-02-11］. http://monitor.icef.com/2018/04/india-set-becoming-major-regional-study-destination/.

［32］杨旭. 20世纪90年代以来印度高等教育国际学生流动现状［J］. 世界教育信息, 2018（6）: 47-48.

［33］CHOUDAHA R, CHANG L, SCHULMANN P. Student Segmentation for an Effective International Enrollment Strategy［J］. World Education News & Reviews, 2013（26）: 3-23.

［34］吕耀中, 徐翠桦. 印度高等教育国际化［J］. 世界教育信息, 2020（9）: 71-72.

［35］戴妍, 袁利平. 印度高等教育国际化的特点及趋势［J］. 比较教育研究, 2010（9）: 74.

［36］刘婷. 印度高等教育国际化历史、现状及特点［J］. 世界教育信息, 2016（18）: 58.

［37］曾晓洁. 印度高校海外分校的发展动因及区域布局研究［J］. 比较教育研究, 2019（2）: 37.

［38］新华网. 印度高校瞄准海外办学, 走国际化路线大势所趋［EB/OL］.（2015-11-19）［2022-02-16］. http://www.xinhuanet.com/world/2015-11/19/c_128442485.htm.

［39］Amity University-Campuses.［EB/OL］.［2022-02-16］. https://amity.edu.

［40］Edwise-Study in Singapore. Amity Global Business School［EB/OL］.（2019-09-21）［2022-02-16］. https://edwiseinternational.com/study-in-singapore/universities/amity-global-business-school.asp.

［41］Department of Higher Education Ministry of Education, Government of India.International Cooperation Cell［EB/OL］.［2022-02-16］. https://www.education.gov.in/en/international-cooperation-cell.

［42］SATYA N M. Challenges for Higher Education Policy in India［J］. British Journal of Education, 2014（5）: 1-12.

[43] University Grants Commission. Guidelines for Universities with Potential for Excellence: during the XI Plan Period (2007—2012) [EB/OL]. [2022-02-26]. https://www.ugc.ac.in/oldpdf/xiplanpdf/upe290409.pdf.

[44] Department-related Parliamentary Standing Committee on Human Resource Development. Two Hundred Forty Eighth Report on the Universities for Research and Innovation Bill, 2012 [R]. New Delhi: Rajya Sabha Secretariat, 2013-02-26.

[45] University Grants Commission. Guidelines for Educational Institutions as Institutions of Eminence [EB/OL]. [2022-02-27]. https://www.ugc.ac.in/pdfnews/2170800_Guidelines-for-Educational-Institutions-as-Institutions-of-Eminence-2017.pdf.

[46] 王文礼.《印度高等教育：2030年的愿景》述评[J]. 大学（研究版），2015（10）：53-60.

[47] 中华人民共和国和印度共和国政府文化合作协定[EB/OL].（1988-05-28）[2022-02-20］. https://baike.baidu.com/item/中华人民共和国政府和印度共和国政府文化合作协定/22281962.

[48] 中华人民共和国和印度共和国政府文化合作协定1988、1989、1990年执行计划[EB/OL].（1988-12-22）[2022-02-20］. http://www.9ask.cn/fagui/198812/248645_1.html.

[49] 中华人民共和国和印度共和国政府文化合作协定1991—1993年执行计划[EB/OL].（1991-03-12）[2022-02-20］. http://www.9ask.cn/fagui/199103/248646_1.html.

[50] 中华人民共和国政府和印度共和国政府文化协定1995—1997年执行计划[EB/OL].（1995-02-28）[2022-02-20］. http://www.9ask.cn/fagui/199502/248647_1.html.

[51] 中印两国关系原则和全面合作的宣言[EB/OL].（2003-06-23）[2022-02-20］. http://news.sohu.com/57/85/news210418557.shtml.

[52] 中华人民共和国中央人民政府. 中印举行高级别人文交流机制首

次会议 王毅同印度外长斯瓦拉杰共同主持［EB/OL］.（2018-12-21）［2022-02-24］. http：//www.gov.cn/guowuyuan/2018-12/21/content_5350956.htm.

［53］中华人民共和国中央人民政府. 中印高级别人文交流机制第二次会议在北京举行 王毅同印度外长苏杰生共同主持［EB/OL］.（2018-08-12）［2022-02-24］. http：//www.gov.cn/guowuyuan/2019-08/12/content_5420804.htm.

［54］刘进，徐丽. "一带一路"沿线国家的高等教育现状与发展趋势研究（五）——以印度为例［J］. 世界教育信息，2018（10）：34-35.

［55］中华人民共和国驻印度共和国大使馆. 借天竺之力 圆硅谷之梦——中印软件产业园发展纪实［EB/OL］.（2017-06-07）［2022-02-20］. http://in.china-embassy.org/chn/zygx/zykj/kjfzdt/201706/t20170607_2372467.htm.

［56］中华人民共和国驻印度共和国大使馆. 小米公司计划于2015年6月在印度设立数据中心［EB/OL］.（2015-04-10）［2022-02-20］. http://in.china-embassy.org/chn/zygx/zykj/kjfzdt/201504/t20150410_2372421.htm.

［57］中华人民共和国驻印度共和国大使馆. 第四届中国—印度技术转移、创新合作与投资大会以云会议方式召开［EB/OL］.（2020-11-21）［2022-02-20］. http://in.china-embassy.org/chn/zywl/202011/t20201121_2222919.htm.

［58］中华人民共和国教育部中外合作办学监管信息工作平台. 中外合作办学机构与项目（含内地与 港台地区合作办学机构与项目）名单［EB/OL］.［2022-02-20］. https://www.crs.jsj.edu.cn/aproval/orglists.

［59］广东工业大学. 广东工业大学与印度韦洛尔理工大学合作举办动画专业本科教育项目［EB/OL］.（2019-07-02）［2020-02-20］. https://wsc.gdut.edu.cn/info/1151/2571.htm

［60］黄淮学院新闻网. 2021年中外合作办学评估信息公示［EB/OL］.（2021-07-29）［2022-02-20］. https://www.huanghuai.edu.cn/html/801/2021-07-29/content-23892.shtml.

［61］中外合作办学硕士研究生.云南民族大学与印度辨喜瑜伽大学合作举办民族传统体育学专业（瑜伽）硕士研究生教育项目［EB/OL］.（2017-09-15）［2022-02-20］.http://www.bkzzy.com/news/1709/16584.shtml.

［62］教育部出国留学政策调研组.中国在以色列、印度、印度尼西亚三国留学人员情况调研［J］.世界教育信息，2011（7）：58-61.

［63］吴霓，杨薇."一带一路"视域下中印留学生教育的发展历程与未来趋势［J］.河北师范大学学报，2020（3）：75.

［64］谷俊，杨文武.印度汉语教学的发展状况，问题及对策思考［J］.南亚研究季刊，2011（1）：102-108.

［65］陈雨微.印度高校中文课程设置比较研究［D］.北京：中央民族大学，2021：25.

［66］云南大学.我校合作学校印度国际大学中国学院获和平共处五项原则友谊奖［EB/OL］.（2014-09-29）［2022-02-25］.http://www.iep.ynu.edu.cn/info/1062/2568.htm.

［67］外交部.孟买大学孔子学院首次举办汉语教师培训班［EB/OL］.（2017-04-18）［2022-02-25］.https://www.fmprc.gov.cn/zwbd_673032/gzhd_673042/201704/t20170418_7385860.shtml.

［68］外交部.驻孟买总领事唐国才参加孟买大学孔子学院线上新春庆祝活动［EB/OL］.（2021-02-15）［2022-02-25］.https://www.fmprc.gov.cn/zwbd_673032/jghd_673046/202102/t20210215_9691721.shtml.

［69］Indian Institute of Science［EB/OL］.［2022-02-21］.https://iisc.ac.in.

［70］University of Delhi［EB/OL］.［2022-02-21］.http://www.du.ac.in.

［71］Jawaharlal Nehru University［EB/OL］［2022-02-21］.http://www.jnu.ac.in/main.

［72］Amity University［EB/OL］.［2022-02-21］.http://amity.edu.

第二章　巴基斯坦

第一节　国家概况

巴基斯坦伊斯兰共和国（The Islamic Republic of Pakistan）简称巴基斯坦，位于南亚次大陆西北部，东接印度，东北与中国毗邻，西北与阿富汗交界，西邻伊朗，南濒阿拉伯海，海岸线长 980 公里。国土面积 796 095 平方公里（不包括巴控克什米尔地区）。首都为伊斯兰堡（Islamabad），人口 110 万人（截至 2017 年）。巴基斯坦是多民族国家，全国人口 2.08 亿人，其中旁遮普族占 63%，信德族占 18%，普什图族占 11%，俾路支族占 4%。乌尔都语为国语，官方语言为乌尔都语和英语，主要民族语言有旁遮普语、信德语、普什图语和俾路支语等。95% 以上的居民信奉伊斯兰教（国教），少数信奉基督教、印度教和锡克教等。巴基斯坦法定货币为巴基斯坦卢比，货币代码为 PKR。2022 年 3 月，美元与巴基斯坦卢比汇率约为 1∶180，人民币与巴基斯坦卢比汇率约为 1∶27。

巴基斯坦原为英属印度的一部分，1858 年随印度沦为英国殖民地。1940 年 3 月，全印穆斯林联盟通过了关于建立巴基斯坦的决议。1947

年6月，英国公布"蒙巴顿方案"，实行印巴分治。同年8月14日，巴基斯坦宣告独立，成为英联邦的一个自治领，包括东、西巴基斯坦两部分。1956年3月23日，巴基斯坦伊斯兰共和国成立，仍为英联邦成员国，1972年退出，1989年重新加入。

巴基斯坦经济以农业为主，2018—2019财年（2018年7月至2019年6月）农业产值占GDP的19%；工业基础薄弱，工业产值占GDP的19.29%。2019—2020财年，巴基斯坦GDP为2 782.2亿美元，人均GDP为1 363美元，GDP增长率为-0.38%；农业增长率为2.67%，其中种植业产值占农业产值的21.73%，增长2.98%，畜牧业产值占农业产值的60.56%，增长2.58%，林业增长2.29%，渔业增长0.6%。主要农产品有小麦、大米、棉花、甘蔗等。全国可耕地面积5 768万公顷，其中实际耕作面积2 168万公顷。农业人口约占全国人口的66.5%。巴基斯坦最主要的工业是棉纺织业，棉纱产量250万吨，棉布产量76.3万吨，其他还有毛纺织、制糖、造纸、烟草、制革、机器制造、化肥、水泥、电力、天然气、石油等。

巴基斯坦主要矿藏储备有天然气6 056亿立方米、石油1.84亿桶、煤1 860亿吨、铁4.3亿吨、铝土7 400万吨，还有大量的铬矿、大理石和宝石，森林覆盖率4.8%。2019—2020财年，巴基斯坦生产原油2 808.7万桶，天然气约131.7万百万立方英尺，发电装机容量3 617万千瓦。

巴基斯坦实行中小学免费教育。2019—2020年度，教育公共支出占GDP的2.3%。巴基斯坦政府大力提高识字率，改善大中专学校的教育设施和条件。10岁（包括10岁）以上识字率为60%（巴政府数据）。目前，全国共有小学15.5万所，初中2.87万所，高中1.61万所，大学51所。著名高等学府有旁遮普大学、卡拉奇大学、真纳大学和白沙瓦大学等。

1951年5月中国和巴基斯坦正式建交，自此中巴开始双边贸易往来，尽管双方之间贸易增长缓慢，但中巴之间的友谊却得到了良好的发展。20世纪50年代，中国与巴基斯坦在政治与外交方面也出现过短暂的低谷期，但是在此后关系逐渐恢复并得到了长足的发展。尤其是在1961年的联合国大会上，巴基斯坦为恢复中国的合法席位作出了重大贡献，大大改善了中巴关系。1963年巴基斯坦与中国就边境问题达成一致，中国也在印巴冲突等问题上给予了巴基斯坦有力的支持。20世纪70年代，巴基斯坦在中美关系改善并建交方面起到了相当重要的作用。在1971年第三次印巴边界冲突中（巴基斯坦面临生死存亡的关头），中国给予了巴基斯坦宝贵的支持。自此以后，不管巴基斯坦处于军政府时期还是民主政府时期，中国对巴基斯坦的支持一如既往，并于1996年确定了建立面向21世纪的全面合作伙伴关系。到了21世纪，中国与巴基斯坦的关系持续向前发展，双方政要互访更加频繁。2003年10月，中国人民解放军海军与巴基斯坦海军在上海海域举行了首次联合演习。2008年汶川地震后，巴基斯坦向中国灾区提供了能动用的所有战备敞篷，并出动国内最后两架战备运输机。2013年7月中国与巴基斯坦签署了《关于新时期深化中巴战略伙伴关系共同愿望》，提出为推动制定"中巴经济走廊远景规划"，成立中国与巴基斯坦经济走廊远景规划联合合作委员会。2014年2月，中国与巴基斯坦发表《中巴关于深化中巴战略与经济合作的联合声明》，提到要加快"中巴经济走廊建设"的步伐。2015年4月习近平主席访问巴基斯坦，将中巴关系提升为全天候战略合作伙伴关系。巴方总理谢里夫发表署名文章，认为中巴关系超越了外交范畴，中巴双边关系迈入了前所未有的新阶段。

自2013年中国提出"一带一路"倡议后，伴随中巴两国"全天候战略合作伙伴关系"的持续深化，双方贸易合作发展势头良好，已经成为"一带一路"倡议下推进贸易合作的典范。由中巴两国共建的中巴经济走廊全长3 000公里，北接"丝绸之路经济带"，南接"21世纪海上丝绸之路"，是贯通南北丝路关键枢纽，是一条包括公路、铁路、油气和光缆通道在内的贸易走廊，也是"一带一路"的重要组成部分。2015年7月31日开工建设的萨希瓦尔电站是中巴经济走廊优先实施项目，也是"一带一路"倡议的重点工程之一。萨希瓦尔电站已成为迄今为止中巴经济走廊建设速度最快、装机容量最大、技术领先、节能环保的高效清洁燃煤电站,被巴基斯坦政府誉为"巴电力建设史上的奇迹"。2018年,巴基斯坦发展成为中国在南亚的第二大贸易伙伴,而中国则发展成为巴基斯坦最大的贸易伙伴。与此同时,中巴在贸易、设施、水资源、多边交流培训等领域达成合作共识。其中,两国的高等教育交流合作是"一带一路"倡议具体内容的重要组成部分,教育合作形式多样,如在中国境内开展中外合作办学、在巴基斯坦设立孔子学院、两国互认设立海外分校等。

第二节 高等教育发展历程

自印巴分治后,巴基斯坦一直延续着英国殖民时期的统治体系,其官僚体系和行政架构都是按照统治者的意图进行建构的,政府管理体系非常僵化,并形成了严重的路径依赖,以至于短期之内难以改变,这大大阻碍了巴基斯坦高等教育改革的进程。为此,巴基斯坦曾经试图对这些体系进行彻底的改革,但由于缺少具体的可行性方案,改革成效甚微。直到2000年,巴基斯坦高等教育才踏上了真正意义上的改革之路。总体而言,巴基斯坦的高等教育历程可分为四个时期,一是萌芽期,二是艰难发展期,三是快速发展期,四是稳步提升期。

一、萌芽期(1882—1954年)

英国政府统治期间,殖民者在英属印度共建立了21所大学,其中仅有一所在今巴基斯坦境内,即成立于1882年的旁遮普大学,位于如今的拉合尔市。它是南亚次大陆上第一所在穆斯林聚居区创办的大学。经过百余年办学历程,该大学现已成为巴基斯坦历史最悠久、规模最大的高等学府,为其他大学的建设提供了参照,在巴基斯坦的高等教育中起着重要作用。

1947年8月13日印巴分治,巴基斯坦成为一个独立的主权国家,高等教育进入发展的新时期。沿袭自英国的教育制度服务于殖民者自身的既得利益，背离了本民族的文化传统，也不适应社会经济建设的需要，因此巴基斯坦高等教育事业走上了独立自主的发展道路。1947年4月3日，由于独立后信德地区的高等教育已不再适合附属于印度孟买大学，政府在艰难的条件下建立起了信德大学。信德大学位于巴基斯坦南部经济较为发达的信德省首府卡拉奇市，这是由巴基斯坦人民独立自主创办的第一所大学，其成立也反映了巴基斯坦独立自主发展高等教育的坚定决心。在高等教育方面，当时巴基斯坦实际运作的大学只有两所，即旁遮普大学和新建立的信德大学。除此之外，有17所职业学院，以及42所非职业学院（艺术、科学与商业类），其中为女性开放的只有5所。巴基斯坦政府在成立后，便立即致力于将教育导向正确的方向，承诺重建和实现与巴基斯坦主权独立社会相符合的教育体系，使之符合意识形态、社会经济和科学技术的需要。

为了制定巴基斯坦未来教育的发展蓝图，1947年11月，"巴基斯坦国父"穆罕默德·阿里·真纳在卡拉奇召开了巴基斯坦教育会议（The Pakistan Educational Conference），巴基斯坦教育部部长法祖尔·拉赫曼作为会议主持人，特别提到了高等教育在促进社会发展、民主和科学研究方面的作用，并提出了未来的行动方针。这次会议对巴基斯坦的教育产生了深远的影响，推动了巴基斯坦现代高等教育体系的形成，其中的一些教育思想和会议精神仍体现在巴基斯坦现行教育体系中。

1951年，巴基斯坦教育部部长法祖尔·拉赫曼在卡拉奇召开了教育咨询管理委员会、校际管理委员会和技术教育代表会的联席会议，以确定为巴基斯坦制订"六年国家教育发展计划"（Six Year National Plan of Educational Development）。会议确定了发展教育任务所面临的主要问题和制约因素。同时，计划中对高等教育规模的扩张与经费作出了比较详细的规划。这项计划被认为是"第一次有意识地预测和满足我们在六年内各个教育领域的需要"。然而，由于政局的不稳定以及财政困难，该计划于1955年宣布终止，付出的努力和开支未能产生预期的结果，计划目标也没能全部完成。在建国初期，巴基斯坦各方面条件举步维艰，高等教育基础比较薄弱，高校入学人数较为有限；但是，高校体系已经初步建立,综合性大学、宗教学校、文理学院、职业学院建设已初现雏形,职业学院各学科已有初步建制,更为难能可贵的是,旨在保障女性受教育权利的女子专门学院也已经出现。这些都为巴基斯坦高等教育体系日后的可持续发展奠定了较好基础。

二、艰难发展期(1955—2000年)

1955年,在总理侯赛因·沙希德·苏拉瓦底的领导下,巴基斯坦实施了以苏联为导向的"第一个五年计划"(1955—1960年),其中高等教育占据了重要篇幅。该计划要求通过提供自主权和问责制来更好地管理高等教育,建议为每个省设立一个大学资助委员会,以加强高等院校和政府的合作。该计划其他的提议还包括加强学术研究、教师交换项目以及将职业院校与大学合并等。在此计划期间,巴基斯坦没有建立新的大学,但是全国新建职业学院16所(1所女子学院),文理学院49所(13所女子学院)。

20世纪60年代,阿尤布·汗总统提出的金融政策和经济计划极大地强调了高等教育的重要性。在1959年教育政策的基础上,巴基斯坦政府相继实施了"第二个五年计划"(1960—1965年)和"第三个五年计划"(1965—1970年)。"第二个五年计划"强调了职业和技术教育。在此期间,政府新建了3所职业院校,将2所职业院校升级为大学。高等院校的物质基础设施得到了实质性的改善,特别是在实验室、图书馆、教室、礼堂、宿舍、食堂、娱乐、体育和文化活动设施方面。同时,政府聘用了大批素质较好的教师,利用暑假召集教师参加各种主题的研讨会,交流意见和经验。政府为奖学金计划拨出大量款项,在1964—1965年度教育公共支出总额中,约有5%用于奖学金。除了本土和海外奖学金,还有大量其他机构和政府资助的奖学金和助学金,例如英联邦奖学金,科伦坡计划,AID文化交流项目等。这些奖学金帮助许多学生完成他们的学业,推动了整个国家的经济增长和发展。政府还制订了一项"中央海外培训计划"(COTS),将在大学或学院工作的优秀学者送往海外深造。1965年,由于战争的爆发,包括教育在内的所有部门的经费预算都被削减了，但"第三个五年计划"的实际教育经费仍然有所增长。经过三个"五年计划"的发展，巴基斯坦国内高等教育环境有了很大的改善，高等教育机构数量与入学人数明显增加。1960—1970年，建立了3所新的大学，开设了19所专业学院和164所文理学院。大学入学人数从1959—1960年度的4 092人（女性778人）增加到1969—1970年度的15 475人（女性3 298人），增长278%。专业学院的入学人数从1959—1960年度的12 434人（女性1 851人）增加到1969—1970年度的33 633人（女性4 219人），增长170%。文理学院的入学率从1959—1960年度的76 000人（女性12 000人）增加到1969—1970年度的175 000人（女性45 000人），增长130%。

20世纪70年代，世界经济受到冲击，全球经济增长放缓，这一时期同样也是巴基斯坦的危机时期。在1971年印巴战争后，国内分裂主义情绪严重，最终导致了东巴基斯坦分裂为孟加拉国。巴基斯坦经历了严重的财政困难，国内经济混乱，外国援助急剧减少。教育质量没有达到预期，而通货膨胀、劳工动荡、贫困和失业现象等许多问题普遍存在。1970年，政府颁布了这个时期的教育政策。当时，巴基斯坦正处于将其经济从农业型转变为工业型的时期，而工业需要更多熟练的人力资源。因此，这项政策将教育视为推动社会变革与发展的工具，根据社会经济的需要重新定位了教育方案，特别是将重点转向科学、技术和职业教育。政策强调了教育质量的重要性以及教师在提高教育质量方面的关键作用，并提出教育特别是高等教育行政权力的下放，以确保教育机构健康有效发展所需的学术自由和行政财务自主权。1972年，巴基斯坦总统佐勒菲卡尔·阿里·布托所代表的巴基斯坦人民党宣布了新的教育政策，实施国有化计划。根据这项政策，所有两年制学院在国家控制的政策下转变为大学，私有化的大学转为国有化。当时，巴基斯坦的高等教育普及率仅为2%，而同一年龄段中，美国为50%，日本为25%。因此，在其任期内，佐勒菲卡尔·阿里·布托总统要求财政部将70%的自然资源用于高等教育，政府寻求实现综合社会变革，从而通过国有化实现经济进步。按照政策规划，1971—1978年，巴基斯坦国内新建了7所大学，入学人数增长了135%（见表2-1），职业学院由73所增加至98所，非职业学院由314所增加至430所。大学资助委员会于1973年7月成立，旨在协调大学的项目，确保有足够的公共资金改善高等教育，并在其中成立了国家高等教育学院（National Academy of Higher Education），以对高校教师进行职前和在职培训。另外，巴基斯坦还建立了卡拉奇大学的海洋生物学、信德大学的分析化学、旁遮普大学的固态物理学、俾路支省斯坦大学的矿物学、白沙瓦大学的地质学等五个卓越中心，拉合尔旁遮普大学的南亚研究中心、卡拉奇大学的欧洲研究中心、白沙瓦大学的中亚研究中心、信德大学的远东和南东研究中心、伊斯兰堡大学的非洲和美洲研究中心，以及俾路支大学的中东和阿拉伯国家研究中心等六个区域研究中心，并分别在旁遮普大学、信德大学、白沙瓦大学、卡拉奇大学、俾路支大学以及伊斯兰堡大学建立了巴基斯坦学习中心。

表2-1　1971—1978年巴基斯坦大学数量及其入学人数

年度	大学数量/所	入学人数/人
1971—1972	8	17 507
1972—1973	8	18 678
1973—1974	8	19 081
1974—1975	10	21 396
1975—1976	12	22 772
1976—1977	12	37 711
1977—1978	15	41 130

教育国有化计划彻底终止了私立教育在巴基斯坦的历史，对巴基斯坦高等教育产生了深远的影响。最终联邦政府控制了高校所有拨款项目，高校教师和管理层由教育部任命，此举保证了中央全面管理国家高

校体系，同时也剥夺了高校的自主权。然而，国有化政策的不利之处在于：一方面政府面临财政困难，财政部的负担进一步加重，发展支出大幅增加；另一方面教育被政治化，教育政策带有强烈的政治性，许多工作进展是在政治基础上提供的，目无法纪、腐败、裙带关系和激烈的派别之争成为巴基斯坦高等教育的一部分。

由于自巴基斯坦成立以来，国家高等教育的增长比其他教育部门要快，但高校的整体教育水平却参差不齐，因此在"第五个五年计划"（1977—1982年）中，巴基斯坦将重点放在了高等教育规模的巩固上而不是扩大上，其目标在于发展科学教育和现有的工程学院与大学。"第五个五年计划"为大学教育发展拨款725百万巴基斯坦卢比，其中450百万巴基斯坦卢比用于奖学金和学生贷款，另外还有500百万巴基斯坦卢比用于高中以上的辅导服务。该计划降低了通货膨胀率，巩固了投资和增长，恢复了国内外的金融稳定。在整个计划期间，总体收支平衡是正数，GDP增长了6.7%。

"第六个五年计划"同样是出于巩固高等教育的考虑，决定不在公立部门设立新的大学，对它们的拨款将仅限于提高教学环境与质量，而不是进一步地扩大规模。在该计划期间，GDP年增长率为6.5%，实现了6.1%的总体增长。公共部门计划拨款2 900亿巴基斯坦卢比，实际支出达到了2 424.1亿巴基斯坦卢比。为了实现教育部门的目标，政府将计划拨款的6.5%用于教育，这是巴基斯坦建国以来分配给教育部门的最高比例。对进口产品征收的附加费，也分配给教育部门131亿巴基斯坦卢比。计划期间对教育部门计划拨款18 930百万巴基斯坦卢比，实际支出13 560.2百万巴基斯坦卢比，因此计划拨款的利用率为71.6%。对高等教育计划拨款2 100百万卢比，实际支出1 541.7百万巴基斯坦卢比，利用率为73.4%。高额的教育拨款，使得巴基斯坦高等教育在这一时期得到了充分的发展与完善。在教育机构方面，新设立了30个学位学院，开展了5所新大学和新校区的建设工作，建立了一些国家机构，改进卓越中心，设立了2所新的大学，即公立的沙阿卜杜·拉蒂夫大学（1987年）和私立的拉合尔管理科学大学（1985

年），开设了10所新的文理学院，但没有建立新的职业学院。1982—1983年度大学入学人数为48 912人（女性7 851人），1987—1988年度增加到65 340人（女性9 786人），增长33.6%。职业学院的入学人数由1982—1983年度的58 587人（女性9 219人）增加到1987—1988年度的73 609人（女性15 901人），文理学院的入学人数由1982—1983年度的29.7万人（女性10.1万人）增加到1987—1988年度的42万人（女性13.5万人），增幅分别为25.6%和41.4%。

"第七个五年计划"期间新增的高等教育机构几乎全是文理类院校，共开设了127所新学院，其中有42所女子学院，有一所大学，即卡拉奇Hamdard大学。文理学院的招生人数由1987—1988年度的42万人增加到1992—1993年度的56.1万人，增幅为33.6%。职业学院招生人数由1987—1988年度的73 609人（女性15 901人）增加到1992—1993年度的76 726人（女性19 127人），增幅为4.2%。大学招生人数由1987—1988年度的65 340人（女性9 786人）增加到1992—1993年度的83 874人（女性11 178人），增幅为28.4%。

三、快速发展期（2001—2010年）

为了进一步完善高等教育治理结构，巴基斯坦教育部于2001年成立"高等教育改进行动组"（Task Force on Improvement of Higher Education）。通过广泛征求学术界和社会民众的意见，巴基斯坦政府于2002年成立了"高等教育指导委员会"（Steering Committee on Higher Education），并要求其根据行动组的报告制定出可行性方案。该方案主要内容如下：一是废除大学资助委员会，并增加高等教育的预算拨款；二是制定一项"示范大学管理条例"，以帮助高校建立统一的治理框架。因此，这一阶段高等教育治理改革的重点是机构改革和法制改革。巴基斯坦总统于2002年9月11日签署《2002年第53号法》（Act No. LIII of 2002），废除大学资助委员会，并建立了新的"高等教育委员会"（Higher Education Commission，HEC）。接着，HEC制定了巴基斯坦高等教育"中期发展框架"（Medium Term Development Frameworks）。其中第一步计划是 2005—2010 年全面推动巴基斯坦高等教育机构成为世界一流大学和科研中心；第二步计划是 2010—2015 年加快推动高等教育与巴基斯坦经济融合发展。同年，巴基斯坦颁布了《联邦大学法》，旨在高校内部建立统一的决策机构和保障体系，主要适用于官方公布的 7 所联邦大学和之后建立的高校。这是巴基斯坦首次尝试建立统一的高校法治体系。巴基斯坦对高等教育治理机构和法案进行了双向改革，推动了高等教育治理体系的建设进程。

四、稳步提升期（2011 年至今）

为了进一步建立高等教育治理体系，巴基斯坦自上而下推进高等教育治理改革和体制机制建设。2010 年，巴基斯坦议会通过了第 18 次《宪法》修正案，要求将联邦的教育治理权下放给省级部门，但是该修正案在实施过程中却不尽如人意。为了加快高等教育治理权力下放的进程，巴基斯坦于 2014 年 6 月成立了"联邦教育与职业培训部"（Ministry of Federal Education and Professional Training），负责监督管理 HEC 在内的 23 个组织机构。该时期巴基斯坦的高等教育治理改革致力于扩大省区高等教育自治权：第一，巴基斯坦四个省通过设立专门的高等教育部门或高等教育治理机构实现区域自治，包括信德省高等教育委员会、旁遮普省高等教育委员会以及开伯尔-普赫图赫瓦省和俾路支省高等教育管理部门。第二，除了俾路支省，巴基斯坦其余三省纷纷通过颁布专门的法律或法案来建立统一的高校法治体系，旁遮普省颁布了《2012 年公立大学法（修正）》，信德省颁布了《2013 年信德省大学法（修正）》，开伯尔-普赫图赫瓦省颁布了《2012 年开伯尔-普赫图赫瓦省大学法》和《2016 年开伯尔-普赫图赫瓦省大学法（修正）》。由于联邦与省区之间的复杂关系，巴基斯坦四个省的高等教育政策制定和执行情况差异较大，这也加大了巴基斯坦高等教育体系化建设的难度。

第三节 高等教育概况

一、分类及规模

巴基斯坦学校教育可追溯到公元7世纪，学校开始传授伊斯兰教的《古兰经》，18世纪初巴基斯坦沦为英国殖民地，其教育也殖民地化。1947年独立以来，巴基斯坦教育经历了不断的探索，已确立了完整的教育系统，其中，基础教育包括初等教育（5年）和中等教育（7年），高等教育包括本科（4年）以及随后的硕士、博士和博士后研究生教育。

巴基斯坦现代高等教育发端于英国殖民者的统治时期，该国第一所大学是由殖民者依照伦敦大学模式于1882年设立的旁遮普大学，现今它已成为巴基斯坦办学规模最大的大学，为其他大学的建立提供了参照。巴基斯坦独立后，其高等教育事业走上了独立自主的建设轨道，经过半个多世纪的发展，高校系统已较为健全。

巴基斯坦高校从资金来源上可分为公立和私立两大类。公立高校的办学资金绝大部分来自政府，私立高校的办学资金主要来自本校办学机构和其他公益、慈善组织等。以大学为例，公立大学在巴基斯坦历史悠久，是高校体系的主要组成部分，自旁遮普大学成立以来的近百年间，巴基斯坦一度只有公立大学。私立大学在巴基斯坦的出现时间很晚，1983年，巴基斯坦第一所私立大学——阿迦汗大学在卡拉奇成立。此后，私立大学得到了快速发展，2016年巴基斯坦共拥有75所私立大学，占全部大学总数的40.8%。私立大学的发展在很大程度上改善了高等教育供给不足的现状。巴基斯坦的私立大学成分十分复杂。从资金来源上看，一部分大学的资金源自慈善人士的善举，他们兴资办学，只收取少量学费，目的是让更多学生接受高等教育；当然也有不少大学收费十分高昂，远远超过巴基斯坦居民的平均收入水准。政府对私立大学也给予部分资金,如高等教育委员会对28所私立大学以项目制的形式进行资助,涵盖三种培训项目:其一是大学教师发展培训项目,高等教育委员会给予全额资助;其二是外国教师雇用以及信息化建设项目,高等教育委员会最多给予50%资助;其三是基础设施及学术设备资助项目,高等教育委员会根据各校具体情况给予资助,但最多不超过50%。能够接受高等教育委员会资助的私立大学,财务状况和办学绩效均明显好于其他大学。此外,私立大学的办学效果也不尽相同,办学质量悬殊较大。有些资金短缺、师资不足的大学,办学质量有待提高。然而,对于一些办学资源丰富的私立大学而言,较多的资金投入保障了其办学水平,私立属性使之在一定程度上避开了高等教育行政化的干扰,从而保障了大学自治,使之具备了公立大学不具备的优势。如前文所述,阿迦汗大学在2015年的大学排名中高居全国第五位,这一办学绩效超过了全国大量公立大学。但总体而言,从办学质量上看,私立大学目前仍无法同公立大学分庭抗礼,但在一定程度上改善了巴基斯坦高等教育供给不足的现状。

从办学规模上看,巴基斯坦可授予学位的高校有大学与学位型学院(Degree Awarding Institution)两大类。大学与学位型学院均能直接给符合条件的毕业学生授予学位,它们的区别在于其内部规模大小。大学的规模较大,学科设置相对齐全。大学必须至少有四个学科,而学位型学院的学科数则在四个以下。因此,大学往往综合程度较高,而学位型学院的专门性质较强。大学和学位型学院的这一显著区别直接影响了巴基斯坦高校的设置与认证。巴基斯坦高等教育委员会在经费、师资、办学设施、质量保障等方面均对新设高校做出了一系列的规范和限制。就大学和学位型学院而言,具体的要求是有所不同的。以量化指标进行分类管理,是巴基斯坦高等教育管理的一大特色,这一模式有助于不同高校明确办学定位、突出办学特色、提高办学质量,促进合理发展。巴基斯坦高校数量见表2-2。

表 2-2　巴基斯坦高校数量

单位：所

授权地区	公立		私立		总计
	大学	学位型学院	大学	学位型学院	
联邦直辖区	17	8	8	1	34
巴控克什米尔地区	5	0	2	0	7
开伯尔-普赫图赫瓦省	21	1	9	1	32
旁遮普省	28	1	15	8	52
信德省	18	3	16	14	51
俾路支省	7	0	1	0	8
总计	96	13	51	24	184

从管辖层次上看，巴基斯坦高校可分为联邦高校与省属高校两大类。高校的设置需经政府授权，一般而言，政府授权实行"属地管理"原则。联邦高校位于联邦直辖区，由联邦政府管理并授予特许状（Charter）。位于首都伊斯兰堡的公立联邦高校，其校长为巴基斯坦总统。省属高校则位于各省（区），由省政府管理并授予特许状，省长为公立省属高校的校长。同中国"部属高校""地方高校"之间相差悬殊的资源禀赋及办学水平不同，巴基斯坦高校的管辖层次同其办学质量之间并不存在着必然联系。如从高等教育委员会公布的 2014 年和 2015 年巴基斯坦高校排名中可以看出（见表 2-3），在全国排名前十的高校中，联邦高校和省属高校平分秋色。

表 2-3　巴基斯坦高等学校排名（前十名高校，以 2015 年为序）

高等学校	所在城市	所在省区	管辖层次	2014 年排名	2015 年排名
真纳大学	伊斯兰堡	联邦直辖区	联邦高校	1	1
旁遮普大学	拉合尔	旁遮普省	省属高校	3	2

续表

高等学校	所在城市	所在省区	管辖层次	2014年排名	2015年排名
国立科技大学	伊斯兰堡	联邦直辖区	联邦高校	6	3
费萨拉巴德农业大学	费萨拉巴德	旁遮普省	省属高校	2	4
阿迦汗大学	卡拉奇	信德省	联邦高校	5	5
COMSATS大学伊斯兰堡	伊斯兰堡	联邦直辖区	联邦高校	4	6
巴基斯坦工程与应用科学学院	伊斯兰堡	联邦直辖区	联邦高校	8	7
卡拉奇大学	卡拉奇	信德省	省属高校	7	8
卫生科学大学	拉合尔	旁遮普省	省属高校	10	9
兽医与农学大学	拉合尔	旁遮普省	省属高校	9	10

从大学内部治理结构来看，巴基斯坦的大学可分为单一制大学和附属制大学两类。附属制大学是巴基斯坦大学的主流形式，大多数高校都因袭了近代英国伦敦大学这一体制，采用学院办学、大学授予学位的制度组织高等教育活动。未采用这一制度的高校即为单一制大学。附属制大学的典型代表是旁遮普大学，它开创了巴基斯坦附属制大学办学体制的先河。具体而言，在大学进行本科人才培养、开展高等教育活动的主体是附属学院。附属学院是非常完整的高等教育机构，它们有各自独立的校园、教学项目、教职员工、管理团队等。大学和学院在层级关系上有差别，但在评估认证等方面却成为同样的主体。因此，附属学院的认证、公立附属学院的财政资助等同样由高等教育委员会承担。但区别于学位型学院，附属学院没有给学生授予学位的权力，因此，它们只能选择附属于某些大学。然而，大学与附属学院的关系并不是我国大学和二级学院之间的上下级关系，它更加类似于我国的独立学院。若干学院附属于一所大学后，大学成为这些附属学院所组成的"联邦"。各个大学有其各自的管辖区，管辖区往往由若干接近的行政区组成。管辖区内的

附属学院可选择附属至本区的某所大学内。大学主要负责确保附属学院的学术标准、把控教学计划、统筹学生考试等，并可对附属学院的办学设备等进行巡视。学生毕业时，由大学授予学位。

此外，巴基斯坦还有27所国内外合作办学的高校，设有商业、信息科学、法学、艺术设计等学科的学位项目。这些机构均由国外知名大学同巴基斯高校联合开办，合作国家有美国、英国、澳大利亚、爱尔兰、新加坡、马来西亚等。

近10年来，巴基斯坦高校的数量呈逐年递增趋势，但增长速度较为缓慢。其中，学位型学院在2011—2012年度和2013—2014年度的数量呈下降趋势（见表2-4）。在2018年泰晤士高等教育亚洲大学排名中，进入前200名的巴基斯坦高校仅有3所，分别为真纳大学（第49名）、COMSATS伊斯兰堡大学（第125名）、国家科技大学（第162名）。

表2-4　2006—2017年巴基斯坦高校数量

单位：所

年度	高职高专学院	学位型学院	技术职业研究院	大学
2006—2007	3 095	1 166	3 090	120
2007—2008	3 213	1 202	3 125	124
2008—2009	3 242	1 336	3 159	129
2009—2010	3 329	1 439	3 192	132
2010—2011	3 435	1 558	3 224	135
2011—2012	4 515	1 384	3 257	139
2012—2013	5 030	1 534	3 290	147
2013—2014	5 179	1 086	3 323	161
2014—2015	5 393	1 410	3 579	163
2015—2016	5 470	1 418	3 746	163
2016—2017	5 130	1 431	3 798	185

2012—2019年巴基斯坦高校学生入学人数整体呈上升趋势。其中，学位型学院学生入学人数在2014—2015年度达到顶峰后逐年下降。技术职业研究院学生入学人数在2012—2017年总体呈稳步增长趋势，2017—2018年度增长迅速。而巴基斯坦大学学生入学人数在2014—2015年出现回落，2015—2019年学生入学人数逐步增长（见表2-5）。

表2-5　2012—2019年巴基斯坦高校学生入学人数

单位：千人

年度	高职高专学院	学位型学院	技术职业研究院	大学
2012—2013	1 400.0	641.5	302.2	1 594.6
2013—2014	1 233.7	674.5	308.6	1 594.6
2014—2015	1 665.5	1 144.8	319.9	1 299.2
2015—2016	1 698.0	937.1	315.2	1 355.6
2016—2017	1 594.9	956.4	344.8	1 463.3
2017—2018	1 751.7	503.9	433.2	1 575.8
2018—2019	1 839.7	482.2	470.8	1 572.1

二、招生机制

（一）学前教育

巴基斯坦学前教育招收3~5岁儿童，巴基斯坦《2009年国家教育政策》（National Education Policy 2009）建议，公立学前教育入学年龄为4岁。这些学前教育阶段的儿童通常被称为"卡奇"（Kachi），因此学前教育通常命名为"卡奇级"（Kachi Class）。巴基斯坦的学前教育主要促进儿童为进入义务教育阶段做准备，目标是使儿童开始社会化。巴基斯坦的学前教育分为三个层级：游乐级、保育级、学前级。三个层级所教授的课程不同，一般而言，游乐级与保育级培养儿童基本的社交、游戏、体育运动与自理能力，学前级除此之外还会教授乌尔都语、英语、算术、绘画等。巴基斯坦乡村地区的学前教育机构没有固定的课程，通常招收即将进入义务教育阶段的儿童，进行为期一年的入学准备教育。

（二）初等教育

2010年《宪法第18修正案》规定，"国家将以法律规定的形式为全国5~16岁儿童提供免费的义务教育"。巴基斯坦义务教育的年限为12年。其中，初等教育为8年，包括1~5年级的小学阶段与6~8年级的中等阶段（Middle Stage），学生入学年龄一般为5岁。受社会文化影响，尽管巴基斯坦初等教育阶段男女并不分校，但从6年级开始实行男女分班。初等教育阶段的课程为英语、乌尔都语、科学、数学、伊斯兰教育、社会学、艺术、计算机科学等。全国范围内初等教育的课程大体类似，仅有细微差别。一些地区有时会使用旁遮普语、信德语、普什图语等本地语言作为教学语言，但总体而言基本用英语或乌尔都语教学。有些地方性学校还会教授阿拉伯语、波斯语、法语等。近年来，俾路支省的一些小学开始将汉语作为正式课程。联合国教科文组织统计数据显示，2012年，巴基斯坦适龄儿童的小学失学率为28.94%，远高于8.97%的世界平均水平，以及7.14%的南亚平均水平。目前，巴基斯坦政府仍然致力于全面普及义务教育，加大投入并积极落实政策，以降低适龄儿童的失学率。

（三）中等教育

巴基斯坦的中等教育分为两个阶段：第一阶段为初中阶段（Secondary Stage），9~10年级；第二阶段为高中阶段（Higher Secondary Stage），11~12年级。中等教育是巴基斯坦国民教育的重要组成部分，要求学生通过这两个阶段的学习，选择未来的专业方向，同时也是学生进入高等教育阶段的基础。

1. 初中阶段

初中阶段的修业年限为2年，入学年龄通常为13岁，每个学年学生都必须参加地区中等教育委员会组织的8门课程考试，在第二学年的考试通过后才可以获得初等中学学位证书（Secondary School

Certificate，SSC）。考试课程包含数学、英语、乌尔都语、伊斯兰与巴基斯坦社会研究4门必修课程，以及生物、化学、物理、历史、地理等选修课程。职业教育与普通教育的分流在这一阶段开始，因此这一阶段对部分巴基斯坦学生而言是普通教育的最后阶段。

2. 高中阶段

高中阶段的修业年限同样为2年，入学年龄一般为15岁，一些大学或大学附属学院也会开展高中教育。学生需要在最后一个学年完成地区中等教育委员会组织的标准化考试，考试通过后可获得高等中学学位证书（Higher Secondary School Certificate，HSSC）。巴基斯坦高中阶段的教育主要是为大学阶段的教育做准备，也就是预科学习，学生可根据自身兴趣选择课程。一般而言，可选择工程预科、医学预科、计算机预科、人文与社会科学预科等方面的选修课程。每学年有3门必修课，英语、乌尔都语、伊斯兰研究（仅11年级）或巴基斯坦研究（仅12年级）。自2005年以来，穆沙拉夫政府大力推进英语教学，规定从1年级开始就必须使用英语进行自然科学与数学的教学。如今，巴基斯坦几乎所有的高中都在进行全英语教学。在巴基斯坦，高中学位又称为"中级"，主要有文科（Faculty of Arts，FA）、理科（Faculty of Science，FS）、计算机科（Intermediate Computer Science，ICS）、商科（Intermediate Commerce，Icom）四类预科学位。拥有巴基斯坦高中学位是进入大学的必要条件之一，有些外国的高中教育经历同样也被认可，如持有英国普通教育证书（General Certificate of Education，GCE）的学生，也可申请进入巴基斯坦大学学习。巴基斯坦上层社会家庭大多选择欧美国家的教育体系培养孩子，以获得进入巴基斯坦大学或欧美大学的机会。

巴基斯坦学生从高中开始每年要经历一次Board考试，这是一种区域性的考试，一般为几个临近的城市联合命题。四次Board考试的得分按照百分比计算最后得分，相当于他们要经历四次类似中国的高考来决定最后的高考分数。当然，要是有两科以上没有达到最低分数线（33%），学生会被留级，而如果只有一科或两科没有达到分数线，则第二年需要重新参加该科目的补考。学生会根据在 Board 考试的分数申请心仪的大学或职业学院。

（四）职业教育

巴基斯坦职业教育主要由两部分组成。其一是中等职业教育，培养最低程度的技术工或半技术工，学生的年龄通常在 13 岁及以上。学制为 6 个月到 2 年，结业考核通过后获得相关职业技能证书（Technical School Certificate，TSC），由所在的技术学院或职业学院负责培养与颁发证书。通常培训的技能有机械、纺织、制造、手工等行业技能。考核由各学校安排，国家或地区不组织统一考核。其二是工程技术与商科技术教育，招收 15~16 岁的初中毕业生或拥有中专文凭的职业学校毕业生，由应用型大学或专科学院培养，学制通常为 2~3 年。商科技术教育主要培养工商类技术人才。工程技术教育培养电气工程、土木工程、机械工程、生物医学工程等专门的技术人员与工程监督与指导人员，课程设置偏实践。除了课堂教学，还包括车间作业、工业项目等，并使用全英语教学。学生在完成 3 年的课程学习后可以获得副工程师文凭（Diploma of Associate Engineer），拥有此文凭的学生，可以获得进入大学进修工程学学士的机会。巴基斯坦还有由公立部门或企业建立的职业学校、技术培训中心等，提供非正式职业培训。由于巴基斯坦还存在大量的失学和未受过教育的群体，因此，这些非正式职业培训在巴基斯坦职业教育框架中有同等重要的地位，主要培训内容由实际生产主导，实施政府规定的学徒制，由熟练的高级技工担任培训者。

（五）高等教育

巴基斯坦的高校主要有大学与学位型学院，学生获得高中学位证书或政府承认的其他同等资质证书，可进入大学或学院继续深造。学生进入高等教育的本科阶段一般需要按照高中预科方向选择专业，修业年限为 2~5 年，一般有工程学、医学、文学、理学、工商管理等 10 个学科大类。本科学位有合格（Pass）和荣誉（Honor）两种，合格学位一般修读 2 年，需通过 3 门必修课与 3 门选修课，荣誉学位则在此基础上多

1年，最后一年选择一个专业领域学习研究。自2003年开始，巴基斯坦已经逐步取消上述两种本科学制，逐步采用四年制本科教育。考核方法也由传统的"考试—通过"制转变为学分制，以便更好地与国际接轨。巴基斯坦硕士的修业年限一般是1~2年，学生通常只需要修完指定课程并通过考试就可以毕业，但有些大学也会要求撰写毕业论文。在硕士教育后，还有为期两年的哲学硕士（Master of Philosophy），学生在这一阶段主要从事研究与论文写作方面的学习。博士的修业年限一般为3~4年，招收条件为受过巴基斯坦政府认证的、至少16年的正式教育。因此，拥有16年教育经历的本科毕业生也可申请攻读博士学位，但目前大部分巴基斯坦大学招收博士生的条件之一是必须有哲学硕士文凭。

三、人才培养

巴基斯坦政府旨在"建立一个知识型的社会，促进知识经济的发展，将巴基斯坦发展成一个进步和繁荣的国家"。目前，根据《宪法第18修正案》精神，巴基斯坦联邦教育与职业培训部将致力于为全体公民提供平等的初等教育、中等教育、职业与技能培训以及高等教育的机会，并将进一步提升教学质量，营造良好的教育环境，在教育中秉承可持续发展的观念。在此基础上，巴基斯坦联邦教育与职业培训部基本职能包括：推进与发展高等教育以及高等教育标准的制定；推进与发展技术教育与职业教育；统筹协调非正式教育；提升巴基斯坦公民的识字率；对各省、各地区的教育事务进行协调；主持省级教育部长会议，并设置专门的秘书处；制定国家性的课程，并设置国家课程委员会；制定与出台国家教育政策；开展教育国际合作。

2017年5月，巴基斯坦高等教育委员会公布了《高等教育委员会2025愿景》，该文件通过分析现有数据，对过去10年巴基斯坦高等教育委员会的成就和改革进行了内部评估，同时经过广泛审议和咨询，与知名院士、决策者、企业和行业领导者协商后拟定而成。该文件旨在巩固高校近15年来取得的成就，并以更大的雄心和更具战略性的方式来继续推进高等教育改革的进程，同时也将着眼于建设知识经济的前进方向——智力资本。该文件也提出 7 项重要教育指导方针，包括追求学术卓越、发展应用研究、增强学术界与行业联系、建立卓越机构等，同时指出优质的高等教育在巴基斯坦向知识型经济国家的转变中发挥着至关重要的作用，巴基斯坦在现代科技领域中的国际竞争力主要依靠于卓越的高等教育。

除了国家层面的宏观人才培养目标，各高校也有不同的教育培养目标。如旁遮普大学确保大规模的高标准教育，重点如下：增加高等教育的机会并确保质量；促进大学的相关研究，作为社会经济增长和技术发展的知识资本；促进教师发展计划以提高教学质量；发展就业和全球流动的能力和技能。

四、经费

联合国教科文组织公布的数据显示，1993—2019 年巴基斯坦公共教育经费占公共支出的比重的平均值为 11.91%；1993 年最低，为 7.8%；2007 年最高，为 15.45%（见图 2-1）。

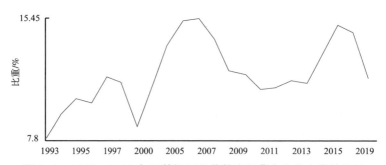

图 2-1　1993—2019 年巴基斯坦公共教育经费占公共支出的比重

1971—2019 年巴基斯坦公共教育经费占 GDP 的比重的平均值为 2.35%；1972 年最低，为 1.57%；1997 年最高，为 3.02%（见图 2-2）；2019 年的数值为 2.51%，而 2019 年世界平均水平（包含 101 个国家）为 4.18%。由此可见，巴基斯坦公共教育经费占 GDP 的比重并不高。

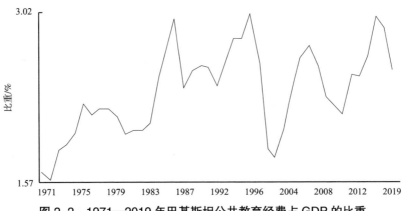

图 2-2　1971—2019 年巴基斯坦公共教育经费占 GDP 的比重

根据《联邦大学法》对高校权责的划分，高校在科研人员和非科研人员的聘任上具有较高的自主权，对学位授予拥有完全的自主权，同时也拥有高校内部的财务管理权和采购管理权，但要接受联邦或省区政府的外部监督；高校在录取标准和课程设计等方面只享有部分治理权，在科研政策制定、科研资源投入和经费预算审批等方面更是完全没有自主权。由此可见，巴基斯坦高校外部的管理部门通过政治、经济和法律手段严重干预了高校的自治，其中经济手段最为显著。根据相关资料，2012—2019 年，巴基斯坦高等教育总预算占 GDP 的比重的年平均值为 0.25%；联邦直辖区高等教育总预算占教育总预算的比重的年平均值为 75%，而旁遮普省高等教育总预算占教育总预算的比重的年平均值仅为 12%（见表 2-6）。由此可见，巴基斯坦对高等教育投入严重不足，而且不同省区的高等教育总预算占教育总预算的比重并不统一，这加大了区域之间高等教育发展的差距，也大大影响了高校教学质量和科研水平的提升。

表 2-6　巴基斯坦高等教育总预算情况

单位：%

年度	教育/高等教育总预算占GDP的比重	高等教育总预算占教育总预算的比重				
		联邦直辖区	旁遮普省	信德省	开伯尔-普赫图赫瓦省	俾路支省
2012—2013	2.1/0.25	73	12	19	13	18
2013—2014	2.2/0.26	71	11	15	12	20
2014—2015	2.2/0.24	73	12	13	12	19
2015—2016	2.3/0.25	73	13	14	12	20
2016—2017	2.2/0.25	70	13	14	12	23
2017—2018	2.2/0.26	80	13	14	12	25
2018—2019	2.3/0.25	82	10	14	11	16

第四节　高等教育国际化

巴基斯坦高等教育国际化主要体现在以建成若干所世界一流大学为目标的政府层面的互动，以联合办学、项目合作、学分互认为主的机构层面的互动，以及以学生流动为核心的人员间的流动。

一、国际化历程

自巴基斯坦建国以来，巴基斯坦政府多次制订"五年计划"以大力发展教育事业。1965年，巴基斯坦政府与土耳其、阿拉伯联合共和国、伊朗、日本、约旦、突尼斯、伊拉克、印度尼西亚、摩洛哥、西班牙和喀麦隆等国家签订了文化协定，通过学生、教师、教育家、科学家和文化课程的交流，文化中心的建立，以及以缔约国的民族语言互设大学教席的方式，促进与其他国家的文化交流。

20世纪90年代，巴基斯坦政府推出了大量奖学金计划，以提高高等教育质量。除本土奖学金计划外，还为师生提供了大量文化奖学金到海外深造。为了与外国建立友好关系，巴基斯坦签署了许多协议，包括文化、科技、旅游、教育等领域，教育是这些协议的主要部分，涵盖了高等教育不同领域的教师、教育家、学者和学生。在此期间，巴基斯坦同48个以上的国家签署了协定，有33个国家或机构向巴基斯坦提供奖学金，其中有25个国家定期捐款，捐助较多的国家有苏联、土耳其、埃及、中国、伊朗、德国和罗马尼亚。为了促进国家团结和高校之间的密切合作，政府推行了多项创新计划，包括教师发展计划、旨在培养哲学硕士和哲学博士的三明治计划、高校间教师交流计划、研讨会/会议、加强英语培训计划、高校间体育比赛和辩论等。一些高校在互惠的基础上为其他省属高校的学生保留席位。

巴基斯坦政府施行高等教育国际化政策，致力于促进本国高校与外国高校的交流互动。巴基斯坦高校与外国高校的合作关系在过去10年中大大增加。由于巴基斯坦较大的教育市场发展潜力与其以英语作为教育语言的优势，巴基斯坦成为南亚的国际高等教育中心。目前巴基斯坦共有27个高等教育委员会认可的高校正在与外国知名大学开展合作学位课程，这些国家多为欧美及亚洲发达国家，包括英国、美国、澳大利亚、爱尔兰、新加坡等，开办学位项目涵盖商业、计算机、信息技术、法学、时尚、纺织、建筑、公共卫生、会计及财务专业。从对外合作办学的专业设置不难发现，其办学方向倡导实用主义，具有明显的就业导向特色。

二、国际化内容

巴基斯坦国际化办学战略主要包括：办学目标国际化、课程体系国际化、师资生源国际化和教育合作国际化。

高等教育国际化是全球化背景下高等教育发展的必然趋势，也是发展中国家建设一流大学和一流学科的必由之路。学生国际化包括海外学生"流入"和本国学生"流出"两个层面。联合国教科文组织的统计数据显示，巴基斯坦的出国留学人数整体呈增长趋势（见表2-7），由于缺失巴基斯坦入境数据，对于"流入"学生人数无法做出分析。

表2-7　2011—2017年巴基斯坦出国留学人数

年份	出国留学人数/人
2011	419 36
2012	39 314
2013	41 212
2014	44 615
2015	48 539
2016	51 902
2017	51 894

美国"9·11"事件后，为了抑制伊斯兰基地组织恐怖势力的滋长，美国及其西方联盟对巴基斯坦提供了大量的财政援助，教育成为援助重点。在西方国家眼中，发展巴基斯坦教育可以从根本上改变巴基斯坦青年一代的意识形态，这也成为巴基斯坦大力发展高等教育的一个重要机遇，大大促进了巴基斯坦基础学科研究的发展和信息技术的进步。2002年，巴基斯坦总统穆沙拉夫任命阿塔·乌尔·拉赫曼为高等教育委员会主席，开始大刀阔斧地进行改革，建立他所倡导的"宏伟的高等教育工程"。为了实现改革目标，拉赫曼提出了三项重大改革措施，包括博士生扩招、聘请海外学者、开展国际合作。

1. 博士生扩招

为了扩大博士生的招生数量，巴基斯坦高等教育委员会为攻读博士学位的学生提供了大量的奖学金计划。为了提高博士生的质量和促进国际交流，巴基斯坦政府出巨资大量派出本国学生到国外攻读博士学位。该举措实施后，2002年共有800余名学生在政府资助下到澳大利亚、英国、中国、法国、德国以及韩国学习深造。

2. 聘请海外学者

缺乏高质量的师资一直是制约巴基斯坦高等教育发展的一大障碍。对此，拉赫曼的具体措施为聘请海外学者、吸引出国留学人员回国工作。从 2002 年起，拉赫曼为所有有意愿来巴基斯坦高校工作的海外学者开出了月薪不低于 4 000 美元的条件，这比巴基斯坦本国教授当年最高薪资高出 1/3。同时，他还承诺将为海外学者提供高额研究补助金等。这一计划在当年取得了良好的效果，吸引了 201 名海外学者来到巴基斯坦高校长期任教，另外还有 88 名学者任短期教员或者兼职教授。这些海外学者主要来自中东、西欧等国家。

3. 开展国际合作

拉赫曼的另一个重要计划就是通过与澳大利亚、法国、德国、意大利、瑞士等国家开展国际合作，在巴基斯坦创办 9 所工程技术大学。巴基斯坦由于缺乏足够的工程、技术人员，每年经济损失多达 40 亿美元。9 所新的工程技术大学的建立大大缓解了工程技术人员紧缺的情况。除此之外巴基斯坦在 21 世纪初还建立了 5 所法学院和一些医学院。

三、留学政策

自 2002 年高等教育委员会成立以来，巴基斯坦已经开始了一个全面的高等教育改革进程。巴基斯坦政府十分重视高级人才培养，高等教育委员会为巴基斯坦学生提供各类国际奖学金项目。高等教育委员会人力资源开发部门负责为优秀申请者提供奖学金，以满足高校、研究机构和各行业对高素质人才的需要。由人力资源开发部门发起的项目主要是为了填补与国家优先事项有关的各个领域专业人员的空白。表 2-8 为高等教育委员会 2018 年 7 月至 2019 年 3 月人力资源开发计划奖学金明细。

与此同时，我国每年都会向巴基斯坦来华留学生提供奖助学金，其中包括政府奖学金、地方奖学金以及大学奖学金。2003 年 9 月，国家留学基金管理委员会与巴基斯坦高等教育委员会签署了《关于安排巴基斯坦大学教师在中国高等学校攻读博士学位的协议》，根据该协议，高等教育委员会于 2003 年至 2007 年的 5 年时间里，每年遴选资助不少于 50 名巴基斯坦国内大学教师来华攻读博士学位。第一期学生 35 人于 2003 年 9 月 29 日顺利赴华，清华大学、北京理工大学、北京航空航天大学和北京科技大学 4 所学校为第一期录取院校。

表 2-8　高等教育委员会 2018 年 7 月至 2019 年 3 月
人力资源开发计划奖学金明细

项目名称	奖学金 / 万美元
本土博士	371
FATA 和俾路支省学生研究生 / 本科生奖学金	1 200
外籍博士	684
欠发达地区总理费用报销计划	15 403
研究生 / 本科生奖学金	4 100
其他项目	780
总计	22 538

数据来源：巴基斯坦高等教育委员会。

中国国家汉语国际推广领导小组办公室（以下简称"国家汉办"）设立了"孔子学院南亚奖学金"，整个南亚地区（包括巴基斯坦在内）学生来中国学习汉语的名额大幅增加。为了解决巴方的汉语师资短缺问题，国家汉办向巴基斯坦派遣汉语教师并邀请巴籍汉语教师来华接受培训。同时，两国在师资培训方面加强合作，通过长期学位课程、短期培训课程、国外研修课程、国内进修课程、研讨班和研讨会等形式，从教学理论和教学实践等多方面进行培训，实现教师的职业持续发展，帮助巴基斯坦提高教师的专业化水平。针对巴基斯坦国内有资质的职业学校少的问题，中方大学还与巴基斯坦大学展开多种形式的职业技术教育合作，帮助巴基斯坦培养职业技能人才。

第五节 中巴高等教育交流与合作

一、合作办学

为帮助巴基斯坦培养急需的高水平理工科人才，中国向巴方拟建的一所工程技术大学提供教师和管理人员等支持。2008年5月9日，在巴基斯坦—中国工程技术大学（PCU）项目中国大学联合体（CCU）成立大会上，教育部章新胜副部长宣布巴基斯坦—中国工程技术大学中国大学联合体正式成立。中国大学联合体成员单位由清华大学、北京邮电大学、北京科技大学、北京交通大学、华北电力大学、北京航空航天大学和北京理工大学组成。

2017年，由中国高等教育学会和巴基斯坦教育部共同发起成立了"中巴经济走廊大学联盟"，联盟成员由清华大学、北京大学、浙江大学、复旦大学、上海交通大学、中国科技大学等19所中巴高校组成。联盟通过搭建合作平台、提供支持政策和配套支持资源，推动两国高校开展人才培养、合作研究、学术研讨、师资交流。

四川理工学院在中巴友好并全方位战略合作的背景下，与巴基斯坦伊克拉国立大学开展教育合作，实行"1+3"模式共同培养留学生。四川理工学院在巴基斯坦高等教育合作方面做了历史开创性的工作，中巴本科双学历项目得到了国际认可，巴基斯坦留学生招生取得了历史性突破，国际教育影响力不断增强。

二、学生流动

"一带一路"倡议提出以来，随着中巴两国在经贸、基建等各领域合作的不断推进，巴基斯坦掀起了"留学中国热"，越来越多的巴基斯坦学生选择赴中国留学深造。据统计，2017年共有48.92万名外国留学生在中国高校学习，来自"一带一路"沿线国家的留学生人数为31.72万人，占总人数的64.85%，其中，巴基斯坦的生源数量居第三位。由此可见，中巴在学生国际流动方面的合作不断加强。

近年来，中巴双方在高等教育合作方面的交流日益频繁，主要体现在巴基斯坦来中国留学人数显著增加、中巴两国在联合培养高端人才方面实现突破。我国高校巴基斯坦学生人数近年来呈现稳中有升的趋势，根据教育部《来华留学生简明统计》，2015—2018 年，巴基斯坦学生来中国留学人数逐年递增（见表 2-9）。

表 2-9　2015—2018 年巴基斯坦学生留学中国人数

年份	2015	2016	2017	2018
巴基斯坦学生留学中国人数 / 人	15 654	18 636	24 879	28 023

资料来源：《来华留学生简明统计》。

三、中文教育

巴基斯坦是中国的友好邻邦，两国政府及民间在经贸、工程、文教等多领域展开了友好合作，巴基斯坦的中文教育也在此基础上发展起来。自 1956 年巴基斯坦建国后，中文教学也随之开始筹备，并于 20 世纪 60 年代初组班教学，为政府和中国援巴企业培养翻译人才。1971 年，巴基斯坦现代语言学院成立中文系（2000 年该校升级为现代语言大学），标志着巴基斯坦的中文教学步入了正轨。如果从巴基斯坦国立现代语言大学（National University of Modern Language，NUML）的成立算起，至今巴基斯坦中文教育已经走过了 50 多年的发展历程。在这半个多世纪中，从中文高等教育到基础教育，从汉语言教育到依托于汉语的职业教育，从北部的伊斯兰堡到南部的卡拉奇，从西北的开伯尔－普赫图赫瓦省到东部的旁遮普省，巴基斯坦的中文教育在层次和类型上、在覆盖群体和地域上都取得了很大的成就，关于巴基斯坦中文教育的研究也取得了一系列成果。

（一）中小学汉语教育

近年来，巴基斯坦中小学的汉语教育发展十分迅速。截至 2011

年 12 月底，全国开设汉语课程的中小学已有 13 所，遍布巴基斯坦主要省市；汉语教学全面涵盖小学（1~5 年级）、初中（6~8 年级）、高中（9~11 年级）教育阶段。巴基斯坦中小学汉语课程的性质并不一致，84.6% 的学校（11 所）只是将汉语设为外语选修课，仅有 15.4% 的学校（2 所）将汉语作为外语必修课。但值得注意的是，作为必修课的汉语课在这些学校并不纳入学生综合评定的标准体系，汉语作为外语必修课的课程性质大打折扣。不论是必修还是选修，中小学汉语课平均周课时都在 1.3~2 小时。巴基斯坦中小学使用的汉语教材主要是中国国内针对海外编写的汉语教材，小学主要使用《汉语乐园》，初中主要使用《快乐汉语》，高中主要使用《跟我学汉语》。巴基斯坦暂时没有专门针对本国中小学编写的本土化汉语教材。

（二）高等院校汉语教育

巴基斯坦高等院校主要包括高职高专、大学本科、硕士和博士等四个阶段。高等院校的汉语教育主要分为两种：汉语专业教育和汉语辅修教育。

汉语专业教育，就是将汉语言文学作为专业课程学习的高等教育。巴基斯坦的汉语教育起始于汉语专业教育，其中国立现代语言大学于 1971 年最早成立了中文系，随后拉合尔的旁遮普大学也开设了中文课程。国立现代语言大学中文系最早只开展针对巴基斯坦军方和政府的专项培训项目，为军方和政府培养汉语人才，满足两国间的军事和政治交流需求。之后也逐渐向社会普通人群开放，以满足当地人与中国进行经济、文化、教育交流的需求。国立现代语言大学中文系现有注册学生 177 人，其中初级班 103 人，中级班 42 人，高级班 30 人，硕士生 2 人，总体师生比为 5.6∶100。

汉语辅修教育，即非汉语专业的学生将汉语作为外语辅修的高等教育。目前开设汉语辅修教育的是商务、经济、电子通信等专业，旨在培养具备基本汉语交际能力、了解中国文化、能满足两国在上述领域交流合作需求的汉语人才。2005 年伊斯兰堡孔子学院成立之前，巴基斯坦高校的汉语辅修教育基本处于空白阶段。孔子学院成立以后，积极推进高校汉语辅修教育的发展,截至 2011 年,巴基斯坦全国开设汉语辅修课程的高校已有 7 所。

(三)孔子学院

孔子学院、孔子课堂等平台,为世界人民了解中国打开了一扇窗户。自 2005 年 4 月起,巴基斯坦伊斯兰堡孔子学院、卡拉奇大学孔子学院、费萨拉巴德农业大学孔子学院、旁遮普大学孔子学院和萨戈达大学孔子学院相继开设。孔子学院的课程丰富多彩,各种比赛和节庆活动相继举办,武术班、绘画班、书法班、茶道、插花、中华美食、中医针灸技术等课程增强了中国文化的吸引力,丰富了巴基斯坦学生对中国的立体认知。孔子学院的开设既传播了中国传统文化,也促进了中国教育国际化。孔子学院是中巴教育合作的主要体现。目前,巴基斯坦共建有 5 所孔子学院(见表 2-10),3 个孔子课堂,即穆扎法尔格尔短波收听俱乐部广播孔子课堂、佩特罗中学孔子课堂和千禧孔子课堂。

表 2-10 中巴合作共建孔子学院发展概况

孔子学院名称	建立时间	中方合作院校	巴方合作院校	院校性质	地区
伊斯坦堡孔子学院	2005 年	北京语言大学	国立现代语言大学	语言类	巴基斯坦首都地区
卡拉奇大学孔子学院	2013 年	四川师范大学	卡拉奇大学	综合类	信德省卡拉奇市(南部)
费萨拉巴德农业大学孔子学院	2014 年	新疆农业大学	费萨拉巴德农业大学	农业类	旁遮普省费萨拉巴德市(东北部)
旁遮普大学孔子学院	2015 年	江西理工大学	旁遮普大学	综合类	旁遮普省拉合尔市(东北部)
萨戈达大学孔子学院	2020 年	河南师范大学	萨戈达大学	综合类	旁遮普省萨戈达市

伊斯兰堡孔子学院由北京语言大学和巴基斯坦国立现代语言大学于 2005 年合建,是伊斯兰世界第一所孔子学院,也是全球首批"示范孔子学院",曾先后 4 次被孔子学院总部授予"先进孔子学院",巴

方合作院校荣膺"孔子学院开拓奖"。自 2014 年习近平主席访问巴基斯坦宣布"中巴经济走廊"计划以来，中巴之间的经济和文化交往日益频繁。伊斯兰堡孔子学院积极开拓，将合作由大学扩展至政府、议会、军方等单位，与诸多知名学府、研究机构和社会机构建立了长期合作关系，合作教学点数量达到 20 余个。孔子学院积极筹建"中巴人才交流数据库"和"孔子学院校友会"，及时发布中巴企业招聘信息和学员求职信息，积极参与中巴商贸论坛等活动，与中石油培训中心、中巴联合投资公司、中外运长航公司等企业开展长期合作，促进中巴商贸资源跨国流动与智慧共享。为满足当地不断升温的汉语学习需求，孔子学院不遗余力地推广各类汉语水平考试，2017 年上半年考试人数达到了近 2 400 人，取得历史性突破。在孔子学院的帮助下，成绩优异的学员通过孔子学院奖学金等项目赴中国继续深造。学业有成后，他们或留在中国开展中巴友好交流工作，或返回巴基斯坦成为中巴政府合作联络人、中巴商贸翻译者，或回国后担任汉语教师，成为中国语言文化和中巴友谊的传播者。

卡拉奇大学成立于 1951 年，是巴基斯坦建立最早的公立大学之一，同时也是信德省最大的综合类大学。2013 年 11 月四川师范大学与卡拉奇大学共建的"卡拉奇大学孔子学院"正式挂牌成立，这标志着汉语教学正式在巴基斯坦南部步入了正轨。卡拉奇大学孔子学院自成立之后积极开展语言教学与文化交流活动，并广泛地与卡拉奇本地学校机构、在卡的中资企业进行交流，不仅开展了"孔子学院十周年"纪念等活动，还协办了巴基斯坦空军学院的"国际文化美食节"，成功扩大了孔子学院的影响，让更多的人了解了孔子学院。2015 年 6 月，孔子学院与巴基斯坦信德省海德拉巴市佩德罗中学成功合作建立了孔子课堂，进一步增强了孔子学院的影响力。

费萨拉巴德农业大学孔子学院创建于 2014 年 2 月，由新疆农业大学与巴基斯坦费萨拉巴德农业大学合作共建。截至 2020 年，费萨拉巴德农业大学孔子学院累计招收学员 9 000 余人，其中 300 余人荣获汉办奖学金来中国留学或参加夏令营。费萨拉巴德农业大学孔子学院每年都举办"你好中国"文化日活动，吸引了费萨拉巴德农业大学数千名师生参加。活动上展示八段锦、中国书法、中国剪纸、中国画等传统文化项目和开展中国文化活动，让更多的师生了解、认识并喜爱中国文化。

旁遮普大学孔子学院成立于2015年6月，2016年秋季开始运营，中方合作院校为江西理工大学。2016年9月，旁遮普省首席部长汉语奖学金项目（第二期）开始上课，该项目是短期汉语启蒙班，教材是《HSK1标准教程》，授课时长共4周，总学时60课时，这标志着江西理工大学与旁遮普大学共建的孔子学院正式运行。江西理工大学作为中方合作院校，在合作过程中不断加强和旁遮普大学师生及学校领导的交流沟通。2017年3月，江西理工大学与旁遮普大学联合举办"中巴文化交流晚会"，千余名师生代表齐聚江西理工大学礼堂。此外，旁遮普大学师生一行近30人还参加了江西理工大学的汉语国际推广营，参观了赣州市博物馆、赣县客家文化城、八镜台城墙、通天岩等地，不仅深入地了解了客家文化，而且还学习了一些汉语基础课程以及民族乐器等。2017年9月，江西理工大学和中国三峡南亚投资有限公司及旁遮普大学达成三方合作共识，签署了旁遮普大学与江西理工大学共同设立的"2+2"模式电气工程学士学位专业奖学金项目合作备忘录，这是继两所大学合作共建孔子学院后的又一次深入合作，开启了高校、孔子学院、企业为培养本土技术性人才三方合作的新模式，为服务我国"一带一路"建设，促进中巴经济走廊建设和中巴两国的友好关系作出了积极贡献。2018年7月，旁遮普大学孔子学院学生夏令营开营仪式在江西理工大学图书馆报告厅举行，此次夏令营是该校第一个来华学生团组夏令营，20名孔子学院学生来到中国进行为期两周的中国语言文化体验和交流学习活动，学员们首先在学校里学习了汉语、武术、采茶戏、书法、美术等一系列中国语言和传统文化课程，随后赴北京进行实地文化考察，在体验中国传统文化博大精深的同时，也切身感受到了中国经济文化的快速发展。

2020年4月，由河南师范大学与巴基斯坦萨戈达大学合作共建的萨戈达大学孔子学院正式成立。萨戈达大学是巴基斯坦知名高等学府，始建于 1929 年，主校区位于旁遮普省萨戈达市。学校现有在校生 2.6 万人，教职工 800 余人，设有社会科学、艺术人文、理学、农学、药学、医学和健康科学、工程和技术等 7 个学院，可授予学士、硕士和博士学位。河南师范大学克服疫情影响，积极选派中方院长和中文教师赴巴基斯坦开展工作，让孔子学院很快进入正常运转阶段。作为巴基斯坦第 5 所孔子学院，萨戈达大学孔子学院将致力于传播汉语和中国文化的魅力，不断激发当地人民学习汉语的热情，培养更多中巴两国人文交流和人民友谊的使者。

2012 年，巴基斯坦穆扎法尔格尔短波收听俱乐部广播孔子课堂组织师生参加土耳其儿童节，同来自不同国家的儿童艺术代表团成员进行深入交流并建立深厚友谊。通过参加土耳其儿童节，巴基斯坦穆扎法尔格尔短波收听俱乐部广播孔子课堂师生向国际友人展示了中巴文化交流和合作的成果，将中巴文化完美结合，发展中巴双方教育领域的合作机制。

2015 年 10 月 8 日，巴基斯坦佩特罗中学于与孔子学院总部/国家汉办和四川师范大学签署合作协议共建佩特罗中学孔子课堂，2017 年 9 月 25 日正式运行，注册学生 1 000 余名。中文课是该校学生的必修课。2018 年 3 月，在美兰工程技术大学设立了汉语教学分点，注册学生为 200 人。现有汉语教师 8 名，其中 2 人是公派教师。佩特罗中学孔子课堂办学特色是：积极服务当地汉语基础教育，在办好 YCT、BCT 考点的同时，推动"中文+商务汉语职业教育"教育体系为中巴经济走廊建设提供智力支持。巴基斯坦佩特罗中学（巴基斯坦佩特罗海军军官学院 Cadet College Petaro）位于巴基斯坦信德省海德拉巴市郊，距卡拉奇市东北约 230 公里。该校设立于 1957 年，系巴基斯坦海军附属寄宿制中学，校园占地面积约 700 公顷 (10500 亩)。该校自 2012 年起开设汉语课。

四、职业技术教育合作

巴基斯坦在发展过程中亟需大量的职业技术培训，但是巴基斯坦国内具有培训资质且专业的职业学校极少。在"一带一路"和中巴经济走廊建设的时代契机下，面向巴基斯坦开展职业技术培训，不仅能为巴基斯坦培养国家发展所需的高级职业技术人才，而且能增进中巴两国友谊，深化中巴教育合作成果。目前，中方面向巴基斯坦提供的职业技术培训取得了一定的成果。2017年，天津职业技术师范大学、天津工业大学、天津城建大学与巴基斯坦旁遮普技术教育与职业培训管理局在天津签署协议，双方就建立旁遮普天津技术大学达成合作意向。旁遮普天津技术大学主要培育本科阶段的技术技能型人才，项目首期设有电气工程、机械工程、高级汉语等8个学科，于2018年首次录取了400余名在校生，之后在校学生规模逐步扩大，达到近2 200人。天津轻工职业技术学院教师赴巴基斯坦参加国际职业技术教育培训会议等相关活动，双方就职业技术教师进行培训等相关事宜达成共识。中巴在职业技术教育方面的合作与交流为中巴经济走廊建设提供人才支持，同时也将充分发挥天津职业技术教育资源优势，实现职业教育的国际化发展。这种合作模式对于加强中巴职业技术教育领域的合作具有示范和借鉴意义，为"一带一路"和中巴经济走廊建设作出重要贡献。

巴基斯坦鲁班工坊由天津现代职业技术学院和巴基斯坦旁遮普省技术教育和职业培训管理局联合建立，是中国职业教育领域积极响应国家"一带一路"倡议下的重要产物。该工坊坐落于旁遮普省技术教育和职业教育培训管理局的总部院内，建立了2个相互独立亦相连的国际专业课程实训区和专业汉语课程实训区，着重建设了电气智能化技术和机电一体化技术2门专业，这2门专业均具有国际教学水准。专业课程实训区按照不同课程功能进行了设计。专业汉语课程实训区主要采用教师现场授课与网络微课程教学相结合的方法，以满足巴基斯坦学生即时学习需求。课程重点为结合专业课教材进行基本专业汉语和职业素养的训练，使学习者能熟练掌握基本专业汉语词汇，并熟悉我国职业教育文化，为在中国内留学或继续深造打下良好基础。

深圳大学具有最完备的职业教育专业体系，为了深入推动"一带一路"教育行动计划以及职业教育，深圳大学带领中国4所学校与巴基斯坦的高校建立紧密的合作关系，建立了CCTE（汉语+商务文化+技能+就业)中巴双学历职业技术技能人才联合培养模式。由此,中巴职业教育的合作向更深层次、更宽领域及更高水平的方向迈进,对中国及巴基斯坦的高等教育发展产生了重大意义。

五、文化教育交流合作

2010年11月,巴基斯坦文化部部长到我国南京参加了上海合作组织文化产业合作南京论坛。同年12月,国务院总理温家宝访问了巴基斯坦,中国文化部部长陪同中巴两国总理参观文化活动。2011年9月,中国文化部与巴基斯坦驻华大使馆在北京共同举办了巴基斯坦文化展。2013年5月4日,中国驻巴基斯坦大使刘健参加了"巴中友谊摩托车拉力传播活动",并为其中60名摩托车手颁发了荣誉证书。2014年5月13日,巴基斯坦举办了"牵手2014——中巴两国艺术交流展",我国驻巴基斯坦大使孙卫东、巴基斯坦新闻广播和国家遗产部领导纳齐尔·赛义德、驻巴基斯坦大使馆文化参赞张英保等出席了活动开幕式并参观了艺术展。2015年5月12日,巴基斯坦国立现代语言大学举办了第十四届"汉语桥"世界大学生中文比赛巴基斯坦赛区决赛,参加该比赛的领导有驻巴基斯坦大使孙卫东、国立现代语言大学校长哈桑、驻巴基斯坦使馆文化参赞张英保,国立现代语言大学师生约300人参加了该活动。2016年5月24日下午,在巴基斯坦首都伊斯兰堡成功举办了北京论坛海外分论坛首届"北京论坛(2016)伊斯兰堡"活动,许多巴基斯坦高级官员参加这次活动,包括巴基斯坦总统、高等教育委员会主席、国立科技大学校长等,对中国与巴基斯坦的关系比较熟悉和颇有研究的多位外方代表也参加了此次活动。中国方面也有多位相关人物出席了该论坛开幕式,比如中国驻巴基斯坦大使、中国丝路文化发展联合会会长、北京大学书记以及多位北京大学荣誉教授等,另外多家学术机构也参加了论坛开幕式。

2021年5月,中巴建交70周年青少年科学教育合作项目在京启动,中巴双方采取线上线下相结合形式,分别在北京和伊斯兰堡设立会场。中国科协副主席、书记处书记、世界公众科学素质组织筹委会主任孟庆海，巴基斯坦科学基金会主席沙希德·穆罕默德·拜格，巴基斯坦驻华大使馆政治参赞阿韦斯·阿赫迈德·汗，中国驻巴基斯坦大使馆一等秘书贾伟出席活动并致辞。中国科协国际联络部副部长王庆林，中国科普研究所所长、世界公众科学素质组织筹委会秘书长王挺，巴基斯坦科学基金会和青少年科技中心相关负责人参加会议。孟庆海表示，中国科协高度重视中巴科技与人文交流合作，在科技教育合作、工程能力互认、人才培训交流等方面取得丰硕成果。2021年年底，中国科协与巴基斯坦科学基金会等机构共同发起成立了世界公众科学素质组织筹委会，推动国际公众科学素质提升。中国科协青少年科技中心与巴基斯坦科学基金会签订三年合作计划，这是中国科协与巴方开展人文科技交流的又一重要行动。未来三年，中巴双方将在教师培训、科教资源共享、青少年科技教育活动等方面开展深入务实的交流与合作，促进中巴科学教育可持续发展和共同繁荣。沙希德·穆罕默德·拜格表示，中巴关系源远流长，交流合作成果丰硕，在科学技术领域形成了许多影响深远的政策、文件和工程。巴基斯坦科学基金会乐于向中国科协青少年科技中心等友好合作伙伴汲取有益经验，促进本国科学技术事业发展。双方签署合作意向书，开启中巴科学教育合作新篇章，有力促进科技发展成果惠及本国民众。此次项目合作是献礼中巴建交70周年、落实中巴经济走廊建设的重要工作成果之一。中国科协青少年科技中心与巴基斯坦科学基金会以科学教育为纽带，深化双方合作基础，推进中巴民心相通，打造"一带一路"科技教育合作旗舰项目，服务"一带一路"高质量发展。

第六节 代表性大学

一、旁遮普大学

旁遮普大学（University of the Punjab，UP）是巴基斯坦最古老的、规模最大的和享有盛名的公立大学，位于历史文化古城拉合尔。学校始建于 1882 年，在创办之初是一个集教学和考试中心为一体的教育机构，1947 年之前为整个次大陆区域提供教育机会。旁遮普大学倡导全人教育，致力于培养科学、社会文化、经济和政治领导等领域人才。学校曾培养出两位诺贝尔奖得主和三位巴基斯坦总理，诗人和哲学家 Muhammad Iqbal 博士是其杰出校友。旁遮普大学的治理是依据 1973 年大学章程，荣誉校长是旁遮普省长，拥有大学的最高权力，校长是大学的实际执行领导，负责所有的学术、财务以及管理活动。2017 年，旁遮普大学共拥有 5 个分校，13 个学部，10 个组成学院，73 个系部、中心和研究所，以及 602 所附属学院（合约管理）。旁遮普大学拥有 1 172 名教师人员（在编），包括 67 名教授、58 名副教授、450 名助理教授、197 名讲师、357 名合同制教师、43 名其他人员。其中，获得博士学位的教师为 536 人，约占教师总人数的一半。在校生规模为 42 905 人，包括本科生 21 548 人、硕士生 12 534 人、哲学硕士生 5 039 人、博士生 1 956 人、应用型研究生 1 828 人，所占比例分别为 50.2%、29.2%、11.7%、4.6%、4.3%。从 2016—2017 年度旁遮普大学的财政收支情况来看，学校的预算总支出为 77.45 亿巴基斯坦卢比，学校的事业收入（包括学费和其他创收）为 41.07 亿巴基斯坦卢比，来自联邦政府的拨款为 24.45 亿巴基斯坦卢比。在 2022 年 QS 世界大学排名中，旁遮普大学位列 801~1 000。

旁遮普大学历史上有两位诺贝尔奖获得者曾在学校就读。哈尔·葛宾·科拉纳（Har Gobund Khorana）于 1943 年在旁遮普大学获得理学学士学位，又于 1945 年在学校获得理学硕士学位。1968 年，他与尼伦伯格（Marshall W. Nirenbreg）同获诺贝尔生理学/医学奖。另一位是阿卜杜勒·萨拉姆（Abdus Salam），他曾在旁遮普大学的入学考试中取得有史以来的最高分，曾获得学校管理学院奖学金。1946 年，阿卜杜勒·萨拉姆在学校获得硕士学位，1952 年任职学校数学系主任，1979 年获诺贝尔物理学奖。

旁遮普大学因高水平的教育科研，在世界知名大学中享有较高的地位。优秀的教育质量、愉快的学习环境、现代化的基础设施及低廉的学费，使之成为学生的报考首选。旁遮普大学积极促进师生海内外交流活动，为符合申请条件的学生及教师提供奖学金，并为其提供继续学习深造的机会。近年来，在"一带一路"政策的影响下，旁遮普大学积极与我国各高校开展合作。2017年9月，江西理工大学、中国三峡南亚投资有限公司与旁遮普大学达成三方合作共识，并签署了旁遮普大学与江西理工大学共同设立的"2+2"模式电气工程学士学位专业奖学金项目合作备忘录。2018年3月，东北大学与旁遮普大学签署联合培养博士项目备忘录，2018年5月东北大学秦皇岛分校与其签订联合培养历史学博士项目合作协议。2018年12月，武汉理工学院与旁遮普大学签署框架合作协议。

二、国立科技大学

国立科技大学（National University of Science &Technology，NUST）创建于1991年，是一所年轻的、发展迅速的大学。国立科技大学专注于创造、创新、创业，以透明、公正为原则，为师生提供平等的学习机会，培养其领导能力，使其充分发挥潜力，成为社会变革的推动者，以引领巴基斯坦向快速发展的知识型经济转型，促进巴基斯坦进步繁荣。除此之外，国立科技大学还不断加强与国际组织和各高校的合作联系，提高全球知名度，致力发展为世界卓越的高等教育机构，以从容迎接巴基斯坦面对的社会、经济和环境等多方面的挑战。

国立科技大学由科技部直接管理，其荣誉校长是巴基斯坦总理，校长是大学的首席执行官。国立科技大学是HEC工程类中排名第一的大学。学校共有18个学部，包括工程、信息科技、应用生物科学、管理科学、基础科学、社会和人文科学以及艺术、设计和工程等领域，拥有800名教学/科研教师和约36 000名在校学生。国立科技大学的各层次学术项目发展非常迅速。2002年，其学术项目总数仅为32个，包括12个本科生层次、10个硕士层次和10个博士层次。到2016年，其学术项目总数增加到120个，各层次分别增至27个、54个、39个，此外还有46个跨学科项目。国立科技大学在研究、培训、服务等方面积极开展与工商业界之间的联合，构建了一个集智力资本、企业咨询委员会、全球智库网络、创新创业中心、国家科技园为一体的知识生态系统，鼓励学生参与创新创业公司，同时也赢得了外界社会的资金支持。在2022年QS世界大学排名中，国立科技大学位列358。

国立科技大学已经与多所国际知名大学建立了联系，以确保知识的双向流动，紧跟现代高等教育与研究的趋势。国立科技大学与北京航空航天大学于2017年"一带一路"国际合作高峰论坛上签署"共建北航北斗丝路学院合作备忘录"。同年11月，北京航空航天大学北斗丝路学院院长率团出访国立科技大学，双方针对北斗卫星导航系统在巴基斯坦的应用推广、科研合作、师生交换以及未来在中巴经济走廊北斗卫星导航系统应用等领域提出了合作意向。2018年12月4日，国立科技大学校长等一行4人访问北京航空航天大学，表示将继续深化两校在人才培养、科学研究等领域的合作。除此以外，国立科技大学还于2018年与香港理工大学、浙江大学建筑工程学院签署三方合作备忘录，与长安大学签署合作协议。

三、费萨尔巴德农业大学

费萨尔巴德农业大学（University of Agriculture，Faisalabad，UAF）是由1906年所创办的旁遮普农业学院和研究院而发展起来的，1961年发展成为一所独立的大学。由于费萨尔巴德农业大学是建立在研究院的基础之上，因而从最开始就非常注重科学研究发现与创新，强调服务于农业和农村的变革与发展。目前，费萨尔巴德农业大学有农业、畜牧业、兽医学、农业工程与科技、社会科学、科学、食品营养科学等学部，1个社区学院和3个分校区。1961—2017年，费萨尔巴德农业大学共培养了76 186名毕业生，包括本科生33 239人，硕士生41 395人，博士生1 552人。据了解，费萨尔巴德农业大学的毕业生就业前景良好。近年来，费萨尔巴德农业大学在学生交换项目、提高师生比、增加海外留学教师数量、发展国际研究中心以及基础建设等方面取得了巨大成就。农业是费萨尔巴德农业大学的强势学科，该学科在软科世界大学学术排名中位列全球 127/500、巴基斯坦第 1。费萨尔巴德农业大学在 2015 年 HEC 的大学排名中位列巴基斯坦第 4。近年来，费萨尔巴德农业大学的研究项目及其资金快速增加，研究项目数量从 2012—2013 年度的 214 项增加到 2017—2018 年度的 648 项，相应的研究资金从 11.68 亿巴基斯坦卢比增加到 23.36 亿巴基斯坦卢比。在 2022 年 QS 世界大学排名中，费萨尔巴德农业大学位列 1 001~1 200。

四、COMSATS 伊斯兰堡大学

COMSATS 伊斯兰堡大学（CUI）的前身为 COMSATS 信息技术学院（COMSATS Institute of Information Technology，CIIT），于 1998 年由国际组织"南部科学技术可持续发展委员会"（Commission on Science and Technology for Sustainable Development in the South）倡导创办，这是中国等 21 个亚非拉成员国所创办的跨政府组织。2000 年，COMSATS 伊斯兰堡大学成为由巴基斯坦联邦政府授予许可证的一所公立大学。在 2015 年 HEC 的普通类排名中，COMSATS 伊斯兰堡大学位列巴基斯坦第 3，其研究产出则位列第 2。COMSATS 伊斯兰堡大学共有 8 个分校、8 个学部、18 个学术单位、10 个研究中心，在校生规模超过 3 万人（包括虚拟校区）。近年来，COMSATS 伊斯兰堡大学的预算经费增长较大，其中运行预算经费在 2000 年为 640 万巴基斯坦卢比，2017 年增加到 65.43 亿巴基斯坦卢比；发展预算经费从 2000 年的 360 万巴基斯坦卢比增长到 2017 年的 2.14 亿巴基斯坦卢比。在 2022 年 QS 世界大学排名中，COMSATS 伊斯兰堡大学位列 1 001~1 200。

近年来，COMSATS 伊斯兰堡大学积极开展国际交流合作。据官方统计，COMSATS 伊斯兰堡大学提供 100 个奖学金名额，其中为伊斯兰合作组织提供 50 个奖学金名额、为伊斯兰教科文组织提供 50 个奖学金名额，具体学科包括计算机科学（包括健康信息学、管理学）、电气工程、生物科学、数学、物理学及气象学。除此之外，COMSATS 伊斯兰堡大学还为阿富汗大学联盟（包括赫拉特大学、喀布尔大学、谢赫扎耶德大学、坎大哈大学）及斯里兰卡、不丹、马尔代夫、尼泊尔等 11 个国家提供不同数量的奖学金，以供有需求的学生申请。

五、拉合尔管理科学大学

拉合尔管理科学大学（Lahore University of Management Sciences，LUMS）始建于1985年，是在国家管理基金会赞助下创办的非营利性私立大学，致力于成为一所国际知名的研究型大学，并提供完整的本科生教育。董事会是拉合尔管理科学大学的决策机构，其成员主要是商业、学术界的领导以及来自政府的代表。拉合尔管理科学大学的规模较小，仅拥有4 000多名在校生，专任教师不到300人，有相当高的生师比（14∶1）。

拉合尔管理科学大学强调以研究为中心，提供世界一流的课程，拥有一个实力较强的商学院，提供会计、金融、管理科学等本科项目，MBA、EMBA和管理学博士项目。根据2022年QS世界大学学科排名，学校的Suleman Dawood商学院位居前300。除了商学院，拉合尔管理科学大学还拥有人文与社会科学院、科学与工程学院、法学院以及教育学院，提供本科项目、硕士和博士研究生项目。拉合尔管理科学大学注重科学研究，共有6个研究中心，包括水信息和科技中心、创业中心、伊斯兰金融中心、语言与文学中心、性别平等倡议中心、人文与社会科学中心。其中，创业中心是巴基斯坦国家最综合性的企业家发展平台，推动了全球75个新兴公司的发展，产生19亿巴基斯坦卢比的价值。

为帮助学生完成学业，学校为学生提供学费资助，包括豁免学费、提供生活费或无息贷款。每年，30%的本科生获得资金支持，所有的基础学科和数学专业硕士生获得45%~50%的奖学金，所有博士生获得全额奖学金。在2022年QS世界大学排名中，拉合尔管理科学大学位列651~700。

六、国立现代语言大学

国立现代语言大学（National University of Modern Languages，NUML）

原是1969年创建于拉瓦尔品第城的国立语言学院，1972年校址迁到首都伊斯兰堡市，1979年获得完全自治的特许状，2000年升格为国立现代语言大学。国立现代语言大学的内部治理机构主要包括理事委员会、执行委员会、学术委员会、学务委员会等。国立现代语言大学共有5个学部，包括35个教学单位，其中有25个语言部门。国立现代语言大学与国外的合作单位共有53个，包括中国的14所高校。2017年，该校学生规模为15 641人；在国际生中，有来自15个国家的237名学生，中国学生人数为155人。

参考文献

[1] 中华人民共和国外交部.巴基斯坦国家概况（2021年8月更新）.https：//www.fmprc.gov.cn/web/gjhdq_676201/gj_676203/yz_676205/1206_676308/1206x0_676310/.

[2] 张振举."一带一路"背景下中国与巴基斯坦贸易合作的机遇与挑战——基于《中巴自由贸易协定》升级的视角[J].对外经贸实务，2020（2）：34-37.

[3] 中国一带一路网站[EB/OL].（2018-01-16）.[2022-02-06].https：//www.yidaiyilu.gov.cn/xwzx/gnxw/44334.htm.

[4] 田雪枫.巴基斯坦学校教育系统的概况、现状及特点研究[J].世界教育信息，2021，34（5）：38-46.

[5] ASHRAFMA，杨美佳，张玉凤.巴基斯坦高等教育治理改革的现状与展望[J].大学教育科学，2020（6）：72-78.

[6] 刘进，徐丽."一带一路"沿线国家的高等教育现状与发展趋势研究（八）——以巴基斯坦为例[J].世界教育信息，2018，31（13）：24-27+45.

[7] 乔海英.新世纪巴基斯坦初等教育改革研究[D].喀什：喀什大学，2018.

[8] 中国高等教育学会代表团，王小梅，范笑仙，等.巴基斯坦高等教

育发展现状与前景——访问巴基斯坦的调查报告［J］.中国高教研究，2017（9）：74-79.

［9］陈恒敏，古尔扎·阿里·沙阿布哈里.巴基斯坦高等学校设置制度：缘起、程序及标准［J］.比较教育研究，2017（7）：19-33.

［10］北京邮电大学.巴基斯坦—中国工程技术大学［EB/OL］.［2022-01-03］.https://www.cncoolm.com/youxiuzuowen/2019/0502/346159.html.

［11］旁遮普大学官方网站.http://pu.edu.pk/page.

［12］旁遮普大学官方诺贝尔奖得主介绍.http://pu.edu.pk/page/show/Nobel-Prize-Holders-ofPU.html.

［13］COMSATS 伊斯兰堡大学官方网站.https://www.comsats.edu.pk/AboutCIIT/history.aspx.

［14］国立科技大学官方网站.http://www.nust.edu.pk/Pages/Default.aspx.

第三章　孟加拉国

第一节　国家概况

孟加拉人民共和国（The People's Republic of Bangladesh），简称孟加拉国，位于南亚次大陆东北部的恒河和布拉马普特拉河冲积而成的三角洲上，东、西、北三面与印度毗邻，东南与缅甸接壤，南临孟加拉湾，国土面积约 147 570 平方公里，首都为达卡。孟加拉国是南亚次大陆上人口仅次于印度和巴基斯坦的第三人口大国，世界第八人口大国，截至 2021 年 8 月，总人口约 1.6 亿人，其中孟加拉族占 98%，另有 20 多个少数民族。孟加拉语为国语，英语为官方语言。伊斯兰教为国教，穆斯林占总人口的 88%。孟加拉国的法定货币为塔卡，货币代码为 BDT。2022 年 2 月，人民币与孟加拉塔卡的汇率为 1∶13.5，美元与孟加拉塔卡的汇率为 1∶86.1。

孟加拉地区曾数次建立过独立国家，版图一度包括现在的印度西孟加拉、比哈尔等邦，16 世纪时已发展成南亚次大陆上人口最稠密、经济最发达、文化昌盛的地区。18 世纪中叶成为英国对印度进行殖民统治的中心，19 世纪后半叶成为英属印度的一个省。1947 年印巴分治，孟加拉划归巴基斯坦（称东巴）。1971年3月东巴宣布独立，1972年1月正式成立孟加拉人民共和国。

孟加拉国是最不发达国家之一，经济发展水平较低，国民经济主要依靠农业。近两届政府均主张实行市场经济，推行私有化政策，改善投资环境，大力吸引外国投资，积极创建出口加工区，优先发展农业。人民联盟政府上台以来，制订了庞大的经济发展计划，包括建设"数字孟加拉"、提高发电容量、实现粮食自给等，但面临资金、技术、能源短缺等挑战。

孟加拉国与130多个国家和地区有贸易关系。主要出口市场有美国、德国、英国、法国，以及中国香港等，其中美国为第一出口市场；主要出口产品包括黄麻及其制品、皮革、茶叶、水产、服装等。主要进口市场有印度、中国、新加坡、日本、韩国和美国等，中国是其第一进口来源国；主要进口商品为生产资料、纺织品、石油及石油相关产品、钢铁等基础金属、食用油、棉花等。国际援助是孟加拉国外汇储备的重要来源，也是投资发展项目的主要资金来源，日本、美国、加拿大和世界银行、亚洲开发银行等国际机构是主要提供者。

2010年以来，孟加拉国是南亚地区乃至全球最具经济发展活力的国家之一，GDP平均增速保持在6%以上，2019—2020年度实现5.24%的经济增长。孟加拉国是世界第二大成衣出口国，服装加工业是其支柱产业。2019—2020年度，孟加拉国外汇储备达372.88亿美元，在南亚各国中仅次于印度。

孟加拉国奉行温和的外交政策，严重依赖多国外交，特别是联合国和世界贸易组织。自1971年独立以来，孟加拉国在外交上一直强调"与所有人友好，不怀恶意"的原则，在平衡发展同大国关系的同时，注重维护与伊斯兰国家的传统关系，努力改善与印度的关系，并加强同西方国家的关系。作为不结盟运动的一个成员国，孟加拉国倾向于不与大国站在一边。自冷战结束以来，孟加拉国一直寻求与地区邻国建立更好的关系。孟加拉国积极参加联合国、不结盟运动、伊斯兰会议组织、英联邦等国际或地区性组织的活动。孟加拉国注重经济外交，强调建立公正的国际经济新秩序，致力于推动南亚区域合作进程，积极参与次区域和跨区域经济合作。在穆吉布·拉赫曼的"东方瑞士"愿景的启发下，孟加拉国政府已开始将这一理想转化为一项外交政策，即追求南亚区域经济一体化，并致力于将孟加拉国建立为亚洲区域转口贸易中心。

1975年10月4日，中国与孟加拉国建交，此后关系发展迅速，双方领导人互访频繁。孟加拉国拉赫曼总统、艾尔沙德总统曾多次访华，卡·齐亚和哈西娜出任总理后首访国家均为中国。2010年中孟建交35周年之际，哈西娜总理访华，宣布建立和发展中孟更加紧密的全面合作伙伴关系。2014年6月，哈西娜总理访华，2014年11月，哈米德总统来华出席加强互联互通伙伴关系对话会。2015年是中孟建交40周年。2015年5月，刘延东副总理对孟加拉国进行正式访问。2015年6月，孟加拉国国民议会议长乔杜里赴云南出席第三届中国—南亚博览会开幕式。2015年9月，习近平主席在出席联合国成立70周年系列峰会期间会见孟加拉国总理哈西娜。2015年10月，孟加拉国国民议会议长乔杜里访华。2016年10月，习近平主席对孟加拉国进行国事访问，宣布将中孟关系提升为战略合作伙伴关系。2016年10月14日，中国与孟加拉国签订了《关于编制共同推进一带一路建设合作规划纲要的谅解备忘录》。2019年7月，哈西娜总理来华访问并出席第十三届夏季达沃斯论坛，习近平主席、李克强总理、栗战书委员长分别同其会见。2020年5月，习近平主席同哈西娜总理通话。2021年3月，习近平主席就孟加拉独立50周年致以视频祝贺。2021年7月，哈西娜总理就中国共产党成立100周年向我国致视频贺词。

两国自1975年建交以来，双边关系保持健康发展。孟加拉国是"一带一路"沿线重要节点，是首个响应"一带一路"倡议的南亚国家。2016年10月，习近平主席对孟加拉国进行国事访问，双方宣布将两国关系提升为战略合作伙伴关系，签署了"一带一路"合作文件，中孟经贸合作迈上新台阶。孟加拉国是中国重要的承包工程市场、中国在南亚地区第三大贸易伙伴，中国连续多年保持孟加拉国第一大贸易伙伴。2020年中国对孟加拉国投资增量排名第一。2020年，中孟贸易额158.6

亿美元，同比下降 2.0%；其中，中国对孟出口 150.6 亿美元，同比下降 13.1%；自孟进口 8.0 亿美元，同比下降 22.9%。经贸合作成为促进双边关系健康发展的"压舱石"和"稳定器"，"一带一路"倡议与"金色孟加拉梦想"日渐融合。

第二节　高等教育发展历程

纵观孟加拉国教育发展历程可以发现，高等教育的发展跟国家的发展历史息息相关。孟加拉国高等教育发展历程可分为以下三个阶段：英国殖民时期（1757—1946 年）、巴基斯坦时期（1947—1971 年）和近代（1972 年至今）。

一、英国殖民时期（1757—1946 年）

从 1201 年到 1757 年，孟加拉国的领土在五个半世纪一直处于穆斯林的统治之下。1757 年，最后一位主权统治者纳瓦布·西拉朱多瓦拉被击败后，孟加拉国被英国殖民统治。英国人最初以商人身份来到南亚次大陆，最后夺取了政治权力。从 1757 年开始，英国统治了包括孟加拉国领土在内的整个印度次大陆近 190 年。在此期间，孟加拉国是英属印度"孟加拉和阿萨姆"省的一部分。印度次大陆的教育从古代的土著教育体系开始，中世纪由于穆斯林入侵发展为伊斯兰式教育，英国殖民时期发展为帝国主义教育。

英国统治者东印度公司和英国王室一直对印度次大陆的教育漠不关心，直到 18 世纪末和 19 世纪初，欧洲传教士和东印度公司才在印度次大陆建立了几所学校和学院，来发展当地的教育。1781 年，印度次大陆第一所政府学院加尔各答宗教学校成立，培养精通伊斯兰法律的官员，但殖民地官员在教育的目的、授课语言、学校管理等方面意见不一致。直到 1813 年，东印度公司在宪章法案中首次承认了他们对英属印度教育的责任，强调了提升东方语言和文学以及增加印度人民对西方科学知识的必要性。

这一时期孟加拉地区的教育体系是在麦考利（Thomas Macaulay）的推荐下，于1835年由英国人引进并建立起来的。这套教育体系极富西方风格和内涵。在此之前，英国统治者并未在孟加拉实行任何教育举措。孟加拉的英国统治者声称："我们不可能仅仅靠我们自己的有限手段来试图教育所有人。"尽管有很多人使用孟加拉语，英国统治者还是决定将英语作为官方语言，并把英语纳入就业的必备条件。

1853年，东印度公司成立了以伍德为首的委员会调查印度的教育现状，其于1854年草拟了一份要求重视发展印度教育的建议书，即《伍德教育急件》。

对孟加拉地区的教育而言，急件颁布后最迅速且相对顺利取得的成果是1857年加尔各答大学的创建，当年便举行了第一次招生入学考试。加尔各答大学有权授予学位，并有权接纳地方政府批准的附属学院推荐的学生参加考试。大学设立了文学、法学、医学及工程学四个学院。实际的教学工作分散在各附属学院，学院管理则交由当地政府、传教士或私人机构。由于私立学院花费低于公立学院而效率相对更高，鼓励创建私立学院成为一项政策，于是许多私人及团体主动提出开办学院，私人企业在各省中更为突出的孟加拉地区尤其如此。加尔各答大学的附属学院有18所在孟加拉地区，其中8所公立，10所私立。

孟加拉国高等教育的现代发展从加尔各答大学的建立开始，以加尔各答为中心辐射至各地，各类学院兴起。在此过程中，借鉴了英国大学的组织模式、管理制度逐渐完善、教学内容有所扩展、生源扩大及毕业生职业化与社会性增强，都改变了以往宗教精英教育的狭隘状况。此外，以印度传统知识为内容的高等教育也取得了进步。印度最早的大学——加尔各答的马德拉萨作为较为古老的东方语学院的代表有所改进，加尔各答梵文学院的梵语教学达到了相当高的水平。全新的现代大学得以发展，而传统大学逐渐向更高水准发展，孟加拉国高等教育发展进入一个新的阶段。

孟加拉国的第一所大学达卡大学于这个时期成立，由英属印度政府于1921年建成。达卡大学是孟加拉国历史最悠久的大学，也为孟加拉国高等教育作出了重要的贡献。

二、巴基斯坦时期（1947—1971年）

随着1947年英国统治的结束，次大陆被划分为两个独立的国家，印度和巴基斯坦。孟加拉成为巴基斯坦的省份之一，被命名为东巴基斯坦。人们普遍意识到需要重组教育系统以满足新国家的需要。巴基斯坦的形成是基于伊斯兰价值观和文化体系的意识形态的结果。乌尔都语被采纳为国语，因此成为大多数公立学校的教学语言。

第一次教育会议于1947年召开，会议重新评估了殖民教育体系，并在适当考虑意识形态和识字率的情况下重组现有的教育体系。1956年，巴基斯坦宪法最终承认孟加拉语为国家语言之一。在巴基斯坦时期相继制订的"五年计划"和其他国家经济政策文件中，也阐明了现代科学教育的需要，但在东巴基斯坦没有感受到这种政策的影响。这一时期，政府并未对高等教育采取新的举措。

三、近代（1972年至今）

孟加拉国1971年独立时只有6所大学，后经过政府设立相关教育机构，公立和私立大学不断发展壮大，高等教育质量逐步得到提升。

孟加拉国教育由教育部集中指导，它监督各种机构，包括负责中等和高等教育的中等和高等教育局、技术教育局以及国家课程和教科书委员会。

高等教育的主要监督和质量保证机构是大学资助委员会（University Grants Commission，UGC），这是教育部下属的自治机构。孟加拉国大学资助委员会根据1973年第10号总统令成立，是孟加拉国大学的最高法定管理机构。与印度和巴基斯坦的大学资助委员会一样，孟加拉国大学资助委员会以现已解散的英国大学资助委员会为蓝本建立，是一个向公立大学支付政府资金（赠款）的机构，监督大学遵守相关质量标准规定。设立大学资助委员会的主要目标是促进和协调大学教育，监测和维护大学教育标准，评估大学需求并为公立大学提供资金，为政府提供高等教育相关问题的意见。

此外，大学资助委员会也是大学之间的协调机构，负责监察和管理私立大学。《2010年私立大学法》中明确了大学资助委员会有权监督和规范私立大学教育教学。

2009年，孟加拉国政府在世界银行的支持下，通过高等教育质量提高项目（HEQEP）开启了孟加拉国高等教育数字化进程。孟加拉国研究与教育网络（BdREN）是HEQEP项目的一项举措，通过在高校建立高带宽和安全的网络连接，为高校奠定了数字基础设施的基础。

2017年，孟加拉国议会通过了《2017认证委员会法》（Bangladesh Accreditation Council Act 2017），在高等教育领域增设了一个质量保证机构。

2018年，大学资助委员会出台了《孟加拉国高等教育战略计划2018—2030》，致力于将孟加拉国高等教育与国际接轨。该计划提出简化大学财务管理，确保招聘教师的透明度，重点关注信息通信技术的发展，为学生提供贷款，为家庭贫困和优秀的学生建立信托基金，鼓励公立、私立大学合作等。该计划将推动建立高等教育委员会和国家研究认证委员会，同时推动建设世界一流大学，以建立更完善的高等教育环境。此外，该计划还提出修订《2010年私立大学法》，提升对私立大学的管理。

第三节　高等教育概况

由于受到西方殖民和宗教发展的影响，孟加拉国的教育体系具有公立学校与私立学校相结合、西方现代教育与东方传统宗教教育共存的特色。

一、教育体系

孟加拉国的教育分为小学、中等和高等教育三个主要阶段。小学教育为5年，中等教育为7年，中等教育分为三个子阶段：初中3年、中学2年和高中2年。小学入学年龄为6岁。初中、中学和高中阶段的年龄为11~13岁、14~15岁和16~17岁。高等教育阶段包括专科教育、本科教育和研究生教育。

小学教育体系包括普通教育体系（General Education System）和伊斯兰教育体系或马德拉萨教育体系（Madrasha Education System）。中等教育体系包括普通教育体系、职业技术教育体系（Technical Education System）和伊斯兰教育体系。同样，高等教育也有和中等教育一样的三个教育体系。伊斯兰教育体系一直贯穿小学、中等和高等教育三个阶段，包含与普通教育体系相似的核心课程，但更加强调宗教学习和研究。

孟加拉国目前有126 615所小学、20 449所中学和9 314所伊斯兰学校，学生可以选择用英语或孟加拉语接受教育。私立学校倾向于使用英语授课，而政府资助的学校则使用孟加拉语授课。适龄学生入学率57.0%，教师人数109.4万人。民众识字率为65.6%，其中女性识字率为63.4%。

孟加拉国高等教育由教育部和大学资助委员会负责管理，其高等教育系统包括大学和学院，如伊斯兰学校、师范学院、专业教育学院等。

二、分类及规模

孟加拉国的高等教育体系包括普通教育体系、职业技术教育体系和伊斯兰教育体系。普通教育体系包括科学和应用科学、艺术、商业、社会科学教育；职业技术教育体系包括农业、工程、医疗、纺织、皮革技术、信息通信技术教育。伊斯兰教育体系的学生在高中毕业之后，可以继续修读一个为期两年的课程，学历相当于专科。如果完成专科教育之后再读两年，学历相当于本科。

1971年孟加拉国独立时，仅有达卡大学、拉吉沙希大学、吉大港大学、贾罕吉尔纳加大学、孟加拉工程技术大学、孟加拉农业大学。1992年，孟加拉国创办了第一所私立大学——南北大学。截至2022年，孟加拉国共有158所大学，其中公立大学50所（占31.6%），私立大学108所（占68.4%）。

根据孟加拉国教育部统计，孟加拉国公立大学数量从2010年的31所增长到2020年的50所，学生规模从2010年的173.7万人增长到2020年的436.2万人；私立大学数量从2010年的51所增长到2020年的107所，学生规模从2010年的22.1万人增长到2020年的近32.9万人（见表3-1）。虽然私立大学数量远多于公立大学，但由于私立大学收费高，贫困学子无法负担其费用，大部分人会选择收费低廉的公立大学。因此，公立大学承担了满足国民对高等教育需求、为国家和社会培养高端人才的主要责任。

表3-1　2010—2020年孟加拉国公立大学和私立大学数量及其学生人数

年份	公立大学数量/所	公立大学学生人数/人	私立大学数量/所	私立大学学生人数/人	学校总数/所	学生总人数/人
2010	31	1 736 887	51	220 752	82	1 957 639
2011	34	2 170 472	52	280 822	85	2 451 294
2012	34	1 890 543	60	314 640	94	2 205 183
2013	34	2 020 549	78	328 736	112	2 349 285
2014	35	2 849 865	80	330 730	115	3 180 595
2015	37	3 206 435	85	350 130	122	3 556 565
2016	37	3 150 409	95	337 157	132	3 487 566
2017	37	3 606 137	95	354 333	132	3 960 470
2018	40	4 094 345	103	361 792	143	4 456 137
2019	46	4 085 291	105	349 160	151	4 434 451
2020	50	4 362 187	107	328 689	157	4 690 876

孟加拉国公立大学与私立大学的师生比有所不同，以 2019 年为例，46 所公立大学（不包含 17 所附属或组成学院/宗教学校）的师生比为 1∶53，私立大学为 1∶22，公立大学的 17 所附属或组成学院/宗教学校的师生比为 1∶20（见表 3-2）。

表 3-2　2019 年孟加拉国公立大学和私立大学的师生比

序号	学校	学生人数/人	教师人数/人	师生比
1	46 所公立大学	817 707	15 524	1∶53
2	公立大学附属学院	3 267 584	158 229	1∶20
3	46 所公立大学及其附属学院	4 085 291	173 753	1∶24
4	105 所私立大学	349 160	16 070	1∶22
5	所有公立和私立大学	4 434 451	189 823	1∶23

孟加拉国公立大学研究中心或语言中心的数量远远多于私立大学。公立大学中有 17 所大学拥有附属或组成学院/宗教学校，数量在 2019 年达到 3 985 个（见表 3-3）。

表 3-3　2019 年孟加拉国公立和私立大学的院系、机构中心和附属学院数量

大学类型	大学数量/所	学院数量/所	专业数量/个	研究中心与语言中心数量/所	附属学院数量/所
公立大学	46	254	1 186	105	3 985
私立大学	105	384	1 639	20	0

2019 年孟加拉国教育报告显示，公立大学中有 17 所大学拥有附属或组成学院/宗教学校，其中，国立大学的附属学院最多，拥有 2 268 个，其次是伊斯兰阿拉伯大学拥有 1 346 个附属学院，再次是达卡大学，拥有 134 个附属学院。公立大学学生中，国立大学及其附属学院的学生占比最高，达 71.99%；43 所公立大学（不包括国立大学、孟加拉开放大学和伊斯兰阿拉伯大学）的学生占比仅为 7.29%；伊斯兰阿拉伯

大学及其附属学院的学生占比为 2.88%（见表 3-4）。

表 3-4　2019—2020 年度孟加拉国公立大学及其附属学院的学生占比

序号	学校	学生占比 / %
1	43 所公立大学 （不包括国立大学、孟加拉开放大学和伊斯兰阿拉伯大学）	7.29
2	15 所公立大学附属学院 （不包括国立大学和伊斯兰阿拉伯大学）	5.12
3	国立大学及其附属学院	71.99
4	孟加拉开放大学	12.71
5	伊斯兰阿拉伯大学及其附属学院	2.88

三、招生机制

孟加拉国高中学生需要参加高等学校证书（Higher School Certificate，HSC）考试，才能进入大学或者学院学习，录取标准因大学和学院而异。伊斯兰教育体系的学生需要参加的是 Alim 考试。

HSC 考试分为理科、商科和文科。所有学生都需要参加的必修科目为孟加拉语、英语、信息与计算机技术。理科学生需要在物理、化学、生物和高等数学 4 门科目之中选择 3 门，此外再从地理、数据、工程画图与实践、农业教育等选修科目中选择 1 门。商科学生的必修科目为会计学，经济学，商业组织与管理，金融、银行与保险 4 个科目，此外再从地理、数据、农业教育、家庭教育等科目中选择 1 门。文科学生需要从经济学、历史、伊斯兰历史与文化、地理、社会学、社会工作、逻辑学中选择必考科目，最多可以选择 4 门。

不同科目考试内容有所不同。大部分科目考试由大题和多项选择题两部分构成，大题 70 分，多项选择题 30 分。少部分科目考试由 3 部分构成，包括大题、多项选择题和实践题；其中，大题 50 分，多项选择题 25 分，实践题 25 分。

考试成绩过去以 0~100% 的等级进行评分，但现在以 0~5 的等级表示平均绩点（GPA），GPA 为 1.0 是及格。2022 年有超过 137 万名学生参加了 HSC 考试，13.79% 的学生达到了最高水平 5，总体通过率为 95.26%。2021 年有 1 115 705 名学生参加了 HSC 考试，其中 1 066 242 名学生通过考试，总体通过率为 95.57%。理科通过率为 94.16%，文科通过率为 96.94%，商科通过率为 93.21%。106 579 名学生参加了 Alim 考试，通过率为 95.49%；149 397 名学生参加了职业技术体系 HSC 考试，通过率为 92.85%。16% 的学生达到了最高水平 5。而 2018 年有超过 130 万学生参加了 HSC 考试，其中只有 29 262 人达到了最高水平 5，总体通过率为 66.64%。考生可在教育部网站上查询成绩。

学生申请学校时至少要申请 5 所，最多不超过 10 所，申请时要根据意愿排序。通常 80% 的录取名额是对所有学生开放的。《2010 年私立大学法》规定，私立大学每年要保留 3% 的录取名额给烈属子女和家庭贫困的优秀学生。

孟加拉国排名前列的公立大学招生名额非常有限，竞争很激烈。通常这些大学的录取标准中，除了满足最低 GPA 要求，还要通过学校组织的入学考试。学校会对特定科目设定最低分数线，例如申请工科专业要求数学成绩要达到设定的最低分。理工科专业通常比人文与社会学科专业更难进入。学生进入私立大学往往比公立大学要容易得多，但私立大学只提供有限的学位课程，而且通常费用昂贵。

孟加拉国近些年高等教育普及得到较大发展，高等教育毛入学率从 2009 年的 10.49% 增长到 2020 年的 20.07%，提高了近 10 个百分点，其中 2011—2014 年及 2015—2017 年增长缓慢，2009—2011 年及 2018—2020 年增长较快。孟加拉国的高等教育已经实现由精英化阶段向大众化阶段的发展。虽然女生入学率一直低于男生，且二者差距较大（约 5%），但男女生入学率均呈上升态势（见表 3-5）。

表 3-5　2009—2020 年孟加拉国高等教育毛入学率

单位：%

年份	总入学率	男生入学率	女生入学率
2009	10.49	13.08	7.84

续表

年份	总入学率	男生入学率	女生入学率
2011	13.25	15.62	10.83
2012	13.36	15.49	11.19
2014	13.44	15.43	11.38
2015	15.03	17.83	12.11
2016	15.67	19.02	12.32
2017	15.84	19.13	12.87
2018	16.88	19.59	14.06
2019	19.01	21.73	16.18
2020	20.07	22.11	17.94

注：缺少2010年和2013年数据。

四、人才培养

孟加拉国没有强制性的国家学分体系，学分体系因学校而异。大多数大学使用美式学分制，将本科一年的学习量化为30~36个学分。但孟加拉国评分标准是固定的，成绩单有点类似于美国的成绩单，通常具有A~F字母等级，每门课程学分介于2~4个。

孟加拉国的高等教育学位包括学士、硕士和博士学位。在本科阶段，有许多不同的学士学位课程，包括三年制的普通学位、四年制的荣誉学位，以及医学或建筑等专业更长的五年制学位。

公立大学和私立大学提供的课程存在一些区别。传统的普通学位和荣誉学位仅由公立大学授予；私立大学倾向于效仿美国的教育模式，提供四年制学士学位课程，以及两年制硕士学位课程。

三年制普通学士学位主要由国立大学附属学院授予，由国立大学授予最终学位。国立大学在每个学年结束时进行综合考试。授予的常见学位包括文学学士、理学学士和商业学士等。但《2010年国家教育政策》中要求逐步取消三年制普通学位，替换为四年制荣誉学位。

荣誉学士学位主要由公立大学授予，但国立大学的附属学院也授予荣誉学位，并且预计未来会提供更多的荣誉学位课程。通常荣誉学位课程为四年，毕业时要求完成论文或毕业设计。

还有一些私立大学仿照美国模式提供一些四年制课程，但并不是荣誉学位课程。这些学校除了提供专业课程，大部分提供的是通识教育课程。英语是孟加拉国所有学位课程的必修课。

完成四年制荣誉学士学位的学生，其硕士学位的课程通常是一年或一年半，并且要求指定课程的成绩达到一定分数。三年制普通学士学位的学生，其硕士阶段需要完成额外的课程，因此硕士学位课程通常需要两年。私立大学的硕士学位课程通常为期两年，通常除了课程作业还有一篇论文。公立大学硕士学位课程也包括论文，但通常需要论文答辩（待确认是否需要论文），授予的学位包括文学硕士、理学硕士、工商管理硕士和商业硕士。

博士学位仅由公立大学授予。博士学位课程最少需要两年，也有的需要五年。一般博士阶段包括课程学习和论文，也有些专业只要求论文研究。通常需要取得硕士学位才能申请博士，但如果学生第一年硕士学习成绩非常优秀，也可以直接申请博士学习。

五、学生毕业情况

2020年孟加拉国教育报告显示，公立大学授予的本科荣誉学位占比均高于本科普通学位，私立大学授予的学位主要是学士（普通/荣誉）学位和硕士学位，技术专业学士（荣誉）学位和硕士学位占比较少（见表3-6）。

表3-6 2014—2020年孟加拉国私立大学授予学位占比

单位：%

学位类型	2015年	2016年	2017年	2018年	2019年	2020年
学士（普通/荣誉）和硕士	76.42	72.07	73.19	72.29	61.71	64.05

续表

学位类型	2015年	2016年	2017年	2018年	2019年	2020年
学士（荣誉）（技术）	22.20	27.07	26.04	26.69	36.48	34.90
硕士（技术）	1.38	0.86	0.77	1.02	1.81	1.05

六、经费

孟加拉国政府非常重视基础教育，高等教育相对处于弱势地位。孟加拉国的教育支出占GDP的比重由高到低排列为初等教育、中等教育和高等教育，且差距较大。总体来看，政府教育总支出占GDP的比重从2011年到2016年增长不大。有学者认为，各国政府教育支出占GDP的比重的影响因素包括基础教育的普及政策、城乡教育的均等化程度、中等后教育政策、高等教育财政政策。

各级教育支出在政府教育支出中所占比重的数据显示，孟加拉国政府对中等以上高等教育以下阶段的支出最少，其次是高等教育，对初等和中等教育的支出最多。究其原因：一方面，孟加拉国优先发展初等教育和中等教育，对高等教育的重视程度不够；另一方面，孟加拉国的私立高校数量较多，教育支出主要由私人负担，政府公共财政支出较少。

全球经济网站的数据显示，2007—2019年孟加拉国公共教育经费占GDP的比重的平均值为1.68%；2019年最低，为1.33%；2007年最高，为2.20%（见表3-7）。

表3-7 2007—2019年孟加拉国公共教育经费占GDP的比重

年份	2007	2008	2009	2011	2012	2013	2016	2019
公共教育经费占GDP的比重/%	2.20	2.05	1.94	2.13	2.18	1.97	1.54	1.33

注：部分年份数据缺失。

2013—2020年孟加拉国公共教育经费占公共支出的比重的平均值为12.79%；2019年最低，为9.27%；2017年最高，为16.05%（见表

3-8）。

表 3-8 2013—2020 年孟加拉国公共教育经费占公共支出的比重

年份	2013	2014	2015	2016	2017	2018	2019	2020
公共教育经费占公共支出的比重/%	13.82	14.55	13.70	11.42	16.05	11.68	9.27	11.84

根据大学资助委员会 2020 年度报告，2009—2020 年公立大学接收的教育部门拨款（国家预算和教育预算）的比重在 2018—2019 财年达到最高，为 8.74%，占国家预算的 0.92%（见表 3-9）。

表 3-9 政府教育部门拨款（非发展预算）与大学教育部门拨款（国家教育预算）比较

财年	国家预算/千万塔卡	教育预算/千万塔卡	大学预算（非发展预算）/千万塔卡	大学教育部门拨款占教育预算的比重/%	大学教育部门拨款占国家预算的比重/%
2009—2010	110 524.23	11 566.46	860.46	7.44	0.78
2010—2011	130 012.13	13 399.44	1 102.24	8.22	0.84
2011—2012	161 212.93	18 378.58	1 192.47	6.48	0.73
2012—2013	189 325.70	21 016.27	1 248.57	5.94	0.64
2013—2014	216 221.95	26 339.70	1 559.64	5.92	0.72
2014—2015	239 667.73	28 628.04	1 760.89	6.15	0.73
2015—2016	264 564.67	37 114.60	2 480.07	6.68	0.94
2016—2017	317 171.15	39 507.82	3 172.17	8.03	1.00
2017—2018	371 495.34	41 623.60	3 535.87	8.49	0.95
2018—2019	442 541.31	46 389.48	4 054.49	8.74	0.92
2019—2020	501 576.86	52 103.27	3 233.40	7.34	0.87

第四节 高等教育国际化

一、国际化历程

孟加拉国《2010年国家教育政策》中明确指出,高等教育课程和教学大纲将更新以符合国际标准。为了扩大高等教育,必须将现代知识和科学的标准书籍翻译成孟加拉语。孟加拉语将与英语一起继续作为高等教育的教学语言。

2018年,大学资助委员会出台了《孟加拉国高等教育战略计划2018—2030》,该计划致力于将孟加拉国高等教育与国际接轨。

二、国际化内容

近年来,孟加拉国出国留学人数激增,类似于印度和尼泊尔等其他南亚国家,孟加拉国成为一个日益活跃的国际学生来源国。根据联合国教科文组织统计研究所的数据,2005—2017年,到国外攻读学位的孟加拉国学生人数增加了近3倍,从2005年的15 000人增加到2017年的56 000人。

虽然英国文化协会等组织预计,在不久的将来,全球国际学生流动将全面放缓,但孟加拉国未来几年出国留学人数还会继续增加,主要原因包括:孟加拉国大学适龄人数增加,高等教育能力不足;能够负担得起海外教育的中产阶级不断壮大,特别是在达卡和吉大港等主要城市。波士顿咨询集团预测,中等收入和富裕的孟加拉国人的数量将以每年10%以上的速度增长,从2015年的1 200万人增加到2025年的3 400万人。

孟加拉国的生活质量低下,教育水平低下,缺乏就业机会,越来越多新富裕家庭的年轻人选择出国学习,加剧了该国的人才外流。大多数国际学生来自较富裕的家庭,并在以英语为授课语言的学校接受教育。

三、留学政策

（一）国际学生留学孟加拉国

孟加拉国目前没有一所世界一流大学，因此它还不是一个主要的留学目的地。根据孟加拉国 2020 年教育报告，2010—2020 年，留学到孟加拉国私立大学的学生规模一直在 1 300~2 000 人，2017 年人数最多，达到 1 977 人，2018 年人数最少，为 1 386 人；留学到公立大学的学生规模一般在 300~600 人，2011 年人数最少，仅为 210 人，2018 年创下人数之最，达到 804 人（见表 3-10）。留学到孟加拉国的国际学生大多来自非洲和南亚国家，来自索马里、尼日利亚和尼泊尔的留学生人数相对较多。一些非洲国家学生选择到孟加拉国学习是因为该国的教育体系比本国好，且与西方国家相比，费用相对较低。

表 3-10　2010—2020 年公立和私立大学的国际学生数量

单位：人

年份	公立大学	私立大学	总数
2010	359	1 557	1 916
2011	210	1 651	1 861
2012	525	1 642	2 167
2013	326	1 612	1 938
2014	432	1 643	2 075
2015	593	1 548	2 141
2016	355	1 927	2 282
2017	461	1 977	2 438
2018	804	1 386	2 190
2019	482	1 467	1 949
2020	767	1 550	2 317

大多数国际学生选择在私立大学学习，私立大学入学率近年来一直

在上升。例如，私立的吉大港科技大学以其低成本的医疗项目吸引了来自印度、斯里兰卡、不丹和马尔代夫等其他南亚国家的大量国际学生。

（二）孟加拉国学生出国留学

孟加拉国学生在21世纪初主要前往美国、英国、澳大利亚和邻国印度，马来西亚已成为近年来最受孟加拉国学生欢迎的学习目的地。根据联合国教科文组织的数据，到马来西亚留学的孟加拉国学生目前约占孟加拉国出国留学人数的50%，学生人数从2010年的1 722名增加到2017年的28 456名，飙升了15.5倍。

马来西亚对孟加拉国学生很有吸引力，因为它是一个文化多元，且穆斯林占多数的国家，同时也是一个学习成本相对较低的学习目的地，并且马来西亚政府允许国际学生做兼职工作。而且美国、英国和澳大利亚等国家在马来西亚建立了许多分校，学生可以在马来西亚就能获得西方教育。

很多孟加拉国学生选择去美国攻读硕士学位，孟加拉国是美国国际学生前25个生源国之一。根据联合国教科文组织的数据，2017年美国有6 492名攻读学位的孟加拉国学生，美国成为最受孟加拉国学生欢迎的第二大目的地，并领先于澳大利亚（4 986名学生）、英国（3 116名学生）和加拿大（2 028名学生）。

美国门户开放数据显示，2017—2018学年美国有7 496名孟加拉国学生，比2016—2017学年增加了4.9%，几乎是2012—2013学年的2倍。其中，62%的人处于研究生阶段学习，24%的人处于本科阶段学习，不到1%的人参加了非学位课程，14%的人接受了实践培训。孟加拉国学生最常选择的专业类别是工程学、数学、计算机科学、物理、生命科学。

与美国一样，来自孟加拉国的学生人数在加拿大也迅速增长。尽管联合国教科文组织的报告显示，攻读学位的孟加拉国学生人数仍然相对较少，但加拿大政府的统计数据显示，孟加拉国学生（包括非学位和语言培训学生）在6年内增加了2.2倍，从2012年的2 035人增加到2018年的6 520人。

第五节　中孟高等教育交流与合作

1975年10月4日，中国与孟加拉国正式建立外交关系。自建交以来，中孟一直保持友好的合作关系，合作领域不断扩大，涉及政治、经济、军事、文化等多个领域。

在文化教育领域，中孟自1976年开始互派学生，截至2014年，有428名孟加拉国留学生来到中国学习。1979年11月，中孟签订两国政府文化合作协定，其后每三年商签一次访华交流执行计划，进行定期的文化交流。2014年5月，中孟签署《中华人民共和国政府和孟加拉人民共和国政府文化合作协定2014年至2017年执行计划》，进一步加强两国的文化交流。2015年5月，中国宣布增加对孟加拉国提供的中国政府奖学金和为孟加拉国培训汉语教师的数额。2016年10月，习近平主席访问孟加拉国，两国领导人宣布将2017年确定为"中孟友好交流年"，大力推动双方在文化、教育等领域的交流合作。

一、合作办学

2014年，孟加拉东方大学与云南师范大学文学院开展合作，在孟加拉建设中国语言文化学习中心。该中心于2015年建立，云南师范大学文学院赠送汉语教材及工具书，并派遣专业教师进行教学和指导。

2015年5月24日，在孟加拉国首都达卡总理府，正在孟加拉国访问的国务院副总理刘延东与孟加拉国总理哈西娜共同出席两国教育、广电部门及高校间有关合作文件签字仪式。此次中孟双边合作协议签署仪式共签署了6项重要合作协议，包括中孟教育部的合作备忘录、中孟广电部门的合作备忘录、北京外国语大学与孟加拉国达卡大学的合作交流谅解备忘录、武汉纺织大学与孟加拉国东南大学的合作办学协议、武汉纺织大学与孟加拉国服装与技术大学的合作办学协议、中国驻孟加拉国大使馆与孟加拉国经济关系局合作备忘录。

2021年武汉工程大学与孟加拉城市大学通过网络签约仪式签署合作协议，两校将从计算机科学与工程专业"2+2"联合培养项目开始，不断加强两校在本科生、研究生联合培养以及科研等领域的合作。

二、学生流动

2010—2015年孟加拉国来华留学生人数年均增长速度达到45%，反映出孟加拉国较大的来华留学发展动力。2016年10月，中国与孟加拉国联合发布了"关于建立战略合作伙伴关系的联合声明"，中方提出将为孟加拉国学生和官员赴华提供教育、培训和奖学金，持续在关键领域为孟方提供人才培养帮扶等，孟加拉国来华留学规模不断扩大。

孟加拉国来华留学研究生的绝对数量虽然较小，但占该国来华留学生总数比重较高。2010—2015年，孟加拉国来华留学研究生占该国来华留学生总量的比重年均达到21.80%，高于巴基斯坦（20.1%）、斯里兰卡（9.2%）和印度（4.2%）。

近年来，中孟双方在高等教育合作方面的交流方面日益频繁，主要体现在孟加拉国来中国留学人数显著增加、中孟两国在联合培养高端人才方面实现突破。根据教育部《来华留学生简明统计》，2014—2018年，孟加拉国来中国留学人数逐年递增，在来中国大陆留学生国别中排名第11（见表3-11）。

表3-11 2014—2018年孟加拉国学生留学中国数据

项目	2014	2015	2016	2017	2018
孟加拉学生留学中国人数/人	3 315	3 765	4 905	7 343	10 735
在来中国留学生国别中排名	11	11	10	11	11

资料来源：《来华留学生简明统计》。

三、中文教育

（一）历史背景

中国和孟加拉国自1975年建交以来，两国领导人频繁互访。多年来中国和孟加拉国在经济和文化上紧密交流互相合作,孟加拉国的汉语教学蓬勃发展,去孟加拉国投资和开展贸易的中国企业越来越多,到中国学习和旅游的孟加拉国人也越来越多。汉语作为中国的官方语言不仅是了解中国的文化载体,也是孟加拉国与中国友好互动的桥梁,在孟加拉国各界长期以来都备受关注。近年来随着孟加拉国经济的发展和中国对孟加拉国经济输出的增长,汉语在孟加拉国第二语言学习领域的重要价值正日益被孟加拉国各界认可。

1978年,孟加拉国的达卡大学成立中文系。2006年,云南大学与孟加拉国的南北大学合作,在孟加拉国设立了南亚第一所孔子学院,其汉语教学对象涵盖孟加拉国的大学生、中小学生及社会各界人士。2008年,布拉克大学开设中文课程。2009年,中国国际广播电台与孟加拉国山度集团合作建成国际台—孟加拉国山度玛利亚姆广播孔子课堂。2012年,山度玛利亚姆广播孔子课堂开设特色武术课程;布拉克大学、孟加拉牛津国际学校由中国汉语教师进行汉语教学。2014年,孔子学院与国际伊斯拉姆大学合作设立汉语授课点。"汉语桥"中文比赛的举办也促进了孟加拉国学生对中国历史、文化、语言的了解。

目前孟加拉国汉语教学的主流教学机构是孟加拉国南北大学孔子学院及其4所合作院校(亚洲女子大学、国际教培学校、拉吉沙希大学、国际伊斯兰姆大学)、达卡大学孔子学院、山度玛利亚姆广播孔子课堂。

(二)中文教学情况

孟加拉国汉语教学的学员包括大学生、中学生、小学生,另有社会各界人士。其中,中小学的汉语课为必修和选修性质的长期教学;而在大学,除了达卡大学中文系,其他为非学历性质短期教学。近年来中国在孟加拉国的经济输出增长迅速,孟加拉国的"汉语热"持续受到各界关注,汉语教学点以及教学机构仍在不断扩大,很多学校积极开设汉语课程,未来孟加拉国汉语教学市场前景巨大。

(三)孔子学院

1.南北大学孔子学院

孟加拉国南北大学孔子学院于2006年2月14日正式揭牌运营,是南亚第一所孔子学院,也是全球最早的孔子学院之一,中方合作院校是云南大学。南北大学是孟加拉国最好的私立大学,在历任校长和全校师生的共同努力下,南北大学孔子学院在孟加拉国3个城市设立了4个汉语教学点,累计招收汉语学员3 000余人次,输送了大批孟加拉国学生到中国留学。为了推广中国文化,南北大学孔子学院在汉语语言课的基础上增加了书法、茶艺、太极、剪纸、乐器等中国文化课程,每年举办和协办大量文化活动,如"中国春""中国月""中国日"等系列活动。在2016年昆明举行的第十一届孔子学院大会上,南北大学孔子学院获得了年度"先进孔子学院"称号。

2. 达卡大学孔子学院

达卡大学是孟加拉国最负盛名的公立大学,是孟加拉国最先开始汉语教学的大学。自1948年达卡大学开始汉语教学以来,汉语就开始了在孟加拉国推广的历程。中间由于历史原因有过中断,之后达卡大学在1971年重新建立汉语班。第一届汉语班招生51人,之后人数逐年增长。为了满足社会各界学习者的需求,达卡大学在2009年开设了汉语口语速成班。经过多年的努力,2015年年底达卡大学孔子学院正式成立,2016年开设汉语课程开始招收学生。

达卡大学孔子学院是一所独立运作非营利性的教学科研机构,直接隶属于达卡大学。作为云南大学协助建设的孟加拉国第二所孔子学院,达卡大学孔子学院一开始就立足于中孟高层次教育文化交流、培养本土汉语教师等以促进形成双边国际合作教育模式,立足于研究服务社会的思路,探索新型的服务型、研究型、互补型的高层次交流平台的建设。

达卡大学孔子学院与达卡大学现代语言学院合作建立了孟加拉国高等院校首个汉语本科专业,这是汉语国际教育进入孟加拉国国民教育体系的重要标志,孔子学院将提供教学师资。同时,达卡大学与孔子学院总部将合作设立达卡大学汉语国际教育本科和硕士专业,这是孟加拉国第一个汉语师范专业,也是汉语国际教育在孟加拉国迈出的具有突破性的一步。

3. 山度玛利亚姆广播孔子课堂

山度玛利亚姆广播孔子课堂自 2009 年成立以来，学生人数从成立之初的 30 人，发展到 2017 年的 270 人，班级数目从 2 个发展到 5 个，课程种类从单一的通用汉语课扩展到中国文化课，汉语教师人数从 3 人增加到 2018 年的 9 人，并举办以中国文化为主题的展览、讲座、文艺演出和夏令营等活动十余次。随着中国和孟加拉国经贸联系的加强，越来越多的中国人到孟加拉国投资、贸易，越来越多的孟加拉国人来到中国旅游、学习、经商。"中国制造""汉语热"已经影响了孟加拉国人民的生活方式。山度玛利亚姆广播孔子课堂在社会上广泛招生，针对学习对象的需求在校内开设各类汉语课程，除了汉语言教学班，山度玛利亚姆广播孔子课堂与孟加拉国家广播电台合作，开办了汉语广播节目，每天的节目时长 6 小时，内容涉及中国的传统文化、风土人情、经济形势、政治新闻、孔子课堂教学情况等。山度玛利亚姆广播孔子课堂利用电台为媒介，将汉语传播得更广，对孟加拉国汉语推广贡献巨大。

孟加拉国汉语教学机构主要是孔子学院和孔子课堂，民间汉语机构极少且规模很小，上述的三所汉语教学机构可以代表孟加拉国目前的汉语教学发展水平。现在孟加拉国的汉语教学已经覆盖了达卡、吉大港、拉杰沙希三个主要城市，而且汉语学员的数量在逐年增加。孔子学院设置的课程也更加多样化，教师资历有所提高，目前在任的教师以汉语相关专业的研究生和本科生为主。

第六节　代表性大学

一、达卡大学

达卡大学（University of Dhaka，DU），位于孟加拉国首都达卡，是孟加拉国规模最大的公立研究型综合大学。达卡大学是孟加拉国历史最悠久的大学，由英属印度政府于 1921 年创立，为孟加拉国的现代教育作出了重要贡献。达卡大学的师生在 1948 年和 1952 年孟加拉国语言运动中发挥了重要作用，促使孟加拉语成为国语，在孟加拉民族主义的兴起和孟加拉国的独立中也起着核心作用。

达卡大学 1921 年成立之初，只有文学、科学和法学 3 个学院，分为 12 个系，学校当时仅有 60 名教师和 800 余名学生。经过 100 余年的发展，学校现设有 13 个学院、83 个系、13 个研究所、56 个科研中心和 134 所附属学院。学校现有教师 2 000 多人，在校生已达 37 000 余人，其中博士生 1 400 余人，硕士生 1 300 余人。

在 2022 年 QS 世界大学排名中，达卡大学位列 801~1 000，亚洲位列 142。有 6 个学科进入 2021 年 QS 世界大学学科排行榜，其中包括工商管理研究（位列 351~400）、计算机科学与信息系统（位列 401~450）、经济学和计量经济学（位列 401~450）、社会科学与管理（位列 451~450）和药学（位列 501~550）。

二、孟加拉国工程技术大学

孟加拉国工程技术大学（Bangladesh University of Engineering and Technology，BUET），于 1961 年创办，位于首都达卡市，是孟加拉国首屈一指的理工大学，跟达卡大学并称为孟加拉国的"清华北大"。

学校设有 5 个学院，土木工程、电力工程、机械工程、化学工程、冶金技术、造船工程等 15 个系，2 个研究所，即防洪排涝研究所和应用技术研究所。

在 2022 年 QS 世界大学排名中，孟加拉国工程技术大学位列 801~1 000，亚洲位列 202。有 6 个学科进入 QS 世界大学学科排行榜，其中包括石油工程（位列 101~150）、计算机科学与信息系统（位列 301~350）、工程与技术（位列 347）、电力工程（位列 351~400）、机械工程（位列 401~450）、物理学与天文学（位列 551~600）。

三、拉吉沙希大学

拉吉沙希大学（University of Rajshahi，UR），创建于 1953 年，位

于孟加拉国拉吉沙希市，是一所综合性大学，也是孟加拉国北部地区规模最大的大学。学校设有 12 个学院，包括社会科学、艺术、工程、自然科学、法学、商业、农业等；59 个系，包括孟加拉语、英语、哲学、历史、伊斯兰历史与文化、政治学、社会学、社会工作、经济、语言、阿拉伯语、物理、应用物理、统计、化学、应用化学、生物化学、地理、心理学、数学、植物学、动物学、地质与采矿等；6 个研究所，包括孟加拉国问题研究所、生物学研究所、工商管理研究所、教育研究所、环境科学研究所、语言研究所。此外，学校还设有 19 个政府专科学校和 50 个非政府专科学校。学校于 2019 年与华中农业大学共同建立了中孟生物工程研究中心。

四、南北大学

南北大学（North South University，NSU），于 1992 年创办，是孟加拉国的第一所私立大学，也是孟加拉国知名的高等院校之一。学校设有 4 个学院，包括商业和经济学院、人文和社会科学学院、工程和物理学院以及健康和生命科学学院。学校有教职工 1 000 余人，在校生 22 000 余人，其中本科生 17 000 余人，研究生 5 000 余人。南北大学的国际学生来自印度、巴基斯坦、斯里兰卡、尼泊尔、中国、日本、泰国、缅甸、马来西亚、苏丹、沙特阿拉伯、伊朗、肯尼亚和尼日利亚等国家。

南北大学引用美国高校模式，采用美国高校的学期制、学分、评分体系等。其经济学、商业和计算机科学等本科课程最初采用的是美国伊利诺伊大学厄巴纳-香槟分校的课程，并得到大学资助委员会的正式批准。南北大学设有国际顾问委员会，由来自世界各地的学者组成，为学校提供学术方面的咨询和建议。

南北大学拥有高质量的教育水平和雄厚的科研实力，同时还与美国、英国、德国、加拿大、澳大利亚、中国、印度等 26 个国家的 179 个高校、机构或企业开展合作。学校与中国传媒大学和云南大学签署校际合作协议。学校与云南大学合作开办的孔子学院——孟加拉国南北大学孔子学院是南亚第一所孔子学院，吸引了大量的国际学生。

五、布拉克大学

布拉克大学（Brac University，BracU），成立于2001年，位于首都达卡市。学校设有8个学院，包括商业、工程、法学、人文与社会科学、教育学、公共健康、建筑设计等；设有3个中心，包括语言中心，提供英文、中文等语言课程；在校生约8 000人。在2022年QS世界大学排名中，布拉克大学位列1 000~1 200，亚洲位列291~300。

参考文献

［1］中华人民共和国外交部.孟加拉国国家概况（2021年8月更新）［EB/OL］.［2022-02-14］. https://www.mfa.gov.cn/web/gjhdq_676201/gj_676203/yz_676205/1206_676764/1206x0_676766/.

［2］中华人民共和国商务部.对外投资合作国别（地区）指南——孟加拉国（2021年版）［EB/OL］.［2022-03-17］. http://www.mofcom.gov.cn/dl/gbdqzn/upload/mengjiala.pdf.

［3］RAHMAN M M，HAMZAH M，MEERAH D，et al. Historical Development of Secondary Education in Bangladesh: Colonial Period to 21st Century［J］. International Education Studies，2010，3（1）:114–125.

［4］University Grants Commission of Bangladesh. Annual Report 2019 ［EB/OL］.［2022-03-17］. http://www.ugc.gov.bd/site/annual_reports/686dfd6e-1754-4629-b263-b7c875c0317b/Annual-Report-2019.

［5］Bangladesh Bureau of Educational Information and Statistics［EB/OL］.［2022-03-17］. http://www.banbeis.gov.bd/.

［6］University Grants Commission of Bangladesh. Strategic Plan for Higher Education in Bangladesh 2018–2030［EB/OL］.［2022-03-17］. http://ugc.portal.gov.bd/sites/default/files/files/ugc.portal.gov.bd/publications/c768558c_2126_41c5_83ab_4a17004eb1af/2020-10-20-

10-45-e20b0b095947032e58b70c32314be187.pdf.

[7] 刘进，王艺蒙."一带一路"沿线国家的高等教育现状与发展趋势研究（十三）——以孟加拉国为例［J］.世界教育信息，2018，31（18）：34-37+55.

[8] University Grants Commission of Bangladesh. Annual Report 2020［EB/OL］.［2022-03-17］. http://www.ugc.gov.bd/site/page/9e5f1189-1809-4fb0-9fc4-862dc41cca84.

[9] EHSAN S. Revisiting Tertiary Education System in Bangladesh: In Quest for Unraveling Existing Issues and Challenges［J］. Journal of Contemporary Governance and Public Policy，2021，2（1）：45-46.

[10] HSC Subjects List 2022 of Bangladesh for All Groups［EB/OL］.［2022-02-27］. https://totalinfobd.com/hsc-subjects-list-of-bangladesh/.

[11] MASUM M. Higher Education in Bangladesh: Problems and Policies［J］. The Journal of the World Universities Forum，2008，1(5):17-30.

[12] SHIN J C，TEIXEIRA P. Encyclopedia of International Higher Education Systems and Institutions［M］. Springer Netherlands，2017：1-10.

[13] The Global Economy—Bangladesh: Education Spending, Percent of GDP［EB/OL］.［2022-02-27］. https://www.theglobaleconomy.com/Bangladesh/Education_spending/.

[14] The Global Economy. Bangladesh Education Spending, Percent of Government Spending［EB/OL］.［2022-02-27］.https://www.theglobaleconomy.com/Bangladesh/Education_spending_percent_of_government_spending/.

[15] National Education Policy 2010［EB/OL］.［2022-03-07］.http://ecd-bangladesh.net/document/documents/National_Education_Policy_2010_English.pdf.

[16] World Education News and Reviews—Education in Bangladesh.［EB/OL］.（2019-08-01）［2022-03-16］.https://wenr.wes.org/2019/08/

education-in-bangladesh.

［17］British Council. International Student Mobility to Grow More Slowly to 2027［EB/OL］.（2018–02–01）［2022–03–16］.https://www.britishcouncil.org/contact/press/international-student-mobility-grow-more-slowly-2027.

［18］HUQ M N, HOSSAIN M, ABDULLA F, et al. Intergenerational Educational Mobility in Bangladesh［J］. PLOSONE, 2021（16）:7.

［19］胡瑞，朱伟静.南亚国家来华留学生教育发展状况与优化策略［J］.西南大学学报（社会科学版），2019，45（2）:88–95.

［20］桂美.孟加拉孔子学院（课堂）汉语教学现状调查与分析［D］.昆明：云南大学，2018.

［21］李婕昕，郭磊.南亚国家孔子学院现状研究——以孟加拉国南北大学孔子学院为例［J］.国际公关，2020（11）:1–2.

［22］云南大学.历史性的一刻：习近平主席为云南大学—达卡大学孔子学院揭牌［EB/OL］.（2016–10–17）［2022–02–23］. https://www.ynu.edu.cn/info/1056/3192.htm.

［23］武汉工程大学.武汉工程大学与孟加拉城市大学国际合作网络签约仪式［EB/OL］.（2021–07–06）［2022–02–23］. http://gjxy.wit.edu.cn/info/1185/3189.htm.

［24］云南师范大学.孟加拉东方大学阿卜杜·瓦布博校长一行莅临文学院访问［EB/OL］.（2014–11–11）［2022–02–23］. https://fao.ynnu.edu.cn/info/1055/1155.htm.

［25］University of Dhaka. http：//www.du.ac.bd.

［26］Bangladesh University of Engineering & Technology. https://www.buet.ac.bd/web/.

［27］University of Rajshahi. http:// www.ru.ac.bd.

［28］North South University. http:// www.northsouth.edu.

［29］Brac University. https://www.bracu.ac.bd/.

第四章　斯里兰卡

第一节　国家概况

斯里兰卡民主社会主义共和国（The Democratic Socialist Republic of Sri Lanka），简称斯里兰卡，是南亚次大陆以南印度洋上的岛国，西北隔保克海峡与印度相望，国土面积 65 610 平方公里。首都为科伦坡，是斯里兰卡最大的城市。全国分为 9 个省和 25 个区，9 个省分别为西方省、中央省、南方省、西北省、北方省、北中省、东方省、乌瓦省和萨巴拉加穆瓦省。人口为 2 200 万人（2020 年），僧伽罗族占 74.9%，泰米尔族占 15.3%，摩尔族占 9.3%，其他民族占 0.5%。僧伽罗语与泰米尔语同为官方语言和通用语言，上层社会通用英语。居民 70.1% 信奉佛教，12.6% 信奉印度教，9.7% 信奉伊斯兰教，7.6% 信奉天主教和基督教。斯里兰卡接近赤道，终年如夏，年平均气温 28℃，受印度洋季风影响，西南部沿海地区湿度大，年平均降水量 2 054 毫米（2019 年）。斯里兰卡风景秀丽，素有"印度洋上的明珠"之称。斯里兰卡法定货币为斯里兰卡卢比，货币代码为 LKR，原名锡兰卢比，1973 年 6 月 1 日更名为斯里兰卡卢比。2022 年 2 月，美元与斯里兰卡卢比的汇率约为1∶200，人民币与斯里兰卡卢比的汇率约为1∶32。

2 500年前，来自北印度的雅利安人移民至锡兰岛建立僧伽罗王朝。公元前247年，印度孔雀王朝的阿育王派其子来岛弘扬佛教，受到当地国王欢迎，从此僧伽罗人摈弃婆罗门教而改信佛教。公元前2世纪前后，南印度的泰米尔人也开始迁徙并定居锡兰岛。从5世纪至16世纪，岛内僧伽罗王国和泰米尔王国之间征战不断。16世纪起，斯里兰卡先后被葡萄牙人和荷兰人统治，18世纪末成为英国殖民地。1948年2月获得独立，定国名锡兰，2月4日为国家独立日。1972年5月22日改称斯里兰卡共和国，1978年8月16日改国名为斯里兰卡民主社会主义共和国。现行宪法于1978年9月7日生效，为历史上第四部宪法，废除沿袭多年的英国式议会制，效仿法国和美国，改行总统制。1982年后曾多次修改宪法。宪法规定，所有官员，包括议员在内，必须宣誓反对分裂主义，维护国家统一。国内政党包括斯里兰卡人民阵线、斯里兰卡自由党、统一人民力量、统一国民党、泰米尔全国联盟、人民解放阵线，其他政党和组织还有穆斯林大会党、国家传统党、民主党、锡兰工人大会党、伊拉姆人民民主党和斯里兰卡共产党等。2019年4月21日，斯里兰卡遭遇内战结束后最为严重的恐怖袭击，造成重大人员伤亡和经济损失，斯里兰卡政府全力打击恐怖主义，缉捕案犯，逐步恢复国内秩序和稳定。

斯里兰卡经济以种植园经济为主，主要作物有茶叶、橡胶、椰子和稻米，工业基础薄弱，以农产品和服装加工业为主，在南亚国家中率先实行经济自由化政策。1978年开始实行经济开放政策，大力吸引外资，推进私有化，逐步形成市场经济格局。近年来，经济保持中速增长。2005—2008年，国民经济增长率连续4年达到或超过6%。2008年以来，受国际金融危机影响，外汇储备大量减少，茶叶、橡胶等主要出口商品收入和外国短期投资下降。斯里兰卡国内军事冲突结束后，政府采取了一系列积极应对措施。当前宏观经济逐步回暖，但仍面临外债负担重、出口放缓等困难。2020年，斯里兰卡GDP为807亿美元，人均GDP为3 682美元。

斯里兰卡民族文化历史悠久，深受佛教影响。政府一贯重视教育，自1945年起实行幼儿园到大学的免费教育。2017年居民识字率达93.1%，在南亚国家中居首。全国有学校10 194所，私立学校106所，在校学生约430万人，教师约24.8万人。2017年政府教育开支达2 011.6亿斯里兰卡卢比，比上年增长8%。斯里兰卡主要大学有佩拉德尼亚大学、凯拉尼亚大学和科伦坡大学等。

中斯友好交往历史悠久。斯里兰卡在中国典籍中被称作师（狮）子国或僧伽罗国。公元410年，晋代高僧法显赴斯里兰卡游学，取回佛教经典并著有《佛国记》一书。明代航海家郑和下西洋时多次抵达斯里兰卡。15世纪，斯里兰卡王子访华，回国途中在福建泉州定居，被明朝皇帝赐姓为世，其后代现仍在泉州和台湾定居。斯里兰卡沦为西方殖民地后，中斯关系一度中断。

1950年，斯里兰卡承认中华人民共和国。1952年，中斯签订了《米胶贸易协定》，成为两国友好合作关系史上的佳话。1957年2月7日，两国正式建交。2005年8月，中国和斯里兰卡两国文化部签署文化合作协议。2007年5月，斯里兰卡成立斯凯拉尼亚大学孔子学院。2012年6月，两国文化部签署关于在斯里兰卡设立中国文化中心的谅解备忘录。2013年5月，斯里兰卡总统马欣达来华国事访问，双方决定将中斯关系提升为真诚互助、世代友好的战略合作伙伴关系。

斯里兰卡是最早欢迎并加入"一带一路"倡议的国家之一。2014年12月9日，商务部副部长高燕和斯里兰卡财政计划部常秘贾亚桑德拉签署了关于在中斯经贸联委会框架下共同推进"21世纪海上丝绸之路"和"马欣达愿景"建设的谅解备忘录。双方商定，以此为契机，进一步加强在基础设施建设、贸易、投资、技术、人力资源等领域合作，全面深化双边经贸关系，促进两国共同发展。2017年5月，斯里兰卡总理维克拉马辛哈来华出席"一带一路"国际合作高峰论坛。中斯一直保持着友好关系，高层往来不断。两国在许多重大国际和地区问题上拥有广泛共识，保持良好合作。中国一直在人权问题上坚定支持斯里兰卡，多次在国际场合为斯仗义执言。

第二节　高等教育发展历程

斯里兰卡高等教育始于佛学院的建立，总体发展经历了高等教育体系的萌芽、初创、自主探索和战略化发展等四个阶段。

一、萌芽阶段（公元前6世纪—1869年）

斯里兰卡教育有2300多年的历史，在西方文化传入以前，教育是与宗教传统密切相关的。公元前6世纪，斯里兰卡出现了最早的高等教育形式——僧侣教育。佛教僧侣是僧伽罗人中最有学问的人，他们既是精神指导者，也充当教师的角色。佛学院随之成为学习的中心，由信奉佛教的和尚担任教育者和管理者，课程内容主要涉及僧伽罗文字、佛教基本文学以及世俗学问，包括金属加工、编织、建筑、医学、工程、几何、艺术、诗歌。要在寺庙教育基础上继续接受教育，必须出家当和尚。本质上，这一阶段的高等教育属于贵族精英、佛教和尚等少数人的教育。

二、初创阶段（1870—1947年）

西方殖民者的入侵令斯里兰卡传统教育基础逐渐衰落。1870年以后，斯里兰卡的教育有了较大发展。1870年起，英国殖民者为应对疾病引起的人口大规模减少和行政管理机构人员不足的问题，分别成立了锡兰医学院、科伦坡法学院（1875年）、农业学院（1884年）和政府技术学院（1893年）。

斯里兰卡现代大学体制始于1921年，在锡兰大学协会的持续要求下，英国殖民当局于1921年在原附属于伦敦大学的科伦坡皇家学院基础上，建立了锡兰大学学院。1942年，根据《锡兰大学条例20号》，锡兰大学学院升格为完全成熟的大学——锡兰大学，也就是斯里兰卡大学的前身。几年后，锡兰大学在佩拉德尼亚建立了另一个校区。

在这个阶段，教育的发展并不均衡，学校主要集中在西南部地区，农村地区几乎没有学校。大部分学校控制在英国殖民者手中，约占60%。基督教文化盛行，而本土文化受到压制，以英文授课为主。在学校学习的多是上等阶层人士的子女，为的是将来能谋取公职。虽然这一阶段的教育仍存在民族、地域和性别等方面的不平等，但完整的教育体系已基本形成，为今后高等教育的发展奠定了基础。

三、自主探索阶段（1948—1999年）

1948年2月4日，斯里兰卡摆脱英国殖民统治实现国家独立。独立后，斯里兰卡政府重视教育事业的发展，在全国推行从幼儿园到大学本科的免费教育。1950年，锡兰大学已成为英联邦重要的卓越英才中心。1960年后，政府提倡民族文化，在中小学采用民族语言教学，用僧伽罗文或泰米尔文取代英语。但锡兰大学的教学语言是英语，语言的不匹配致使高等教育机会仅限于用英语授课的极少数城市学校中的精英学生。

随着国有化政策的实行，斯里兰卡政府对学制、课程和考试进行了一系列改革，大力兴办公立学校，并于1961年接管了殖民地时期的教派学校，实行强制性免费教育。斯里兰卡政府运用僧伽罗语和泰米尔语改革高等教育考试和教学，并在大学课程中加入"本地化"内容，促使斯里兰卡与英国教育系统保持距离。

1966年，斯里兰卡颁布《高等教育法》，宣布建立高等教育委员会，政府更多地参与大学的管理。1972年，根据《大学法令第一号》，锡兰大学改名为斯里兰卡大学，合并了斯里兰卡的所有大学。

1978年，《大学法令第十六号》规定再次分建独立的大学，政府成立大学资助委员会（UGC）实现对高校学生入学、预算分配、财务往来和关键人员任命的控制和管理。20世纪80年代，学生可以申请高等教育奖学金和高等教育基金。1982年的《公司法》使私人资本进入高等教育领域，外国大学的当地分支机构开始以公司的名义招生授课，且不受高等教育委员会和大学资助委员会管辖。1999年，《大学法令》再次进行修订，修改了之前只有公立大学才能授予本科学位的规定，私立高等教育机构在大学资助委员会的认证下也可以授予学位。

总体而言，独立之后的斯里兰卡加强对高等教育的管理，确立了公立高等教育机构的绝对主导地位。但因为缺少市场的参与，高等教育整体缺少活力，入学率有限，重文轻理的情况没有较大改善，高等教育系统无法满足劳动力市场的需要。

四、战略化发展阶段（2000 年以后）

进入 21 世纪，斯里兰卡高等教育进入战略化发展的新阶段。总统马欣达·拉贾帕克萨于 2005—2015 年执政期间提出了国家振兴发展计划"马欣达愿景"，提出"到 2020 年，将斯里兰卡建设成为卓越的国际高等教育中心"的宏大目标；西里塞纳（2015—2018 年任斯里兰卡总统）政府的执政纲领"2025 国家富强愿景"则强调"促进高等教育与全球产业相联系，以此助推斯里兰卡成为印度洋的出口导向型经济中心"；新当选总统戈塔巴雅·拉贾帕克萨（2019 年就任斯里兰卡总统）将高等教育愿景描述为"以技术创新为导向，形成产业联动的高等教育模式，迈向新的斯里兰卡"。

为实现国家政治愿景，高等教育委员会和大学资助委员会不断与学术界、工商业界和其他主要利益相关者进行对话，并以愿景为导向制定了不同阶段的战略发展规划，如《战略管理规划：2013—2017》《战略规划：2019—2023》等，稳步、有序地推进斯里兰卡高等教育朝着大众化、国际化、市场化等多元化方向发展。

第三节　高等教育概况

一、分类及规模

斯里兰卡实行英式教育制度，现有公立高等教育机构 32 所，其中公立大学 15 所，高等教育研究院 17 所，由高等教育委员会管理。私立高等教育机构19所，这些私立机构经过大学资助委员会的认证，获得了学位授予权，外国大学分校或跨境学习项目多参照这些机构。高等教育委员会是大学、高等教育研究院和佛学院的领导机构，大学资助委员会代表高等教育委员会实施具体管理，主要负责高等教育计划的制订和调整、向高等教育机构拨款、学术水平保障、高等院校管理和学生入学等。科伦坡大学、佩拉德尼亚大学、凯拉尼亚大学等6所公立大学获得中国教育部认可。

由于斯里兰卡高等教育体系的基础是古时的佛教僧侣训练中心，因此，斯里兰卡高等教育体系中还包括了2所佛教大学，即斯里兰卡佛教与巴利语大学、斯里兰卡比丘大学，主要进行佛教研究，巴利文、梵文、僧伽罗文等语言研究，培养精通佛教学说的学者，促进佛教在斯里兰卡和其他国家的传播。

除了高等教育委员会管理的高等教育机构，斯里兰卡还有6所各部门直属的高校，如国防部下属的约翰·柯特拉瓦拉将军国防大学，职业技术培训部下属的职业技术大学、技能发展和职业培训部下属的斯里兰卡海洋大学等。这些学校实行对口招生，不受大学资助委员会的管辖。

远程教育也是斯里兰卡高等教育的重要组成部分。斯里兰卡开放大学根据1978年《大学法令第十六号》成立，是斯里兰卡唯一的国家开放式远程大学，也是唯一提供从短期证书课程到博士学位课程的开放式远程大学。凡年满18周岁的斯里兰卡公民都可以通过远程学习方法继续学习。据统计，开放大学的学生主要有三种，即成绩优良的中学毕业生、失业成人和在职成人。目前，该大学共计拥有6个院系，即人文与社会科学学院、教育学院、自然科学系、卫生学院、科学和管理学院、工程技术学院，在全国共计有8个区域中心和18个学习中心，35 000余名学生。就学生人数而言，斯里兰卡开放大学是迄今为止斯里兰卡最大的高等教育机构。在2003年至2015年期间，开放大学的学生人数增长了近62%，大学资助委员会仍计划以每年5%的速度进一步增加入学人数。

2018年，斯里兰卡在校大学生人数约70万人，当年新录取的公立大学和高等教育机构的大学生共计 139 020 人，其中，本科生 97 928 人、研究生 39 962 人，国际学生 1 130 人（本科 800 人，研究生 330 人），男女生比例 4∶6。

总体而言，斯里兰卡的高等教育机构大致分为高等教育委员会和大学资助委员会管理的高等教育机构、其他政府部门直属高等教育机构、私立高等教育机构。

（1）高等教育委员会和大学资助委员会管理的高等教育机构共 34 所，构成斯里兰卡高等教育主体，为学生提供免费高等教育，教育质量显著高于其他高等教育机构，但录取率较低，其中较为著名的有科伦坡大学、佩拉德尼亚大学、凯拉尼亚大学、莫拉图瓦大学和鲁胡纳大学。高等教育委员会管辖的斯里兰卡佛教与巴利语大学以及斯里兰卡比丘大学，不受大学资助委员会管理。

（2）其他政府部门管辖下的大学和高等教育机构主要有 6 所，它们与斯里兰卡的其他公立大学一样，具有相同的法律和学术地位。例如，国防部下属的约翰·柯特拉瓦拉将军国防大学是斯里兰卡陆、海、空等三军学员入职之前的联合服务学院，目的是培养斯里兰卡武装部队中的军官。学位课程为期 2~4 年，军官学员可以选择法学、工程学、管理学、技术科学、商业或艺术领域的相关专业进行学习，之后将被派往斯里兰卡军事学院、海军和海事学院和空军学院进行学习。职业技术大学是根据 2008 年第 31 号《职业技术大学法》成立的，该大学包含工程技术学院、工业技术学院、信息技术学院和教育学院 4 个学院，总体目标是根据学生的能力和需求，在技术教育和职业培训体系中为他们提供学习的机会。

（3）斯里兰卡现有私立高等教育机构大多是根据斯里兰卡《公司法》或《投资法》成立的公司性质的私人实体，其政策导向、运行机制和管理模式不受高等教育委员会和大学资助委员会的干预。目前，斯里兰卡私人高等教育机构共有 46 所，形态上主要分为三类，分别是学位授予机构、专业培训机构和跨境教育机构。许多私立高等教育机构已经将其校园和基础设施的规模扩展到接近大学的水平。私立高等教育机构收费昂贵，平均每名学生要花 3 804~9 129 美元，斯里兰卡著名的私立高等教育机构有亚太信息技术研究所、科伦坡皇家研究院等。

二、招生机制

（一）本科生招生

斯里兰卡的教育分为 5 个层次，即小学（1~5 年级）、初中（6~9 年级）、高中（10~11 年级）、大学预科（12~13 年级）和大学。高中毕业时，学生通过普通教育证书普通水平（General Certificate of Education O Level，GCEO-Level）考试可升入大学预科，进入大学则需要通过普通教育证书高级水平（General Certificate of Education A Level，GCEA-Level）考试。

斯里兰卡可以招收本科生的公立大学共有 15 所，本科生的录取是基于学生在 GCEA-Level 考试中的表现。学生在不同学科的成绩采用统计公式进行计算，并转换成"Z"分数，录取是基于分数的排名。但为了确保来自贫困地区的学生的教育公平，录取采取地区配额制，也就是根据不同地区的人口数量来进行名额分配，为最落后的地区保留一定配额。由于大学的名额远远少于合格学生的数量，进入大学的竞争非常激烈。2013 年的数据显示，斯里兰卡 15 所公立大学中，每年参加大学入学考试（GCEA-Level）的学生约有 22 万人，只有 2.3 万人被录取。大学有限的接收能力意味着大多数学生错过了接受高等教育的机会。

1. 大学预科招生

学生在 10 年级和 11 年级之间接受高中教育，高中课程包括 6 门必修科目和 3~4 门选修科目。必修科目包括第一语言、第二语言、数学、科学、历史和宗教，选修科目包括公民学、艺术、舞蹈、企业家精神、商业、农业等。11 年级结束并通过考试后授予 GCEO-Level。学生通过第一语言、数学和其他 3 个科目的考试，可以参加 GCEA-Level 考试。根据教育部 2013 年的一份报告，大约 60% 的学生通过 GCEO-Level 考试，然后参加 GCEA-Level 考试，其余的人或者接受职业教育，或者开始工作。

大学预科学习持续 2 年，是进入大学的前提。学习的科目主要分为 6 个，学生可以从中选择 3 个相应的科目进行考试。GCEA-Level 期末考试包括学生选择的科目，以及英语考试和普通论文。如果学生没有通过考试，他们可以进入提供"技术、商业研究以及教学和护理等专业"课程的非大学高等教育机构进行学习。

2. 本科生录取

斯里兰卡的本科入学竞争十分激烈，录取率较低，在公立大学中尤为明显。根据 2020 年斯里兰卡政府财政报告，在 2019—2020 学年，有 42 772 人被录取（见表 4-1），毛入学率为 21.1%。斯里兰卡高等教育毛入学率从 1974 年的 1.1% 上升到 2019 年的 21.1%，年均增长 6.78%。

表 4-1　2015—2020 年斯里兰卡公立大学本科录取学生人数

单位：人

学年	录取学生人数
2015—2016	29 083
2016—2017	20 668
2017—2018	31 451
2018—2019	31 902
2019—2020	42 772

数据来源：2020 年斯里兰卡政府财政报告。

大学资助委员会负责公立大学和高等教育研究院学生的选拔和录取工作。公立大学共有 244 个本科专业，大学生接受免费的高等教育，同时也可以申请奖学金，以减轻学业费用。私立高等教育机构提供了 160 个学位课程，供学生申请学习。

所有申请人均需要在线进行申请。申请艺术类专业的学生，按照全国排名进行录取，但部分专业除外，即音乐、舞蹈、喜剧、视觉艺术、设计等。上述专业的录取原则与商务、生物、物理、工程等专业的录取标准相同，即 40% 的录取名额通过 "Z" 分数的全国排名进行分配，

55%的录取名额通过地区指标分配。全国25个行政区域根据地区人数获得地区指标，也就是说，在40%的名额分配完成以后，其余通过地区人数排名分配55%的录取名额。最后5%的名额，分配给全国教育最不发达的16个省份。

学生需要满足以下标准，才有资格申请大学：

（1）GCEA-Level单次考试3门要求的科目均为S或以上，最多考3次；

（2）普通论文考试至少取得30分（满分100分）。

有以下情况的学生，没有资格（再次）申请大学：

（1）参加3次以上大学水平考试（GCEA-Level考试）；

（2）已经注册成为公立大学或研究院/所学生，或已成为职业学校的专科生；

（3）已通过高等教育委员会获得外国学生奖学金的学生；

（4）已获得高等教育学位证的学生；

（5）当年或之前在申请过程中提供虚假信息或制造虚假证件的学生。

考试院和教育部将计算学生的"Z"分数，并呈交给大学资助委员会。纳入计算的内容包括：

（1）当年该科目的原始成绩；

（2）当年该科目的平均成绩；

（3）当年该科目的标准差。

因此，"Z"分数与学生的成绩有关，也与当年选该科目的学生总数有关。

除斯里兰卡开放大学的录取工作由该校独立完成，科伦坡大学人力资源发展研究所和莫勒图沃大学理工学院在大学资助委员会的指导下完成之外，其他公立大学和研究院所不同专业的录取分数线均由大学资助委员会确定，分数线的计算取决于学生的成绩、该专业的申请量和招生人数，所以每年的分数线都不一样，但可以作为学生报考的参考依据。大学资助委员会建议学生尽可能多地申请专业，以增加录取概率。大学资助委员会将根据学生的志愿填报顺序，按照成绩从高到低依次录取。收到录取通知书后，学生需要支付 50 斯里兰卡卢比注册费，支付后即被视为已注册。放弃注册的学生，将失去免费获得高等教育的机会。

（二）研究生招生

斯里兰卡能够进行研究生教育的有 34 所教育机构，包括 15 所公立大学，如科伦坡大学；17 所提供研究生教育的高等教育研究院，如农业研究院，由大学资助委员会负责日常事务管理；2 所佛教大学也同样可以进行研究生教育。

斯里兰卡的研究生教育包括硕士和博士两个层次，另外，佛教大学培养佛学学者和寺院长老，学生毕业后经考试合格可获得学者称号。研究生录取由各高等教育机构自主确定，每年研究生招生总数和各专业人数、各大学现有课程设置、增加新课程等，仍需大学资助委员会批准。

三、人才培养

2009 年，持续 26 年的斯里兰卡内战结束，政府提出了致力于加快发展、改善民生的"马欣达愿景"。"战略管理计划（2013—2017）"就是"马欣达愿景"在高等教育领域的衍生，随后又提出了"战略管理计划（2019—2023）"，该计划的首要目标为"增加获得公立高等教育的机会"。为此，高等教育委员会将着力扩大本科和研究生入学率，到 2023 年，本科生入学累积增长率将达到 15%，研究生入学累计增长率达到 30%。一方面，政府将着力增加本科层次的入学人数；另一方面，政府将有针对性地创新研究生招生计划，为工作后的斯里兰卡人提供研究生文凭和学位课程。此外，大学资助委员还推出"大学资助委员会奖学金计划"，为在职的教育从业者提供攻读研究生的机会。

斯里兰卡政府希冀通过对高等教育实施战略化管理，推动国内高等教育机构融入全球知识经济，实现其高等教育对国内经济发展的贡献以及其在南亚、亚洲乃至世界高等教育发展进程中的影响力。按照马丁·特罗对于高等教育发展阶段的划分标准，斯里兰卡处于高等教育的大众化阶段。

（一）学分学制与学位资格框架

斯里兰卡高等教育受英国教育体系影响，高校普遍实行一学年两学期及课程学分制，一般获得学士学位需学习 3~6 年时间，硕士为 1~2 年，博士为 3 年，毕业后依据斯里兰卡资格框架（SLQF）授予文凭或学位（见表 4-2）。斯里兰卡的官方语言为僧伽罗语和泰米尔语，但在高校课程教学中通用英语。

表 4-2 斯里兰卡学位资格框架（对应所需要的最小学习量）

SLQF 级别	学位资格	最小学习量
12	获得董事会认证的哲学博士/医学博士/文学博士/理学博士	至少 3 年的全日制原创性研究，或 SLQF 6 级或以上等效时间的原创性研究
11	哲学硕士	至少 2 年的全日制原创性研究，或 SLQF 6 级或以上等效时间的原创性研究
10	研究和授课型硕士	SLQF5 级或 6 级后取得 60 学分，含至少 15 分研究性学分
9	授课型硕士*	SLQF5 级或 6 级后取得 30 学分
8	研究生文凭*	SLQF5 级或 6 级后取得 25 学分
7	研究生证书*	SLQF5 级或 6 级后取得 20 学分
6	荣誉学士学位	SLQF2 级后取得 120 学分，其中 SLQF3 级后取得 90 学分，SLQF4 级后取得 60 学分，SLQF5 级后取得 30 学分
5	学士学位	SLQF2 级后取得 90 学分，其中 SLQF3 级后取得 60 学分，SLQF4 级后取得 30 学分
4	高级文凭	SLQF2 级后取得 60 学分，其中 SLQF3 级或 3 级后取得 30 学分
3	文凭	SLQF2 级后取得 30 学分
2	普通教育证书高级水平	
1	普通教育证书普通水平	

注：*只有授予研究生证书、研究生文凭和授课型硕士的扩展类学习课程，分别位于学历资格框架 7、8 和 9 级。授予研究生证书、研究生文凭或授课型硕士的转换类研究项目，位于 SLQF 6 级。

普通学士学位，如文学学士或理学学士，是 SLQF 5 级，需要在 GCEA-Level 之后进行 3 年的全日制学习（获得 90 学分）。荣誉学士学位，是 SLQF 6 级，也被称为"特殊学位"，需要 4 年的学习（获得 120 学分）才能获得。也就是说，完成高级水平需要至少一年的学习（30 学分），第 4 年通常涉及研究或论文。在某些条件下，平均成绩高的毕业生可能有资格进入博士项目。文学学士学位（荣誉学位）和理学学士学位（荣誉学位）也可以在三年制普通学位之后再修一年课程获得。

本科教育阶段还提供非学位文凭项目，包括一年制国家文凭（SLQF 3 级）和两年制国家高级文凭项目（SLQF 4 级）。这些项目通常是应用型学科，部分项目的学生还可以申请转移至学位项目。

在研究生教育阶段，斯里兰卡提供不同类型的硕士学位。为期一年的以工作为基础的课程项目（30 学分，SLQF 9 级）通常不需要做研究工作，只有一些与独立学习相关的学分要求。两年制硕士学位（SLQF 10 级）通常包括至少 15 个独立研究学分，除其他课程外，还包括研究方法论课程。SLQF 8 级项目的入学要求比 7 级项目更严格，可能要求学士学位最低 GPA 为 3.0。

哲学硕士学位（SLQF 11 级）是为期两年的研究学位，不需要修读课程，需要做两年的研究，通常录取荣誉学士学位（或研究生文凭）的持有者。持有哲学硕士学位和 SLQF 10 级硕士学位的学生，可注册学制不少于 3 年的博士课程。最常见的学位是哲学博士，是通过研究和论文获得的最高研究型学位。

除了硕士和博士学位，大学还授予非学位的研究生水平证书，包括研究生证书（至少 20 个学分，SLQF 7 级）和研究生文凭（至少 25 个学分，SLQF 8 级）。

斯里兰卡学位资格框架与国家职业资格框架（NVQF）一一对应（见表 4-3），使职业教育和高等教育之间的横向流动成为可能。该框架还为之前学习经历的认可提供了空间，使学生从较低层次向较高层次的纵向发展成为可能。

表 4-3　斯里兰卡学位资格框架和国家职业资格对应关系

SLQF 级别	学位资格	国家职业资格水平
12	获得董事会认证的哲学博士 / 医学博士 / 文学博士 / 理学博士	
11	哲学硕士	
10	研究和授课型硕士	
9	授课型硕士	
8	研究生文凭	
7	研究生证书	
6	荣誉学士学位	
5	学士学位	7
4	高级文凭	6
3	文凭	5
2	普通教育证书高级水平	4
1	普通教育证书普通水平或同等学力	3
		2

（二）师资

2018 年，斯里兰卡公立大学系统共有教师 6 003 人，分布于 15 个学科，性别主要为男性，约占 61%。其中，教授 757 人，副教授 66 人，资深讲师 3 224 人，讲师 1 956 人。此外，还有行政管理人员、图书馆人员、医务人员、文书和专职技工等工作人员 4 345 人。在具有博士学位的教职员工中，其所学专业是法学、教育等人文与社会科学领域的占比最低，分别为 0.3%、0.7%；最高的是理学领域，约占 23.3%。

四、学生毕业情况

斯里兰卡高等教育有重文轻理的传统，经过多年发展，文理科毕业生仍不均衡。2018—2020年，斯里兰卡各类毕业生数量稳中略有下降，其中人文与社会科学类专业毕业生占总数的1/3以上，管理和商业类的毕业生占总数的1/4左右。相比而言，信息技术专业和计算机专业毕业生数量一直较少（见表4-4，表中数据来自斯里兰卡大学资助委员会）。

表4-4 2016—2019年斯里兰卡各类学生毕业人数

单位：人

年份	研究生毕业生	本科毕业生	总人数
2016	7 697	29 035	36 732
2017	10 437	26 179	36 616
2018	10 959	26 024	36 983
2019	9 991	24 890	34 881

五、学生就业情况

斯里兰卡大学毕业生失业问题严重。斯里兰卡政府统计局的调查数据显示，2019年，斯里兰卡的总体失业率为4.8%，青年失业率（15~24岁）为21.5%（共计201 698人）。为解决这一问题，现任总统承诺：2020年将成立单独的研究机构，以调查政府机构中的空缺，为50 000名大学毕业生提供就业。目的是将失业率降到4%以下。

斯里兰卡中央银行研究显示：大学教授的内容与雇主的要求之间存在显著差异，只有32%的雇主对来自大学或其他高等教育机构的首次求职者感到满意，这种不匹配性最终导致毕业生失业。同时，大学学科结构也在一定程度上影响着大学生就业。斯里兰卡高等教育阶段学科以人文与社会科学和管理为主，只有不到20%的毕业生来自理学和工程学科。一般来说，修完工程、建筑、计算机、医学、会计等职业导向课程的毕业生都可以找到工作，而获得人文与社会科学类学位的毕业生却很难觅到就业机会。如2017年，大学毕业生就业率仅为

66%，很大程度上是人文与社会科学类的毕业生（46%）低就业率导致的，计算机科学（92%）、工程（92%）和理学（83%）的毕业生就业率依然很高。

六、经费

斯里兰卡政府历来重视教育事业，实行从幼儿园到大学的"全免费"教育政策，是一个真正"有教无费"的国家。高等教育运营资金主要来自国家财政拨款和自主营收两个部分。表4-5列出了2013—2020年斯里兰卡高等教育支出。2018年，斯里兰卡高等教育总收入约600亿斯里兰卡卢比。其中，政府拨款521亿斯里兰卡卢比，约占政府财政总拨款的2.21%，占高校总收入的86.83%；利息、财产出租（或出售）、招待所、推广计划和其他活动等自主营收共计79亿斯里兰卡卢比，占高校总收入的13.17%。在支出方面，高等教育支出主要分为经常性支出和资本性支出。学术人员薪金（占经常性支出的62.2%）、行政人员薪金（占经常性支出的15.4%）、校园维护（占经常性支出的8.8%）以及师生福利（占经常性支出的9.6%）等经常性支出共计458亿斯里兰卡卢比，占据高等教育支出的64.2%；基础设施建设（占资本性支出的24.1%），家具、书籍和期刊（占资本性支出的32.0%），资产维护（占资本性支出的42.0%）等资本性支出255亿斯里兰卡卢比，仅占据财政总支出的35.8%。表4-6列出了2015—2020年斯里兰卡高等教育投入。近年来，斯里兰卡高等教育的经常性投入逐年递增，相比而言，资本投入增长幅度略低。内战（1983—2009年）结束后，斯里兰卡高等教育支出逐年递增，但对于日渐扩大的在校生规模来讲，却显得量小力微。同时，世界银行、亚洲开发银行等国际组织也纷纷向斯里兰卡伸出援手，以项目的形式向斯里兰卡提供资金支持，助力其高等教育的改革与发展。如2017年世界银行与斯里兰卡政府签署的《加速中的高等教育的扩张与发展》协议，使斯里兰卡获得了世界银行1亿美元的贷款，用于扩大高等教育STEM招生和研究机会，并提高学位课程的质量。2020年亚洲开发银行资助斯里兰卡2亿美元，用于在斯里兰卡实施"科技人力资源开发项目"。

表4-5 2013—2020年斯里兰卡高等教育支出

单位：百万斯里兰卡卢比

年份	2013	2014	2015	2016	2017	2018	2019	2020
支出	31 463	43 596	50 170	55 331	59 005	71 361	87 290	83 786

数据来源：斯里兰卡大学资助委员会。

表4-6 2015—2020年斯里兰卡高等教育投入

单位：百万斯里兰卡卢比

项目	2015	2016	2017	2018	2019	2020
经常性投入	26 983	29 300	31 246	37 457	47 323	51 506
资本投入	17 099	20 276	16 176	24 420	23 512	22 615
总投入	44 082	49 576	47 422	61 877	70 835	74 121

数据来源：斯里兰卡财政部。

第四节 高等教育国际化

斯里兰卡虽然是发展中国家，但它的教育在南亚国家中是首屈一指的。虽然部分学校基础设施简陋，即使是首都著名的高校和中小学也很难见到现代化教学设备，但民众文化水平在南亚地区名列前茅，科伦坡大学、佩拉德尼亚大学等高校在国际上也占有一席之地。其主要原因是，斯里兰卡政府历来高度重视教育事业。就高等教育的国际化而言，斯里兰卡因其450年的葡萄牙、荷兰和英国殖民历史，多民族和多元文化融合，整个国家的国际化程度很高，也为本国的国际化教育提供了有利条件。2020年斯里兰卡高等教育年度工作报告也将高等教育国际化列为未来发展愿景之一。

一、国际化历程

20世纪70年代以前，斯里兰卡大学以及其他部门所需要的高层次人才，包括研究生在内，多数是送往英国及其他英联邦国家培养的，但有半数以上的留学生不能学成回国。为此政府立足于国内培养高层次人才采取了三项措施，其中就包括对外国学位实行再评定的办法。1980年，政府规定：获得国外学位的回国人员须经再评定考试认可后，方可在国内就业；提倡与国外联合培养大学生。

同时，政府为解决国内高等教育限制与青年人口压力（近40%的斯里兰卡人年龄在24岁以下）之间的矛盾，通过高等教育委员会设置了特定出国留学计划和国际奖学金项目，支持青年跨境教育流动，斯里兰卡学生出国留学已成常态。

二、国际化内容

2014年，去往国外留学的斯里兰卡学生有11 000名。2016年以后，每年前往斯里兰卡留学的外国学生1 000余名（见表4-7），主要来自印度、巴基斯坦、孟加拉国、马尔代夫等南亚区域合作联盟国家。

对于少数进入斯里兰卡大学的国际学生，高等教育委员会提供各种奖学金，以抵消学习用品和其他相关费用。大多数斯里兰卡青年则将出国留学视为增加其就业前景的机会。同时，"马欣达愿景"提出，希望到2020年将斯里兰卡建设成为卓越的国际高等教育中心，并出台了一系列吸引国际学生来斯里兰卡留学的政策。

表4-7 2015—2020年斯里兰卡学生流动情况

单位：人

流动类型	2015	2016	2017	2018	2019	2020
向内流动	986	1267	1313	1322	1529	1306
向外流动	17334	18729	20857	24262	28583	—

数据来源：联合国教科文组织统计研究所。

为了吸引更多私人资本投资教育领域，斯里兰卡在2014年将高等教育系统向海外投资者开放。2015年9月，中央兰开夏大学成为第一个入驻斯里兰卡开办分校的大学。随后，包括印度马尼帕尔大学和新加坡莱佛士大学在内的大量外国大学已申请在斯里兰卡设立分校。由于几十年来斯里兰卡民众已经习惯了免费教育，认为接受免费教育是公民的一项基本权利，所以引入私人资本进入高等教育领域等举措受到大学生、学者和人民解放阵线等反对。

三、留学政策

近几年，斯里兰卡教育部与其他国家教育部门合作，为斯里兰卡学生在国外接受高等教育创造机会。能够提供本科生留学奖学金的国家有孟加拉国、印度、塞尔维亚、古巴、俄罗斯、巴基斯坦、越南、日本等，提供研究生留学奖学金的国家有印度、中国、日本、俄罗斯、新西兰和英国等。表4-8、表4-9分别列出了2014—2020年赴国外留学的斯里兰卡本科生、研究生获得奖学金的人数。

表4-8 2014—2020年赴国外留学的斯里兰卡本科生获得奖学金的人数

单位：人

国家	2014年	2015年	2016年	2017年	2018年	2019年	2020年
孟加拉	7	9	6	12	—	—	—
印度	133	152	139	116	105	109	125
中国	18	10	10	—	10	10	—
文莱	—	2	—	—	—	—	—
韩国	2	—	—	—	—	—	—
古巴	2	2	1	1	1	1	1
俄罗斯	37	20	18	22	18	7	—
巴基斯坦	10	10	11	11	11	18	—
塞尔维亚	1	1	—	—	—	1	—
马其顿	1	—	—	—	—	—	—
越南	5	5	—	5	5	5	5
日本	1	1	1	1	1	—	—
总数	217	212	187	168	151	151	131

数据来源：斯里兰卡大学资助委员会。

表4-9 2014—2020年赴国外留学的斯里兰卡研究生获得奖学金的人数

单位：人

国家	2014年	2015年	2016年	2017年	2018年	2019年	2020年
印度	31	20	27	31	34	41	50
中国	16	8	5	18	12	13	17
日本	9	7	7	7	7	7	7
俄罗斯	—	—	3	2	6	3	—
新西兰	1	2	1	2	1	2	2
英国	7	8	8	7	5	—	2
总数	64	45	51	67	65	66	78

2015—2019年，每年约有10 000名斯里兰卡学生前往国外寻求高等教育机会，使该国的外汇流失超过4亿美元。澳大利亚、美国、英国是斯里兰卡青年出国留学的首选目的地。联合国教科文组织统计研究所的调查数据显示，2016年斯里兰卡在国外的17 790名学生中，有4 403名在澳大利亚攻读学位，2 797名学生在美国接受高等教育，2 507名学生在英国高等教育机构求学；同时，印度和马来西亚也分别吸引了超过1 000名求学的斯里兰卡学生。这一问题受到新任政府的格外关注和重视，总统在"繁荣与辉煌愿景"政策声明中着重指出，"我们应该制订吸引外国学生到斯里兰卡的计划，而不是将我们的学生以高昂的费用送到国外接受高等教育"。

2011年，斯里兰卡教育部发起了"斯里兰卡政府总统海外奖学金计划"，为外国学生提供赴斯里兰卡留学的机会。该计划的主要目标是提高斯里兰卡高等教育质量，通过提供这些奖学金机会，吸引更多的外国学生来斯里兰卡留学。2020年斯里兰卡高等教育委员会年度工作报告显示，获得总统奖学金支持的学生总数为148人；其中来自巴基斯坦、尼泊尔、不丹、尼日利亚和韩国的79名学生完成了研究生课程成功回国，46名学生已经离开了这个学习项目，23名学生正在攻读学位。同时，教育部也鼓励外国学生自费到斯里兰卡留学。根据斯里兰卡大学资助委员会2020—2021学年招生指南，当年各专业招生名额的4.5%将向外国公民开放。凡持有普通教育证书高级水平证书或同等学力、英文水平达标、且提供相应资金证明的外国人，均可以申请斯里兰卡大学。英文水平不达标者可以进行语言补习。另外，外国学生在正式入学前可以申请预科课程。

第五节　中斯高等教育交流与合作

2022年2月17日，中共中央总书记习近平向中斯政党庆祝中斯建交65周年暨《米胶协定》签署70周年大会致贺信。习近平总书记表示，70年前，中斯冲破重重阻力，签署了具有历史意义的《米胶协定》，打开了两国友好交往的大门。建交65年来，两国始终相互尊重、团结互助，在涉及彼此核心利益的问题上相互支持，中斯关系成为大小国家友好相处、互利合作的典范。新冠肺炎疫情发生后，中斯同舟共济、守望相助，传统友谊得到新的升华。

一、合作办学

中国和斯里兰卡的教育战略规划在教育交流合作上有着共同的愿景，在高等教育领域的诸多方面，如跨境合作办学、国际化人才培养、科研学术交流、文化推广、智库建设等都有合作的意向。斯里兰卡作为海上丝路的重要枢纽，与中国高校进行合作办学、联合培养人才不失为提升本国教育质量的有效措施之一。

斯里兰卡作为具有"海上丝路"地理优势的国家，要实现海事航运、旅游业和贸易领域等的繁荣发展，亟需交通工程、航运管理、物流管理、旅游、贸易等专业的人才。2006年，大连海事大学和科伦坡国际航海工程学院就开始了这方面的尝试，成立了大连海事大学斯里兰卡校区，联合培养航海科学、轮机工程等专业的本科和硕士层次人才。"一带一路"倡议的提出和推进将加速两国在新的历史时期进行深度合作办校的探索。2016年，中国佛学院普陀山学院与斯里兰卡凯拉尼亚大学巴利语与佛学研究院签署研究生合作办学协议，项目包括教师、学生和研究人员交流，合作研究，学术报告、信息和出版物的交流，分享讲座、研讨会和专题讨论会以及两校同意的其他学术交流；双方同意设置硕士预科、文学硕士、哲学硕士和哲学博士等研究生学位教育，并由斯里兰卡凯拉尼亚大学巴利语与佛学研究院授予相关学位和发放毕业证书等。2019年，黄冈师范学院首个"孔子课堂"在斯里兰卡萨伯勒格穆沃大学举行了揭牌庆典仪式，同期，首届中斯交流与合作论坛在湖北黄冈师范学院举行。

二、学生流动

根据教育部《来华留学生简明统计》，2015—2018年，斯里兰卡学生来中国留学人数逐年递增，中国赴斯里兰卡留学人数较少（见表4-10）。

表4-10 2015—2018年斯里兰卡学生留学中国人数

年份	2015	2016	2017	2018
斯里兰卡学生留学中国人数/人	2 109	2 311	2 829	3 290

数据来源：《来华留学生简明统计》。

三、中文教育

据调查，中国是最受斯里兰卡学生欢迎的外语学习国家，汉语在斯里兰卡的最早传播可以追溯到1 600年前，高僧法显赴斯里兰卡游学，开启了该国的汉语教学之门。斯里兰卡凯拉尼亚大学在20世纪70年代设立了现代语言系，开设汉语课，斯里兰卡开始有了正规的汉语教学机构。近年来，孔子课堂、孔子学院先后建立，斯里兰卡汉语教学进入了全新发展时期。与此同时，汉语教学也受到斯里兰卡政府的重视，2011年，斯里兰卡教育部宣布将汉语纳入公立学校教学体系。目前，斯里兰卡建立了2所孔子学院和1个孔子课堂，已初步形成了以孔子学院、孔子课堂为主体，本地大、中、小学和各类汉语培训机构为补充的汉语教学格局。

斯里兰卡的第一所孔子学院凯拉尼亚大学孔子学院于 2007 年 5 月 3 日正式建立，由凯拉尼亚大学和重庆师范大学合作建立。2016 年，孔子学院承担了凯拉尼亚大学中文系 432 名本科生的汉语教学任务，并招收了 371 名社会学员，在斯里兰卡中小学也开设教学点，共计教授学生 1 835 人。

中国国际广播电台斯里兰卡兰比尼广播孔子课堂成立于 2009 年，开办后充分发挥中方合作单位的媒体优势，利用已有的听众资源，将汉语与中国文化在斯里兰卡的发展传播推向了一个新高度。截至 2019 年年底，该课堂汉语学习注册人数已达 2 728 人，汉语水平考试参加人数 1 517 人。

2014 年 9 月 16 日，在中国国家主席习近平、斯里兰卡总统拉贾帕克萨的共同见证下，科伦坡大学孔子学院建立。孔子学院总部总干事、国家汉办主任许琳与斯里兰卡科伦坡大学校长卡沙尼卡·黑瑞博伽马共同签署了合作设立斯里兰卡科伦坡大学孔子学院的协议，由北京外国语大学和云南红河大学合作开办，为斯里兰卡当地僧人开设初级、中级和高级汉语进修课程，以及为斯里兰卡当地人开设初中高级进修课程。

第六节　代表性大学

一、科伦坡大学

科伦坡大学（University of Colombo）是斯里兰卡最古老的大学，位于首都科伦坡。学校座右铭"Buddhi Sarvathra Bhrajate"，意为"智慧启迪"。科伦坡大学致力维持学术研究卓越性，是斯里兰卡排名第一的高校，在 2020 QS 亚洲大学排行榜上位列 271~280。

科伦坡大学设有 9 个系、59 个学术部门、7 个研究所和二十余个研究中心，专业类别包括人文与社会科学、理学、医学、管理、金融、法学、教育、科技、美学研究等，本科生和研究生均可授课。大学位于科伦坡市中心，独特的地理优势，让在校生可以轻松访问国际信息/资源中心、图书馆、剧院、体育馆等。

科伦坡大学为国际学生提供多项奖学金，并与多所国外大学建立了学术合作关系，包括瑞典乌普萨拉大学、德国吉森大学、丹麦哥本哈根大学、德国海德堡大学、瑞士苏黎世大学、英国特许管理会计学院、澳大利亚西悉尼大学、澳大利亚昆士兰大学和西班牙格拉纳达大学等。

二、莫勒图沃大学

莫勒图沃大学（University of Moratuwa）建于1972年，被认为是斯里兰卡最优秀的大学之一，在2020 QS亚洲大学排行榜上位列351~400。学校前身是1960年成立的卡图贝达实用技术学院和1966年成立的锡兰技术学院。莫勒图沃大学有三大学院：建筑学院、工程学院与信息学院。目前，开设的主要本科专业有建筑学、设计学、时装设计及产品开发、工程学、运输与物流管理、城镇与乡村规划、工料测量、信息技术与管理、信息技术、设备管理等；主要硕士和博士专业有古迹遗址建筑保护、建筑学、人工智能、建筑服务工程、商务统计学、电气工程、电子自动化、电子与通信工程、宝石学、风景设计、多媒体技术、运筹学项目管理、遥感与地理信息系统、空间规划管理与设计、通信学、城镇与乡村规划、城市设计、水资源工程与管理等。

三、佩拉德尼亚大学

佩拉德尼亚大学（University of Peradeniya）是斯里兰卡的公立大学之一，位于中央省的佩拉德尼亚，创建于1942年，当时为锡兰大学的一部分，在2022 QS亚洲大学排行榜上位列265。

佩拉德尼亚大学下设8个学院、2个研究生学院、10个中心、73个系，在校生约11 000人。学校开设的本科专业有农业技术和管理、动物与渔业、应用科学、人文与社会科学、生物科学、工商管理、计算与管理、口腔外科学、工程学、食品科学与技术、法学、医学实验学、医学、护理、药物学、自然科学、物理疗法、X光线照相术、统计及运筹学、兽医学。学校开设的硕士专业与博士专业有人文与社会科学、教育、灾难管理、电子与电气工程、工程管理、环境与污染控制、工程学、环境水工程、岩土工程、工业及系统工程学、制造工程、结构工程学、动物繁殖、诊断兽医、家禽健康与管理、兽医公共卫生学。

四、斯里贾亚瓦德纳普拉大学

斯里贾亚瓦德纳普拉大学（University of Sri Jayawardenapura）位于科伦坡南郊，斯里兰卡行政首都斯里贾亚瓦德纳普拉科特，常被人们称为斯里兰卡首都大学，它是斯里兰卡第二古老的大学，也是独立的斯里兰卡建立的第一所大学。学校现有约 13 500 名学生，是斯里兰卡学生人数最多的大学。学校具有学士、硕士和博士的学位授予权，拥有博士后流通工作站，科学院院士工作站。

学校将"保留文化遗产的同时，创造和传播知识，从而促进国家的繁荣和全体社会的进步"视为使命。学校重视教学与科研，向全体师生提供了丰富多样的奖学金和科研经费。学校现有八大学院：医学院、管理研究与商业学院、应用科学学院、工程学学院、研究生院、人文与社会科学学院、技术学院及联合卫生科学学院。前七个学院的学生人数均为斯里兰卡之最。

参考文献

［1］中华人民共和国外交部.斯里兰卡国家概况［EB/OL］.https://www.mfa.gov.cn/web/gjhdq_676201/gj_676203/yz_676205/1206_676884/1206x0_676886/.

［2］中华人民共和国教育部教育涉外监管信息网.斯里兰卡［EB/OL］.［2022-03-20］.http://jsj.moe.gov.cn/n1/12064.shtml.

［3］MOHE.Overview［EB/OL］.（2020-06-11）［2020-06-20］.http://www.mohe.gov.lk/index.php/en/about-ministry/overview.

［4］张永富,徐辉.斯里兰卡高等教育的发展历程、现状与趋势［J］.

黑龙江高教研究，2021（5）:54-61.

［5］官品.斯里兰卡教育现状［J］.东南亚南亚研究，2017（1）：92-95.

［6］徐辉，张永富.斯里兰卡高等教育"战略管理计划（2013-2017）"的目标、内容及启示［J］.西南大学学报，2019（3）：81-87.

［7］官品."一带一路"视阈下中国与斯里兰卡的教育交流策略研究［J］.重庆师范大学学报，2017（3）：106-110.

［8］刘进，闫晓敏."一带一路"沿线国家的高等教育现状与发展趋势（二）——基于对波斯尼亚和黑塞哥维那、越南、斯里兰卡高等教育工作者的访谈［J］.世界教育信息，2018（6）：24-28.

［9］张慧芳."一带一路"倡议背景下中斯高等教育合作策略研究［J］.黄冈师范学院学报，2021，41（5）：61-71.

［10］UGC. Sri Lanka Qualifications Framework（SLQF）［EB/OL］.（2015-09-17）［2022-03-09］.https://www.eugc.ac.lk/qac/downloads/SLQF_2016_en.pdf.

［11］联合国教科文组织数据库.［DB/OL］.［2020-03-04］.http://data.uis.unesco.org/.

［12］University of Colombo. About us［EB/OL］.（2020-04-03）［2022-04-20］.https://cmb.ac.lk/about-us/.

［13］人民日报.斯里兰卡各政党领导人表示——"中国是斯里兰卡的真朋友"［EB/OL］.（2022-02-21）［2022-03-09］.http://www.scio.gov.cn/37259/Document/1720483/1720483.htm.

［14］王兰.斯里兰卡［M］.北京：社会科学文献出版社，2004：245.

［15］UGC. Student Enrolment［EB/OL］.（2020-06-11）［2022-03-09］.https://www.ugc.ac.lk/downloads/statistics/stat_2018/Chapter3.pdf.

［16］Sri Lanka Opens University System to Foreign Investors［EB/OL］.（2014-04-30）［2022-03-11］.https://thepienews.com/news/sri-lanka-opens-university-system-foreign-investors/.

［17］陈艳新."一带一路"视阈下中国与斯里兰卡的教育交流研究［J］.东西南北，2018（24）：177.

第五章　尼泊尔

第一节　国家概况

尼泊尔联邦民主共和国（Federal Democratic Republic of Nepal），简称尼泊尔，是南亚的内陆国，在喜马拉雅山南麓，北邻中国，其余三面与印度接壤，国土面积约 14.7 万平方公里。截至 2020 年，人口约 3 000 万人。首都加德满都，海拔约 1 400 米，常住人口约 500 万人。尼泊尔语为国语，上层社会通用英语。尼泊尔是多民族、多宗教、多种姓、多语言国家，居民 86.2% 信奉印度教，7.8% 信奉佛教，3.8% 信奉伊斯兰教，2.2% 信奉其他宗教。尼泊尔法定货币为尼泊尔卢比，货币代码为 NPR。2022 年 2 月，人民币与尼泊尔卢比汇率为 1∶18.94，美元与尼泊尔卢比汇率约为 1∶119.76。

13 世纪初，马拉王朝兴起，大力推行印度教。1768 年，沙阿王朝崛起并统一全国。1846 年，拉纳家族依靠英国支持夺取军政大权，并获世袭首相地位，国王成为傀儡。1950 年，尼泊尔人民掀起声势浩大的反对拉纳家族专政的群众运动和武装斗争，特里布文国王恢复王权，结束拉纳家族统治，实行君主立宪制。1960 年，马亨德拉国王取缔政党，实行无党派评议会制。1990 年，爆发大规模"人民运动"，比兰德拉国王被迫恢复君主立宪制。

1996 年，尼泊尔共产党（毛主义）宣布退出议会，开展人民战争。2001 年发生"王室血案"，比兰德拉国王等王室成员遇害，其胞弟贾南德拉登基。此后，贾南德拉国王解散议会，并于 2005 年亲政。2006 年，尼泊尔共产党（联合马列）等主要政党组成的"七党联盟"与尼泊尔共产党（毛主义）联合发起反国王街头运动。国王妥协，宣布恢复议会。随后，议会通过宣言，剥夺国王权力。2006 年 11 月，政党政府与尼泊尔共产党（毛主义）签署《全面和平协议》，宣布结束 11 年的武装冲突。2007 年，议会颁布临时宪法，组建包含尼泊尔共产党（毛主义）的临时议会，成立包含尼泊尔共产党（毛主义）的临时政府。2008 年，举行首届制宪会议选举，选后产生的制宪会议宣布成立尼泊尔联邦民主共和国，选举普拉昌达为总理。

2015 年 9 月，尼泊尔颁布新宪法。新宪法确定国家为联邦民主共和国；将全国划分为 7 个联邦省；总统为礼仪性国家元首和军队统帅，总理由议会多数党领袖担任；联邦议会实行两院制，由联邦院和众议院组成。2016 年 1 月，尼泊尔议会通过宪法第一修正案，将选举划分等条款的基本原则由比例包容制变为人口比例第一、兼顾包容原则。

尼泊尔新宪法颁布后，制宪会议自动转化为立法议会。2017 年 10 月，尼立法议会解散。2017 年 11 月至 2018 年 2 月，尼泊尔分阶段举行联邦议会众议院和联邦院选举。2020 年 12 月，奥利总理宣布解散联邦议会众议院。2021 年 2 月，最高法院裁决奥利做法违宪，众议院恢复。2021 年 5 月底，班达里总统在奥利建议下解散众议院。7 月，最高法院判决总统上述决定违宪，要求恢复众议院。

尼泊尔是农业国，经济落后，是世界上最不发达国家之一。20 世纪 90 年代初期，尼泊尔开始实行以市场为导向的自由经济政策，但由于政局多变和基础设施薄弱，收效不彰。尼泊尔严重依赖外援，预算支出 1/4 来自外国捐赠和贷款。2018—2019 财年，尼泊尔 GDP 为 304 亿美元，同比增长 7.1%，人均 GDP 为 1 049 美元。

1955 年 8 月 1 日，中国和尼泊尔建立外交关系。建交以来，中尼传统友谊和友好合作不断发展，两国高层往来密切。1996 年年底，江泽民主席对尼泊尔进行国事访问，两国建立面向 21 世纪的世代友好的睦邻伙伴关系。2019 年 10 月，习近平主席对尼泊尔进行国事访问，两国领导人宣布将中尼关系提升为面向发展与繁荣的世代友好的战略合作伙伴关系。

尼泊尔是亚洲基础设施投资银行创始成员国，中尼两国政府于 2017 年 5 月签署关于在"一带一路"倡议下开展合作的谅解备忘录，中尼先后签订贸易、经济技术合作、避免双重征税、交通、中国西藏自治区同尼泊尔通商等协定。中国是尼泊尔第二大贸易伙伴，2020 年中尼双边贸易额为 11.9 亿美元。

2000 年，中国在尼兰毗尼建成中华寺，同年，尼泊尔成为南亚第一个中国公民组团出境旅游目的地国。近年来中国稳居尼泊尔第二大游客来源国。2007 年，孔子学院落户加德满都大学。2009 年，两国建立青年交流机制。截至 2019 年，中国已在尼泊尔成功举办八届"中国节"活动和八届"中国教育展"活动。

第二节　高等教育发展历程

尼泊尔的现代教育始于拉纳家族时期。1850 年，拉纳家族第一任首相忠格·巴哈杜尔·拉纳访问英国，回国后有感于西方先进的教育模式，于 1853 年在自己的宫殿里开设了第一所英式学校。学校里设有英语、梵语、印地语、历史、地理、逻辑学、算术等多门课程，除梵语和印地语外，其他课程都用英语讲授。

尼泊尔高等教育可以从 1919 年拉纳家族执政时期特里昌德拉学院的成立算起，分为拉纳家族时期、潘查亚特时期和君主立宪制时期。

一、拉纳家族时期（1919—1950 年）

1919 年，昌德拉苏姆谢尔首相建立了尼泊尔历史上第一所学院——特里昌德拉学院，学院遵循印度巴特那大学的教育体制，设有两年制的数学、历史、逻辑等专科课程，教师来自印度，学生的考试也由巴特那大学负责组织和开展。继特里昌德拉学院之后，帕坦学院以及杜巴学院等其他一些政府学院在加德满都内外陆续成立，但是也都继续遵循巴特那大学的课程设置。

由于拉纳家族实行独裁统治，害怕教育会使人民觉醒，直接威胁自己的统治，故从一开始就执行愚民政策，并对知识分子和进步人士实施迫害。1951 年，在印度的支持下，尼泊尔大会党联合特里布文国王迫使拉纳家族末代首相交出政权，拉纳家族长达 104 年的统治宣告结束，国王重新掌握国家大权。

二、潘查亚特时期（1951—1990 年）

1951 年的政治变革之后，尼泊尔政府采取了一系列措施来建立一套完善的教育制度，以促进教育的发展。1951 年，尼泊尔组建教育和体育部，全面负责尼泊尔教育工作，尼泊尔的教育开始走上快速发展的道路。1954 年，尼泊尔组建了尼泊尔国家教育计划委员会（Nepal National Education Planning Commission）。

直到 1959 年特里布文大学在加德满都成立，尼泊尔人民才拥有了自己设计学习课程、自己组织开展考试并公布结果的大学。特里布文大学作为尼泊尔第一所也是当时唯一一所高等教育院校，对于尼泊尔高等教育的发展起到重要的作用。

特里布文大学在成立初期收到了大量来自中国、俄罗斯、英国、特别是美国的援助。统计显示，1951—1970 年，美国曾为其提供超过 2 000 万美元援助，其教育学院在 1956 年成立时，在技术方面也得到了美国的援助。

特里布文大学成立之后，其直属学院和社区学院纷纷成立，加入特里布文大学。直属学院由政府全额资助，社区学院由社区管理，只有少量的政府资助。

1961年尼泊尔实行评议会制度之后，成立了全国教育委员会（All Round National Education Committee），实施"教育体制计划"，引进美国大学学制。1968年，尼泊尔组建国家教育咨询委员会（National Education Advisory Board），旨在完善并实施尼泊尔的教育体制。各学院统一并入特里布文大学，并增加教育经费，逐渐达到政府财政支出的10%以上。1971年，尼泊尔实施第一个教育发展五年计划，学校数量与入学人数迅速增长。1951—1971年，尼泊尔高校数量从2所增加到33所，学生人数从250人增加到17 200人。

1973年，尼泊尔实施新的高等教育计划，规定全国所有的高校统一归特里布文大学管理，该校不属教育部管辖，由国王亲任校长。该教育计划遭到尼泊尔教育管理者以及师生的强烈反对，但是政府还是强行实施，结果引发了全国范围内的师生游行，导致了尼泊尔高等教育发展数年时间的停滞和混乱。

1980年，比兰德拉国王成立了高等教育委员会，推行高等教育的民主改革，给尼泊尔的高等教育带来了巨大的变化。在此之前，尼泊尔只有特里布文大学这一所大学，但是尼泊尔高等教育委员会引入了多所大学的概念，私立学院和社区学院得以再次独立运行，尼泊尔的高等教育也重归正轨。

三、君主立宪制时期（1991年至今）

1991年尼泊尔恢复多党制以后，高等教育的发展被视为国家发展的首要任务之一，正是在这样的背景下，根据《大学资助委员会法案》（1993），成立了新的由16名委员组成的国家教育委员会（National Education Commission）和大学资助委员会（UGC），以促进和支持高等教育的发展，教育取得迅速发展。全国先后成立了4所新的大学，包括加德满都大学（1991年私人集资兴办）、普尔阪查尔大学（1997年私人集资兴办）、博卡拉大学（1995年私人集资兴办）、蓝毗尼佛教大学。

1998年，尼泊尔政府又组建了高层次教育委员会（High Level Education Commission），以解决以往委员会报告的实施问题，并提出新的政策和项目以应对新的需求。

第三节　高等教育概况

一、教育体系

尼泊尔现行教育体制分为基础义务教育、中学教育和高等教育三个阶段。基础义务教育为8年（小学1~8年级），中等教育为4年，包括2年初中教育（9~10年级）和2年高中教育（11~12年级）。高等教育包括本科、硕士和博士三个阶段，硕士阶段还包含硕士文凭和哲学硕士。根据不同专业的要求，本科阶段为3至5年，硕士阶段通常为2年，硕士文凭通常为一年，博士阶段通常为3至4年。

尼泊尔教育部负责制定国家整体的教育政策和指令，其职责还包括课程和教科书的研发、教师的培训和招聘，以及组织制定国家统一考试。尼泊尔各高校受教育部下设机构大学资助委员会监督，大学资助委员会负责向各高校发放政府拨款，就设立新大学向政府提供建议，制定质量标准和高等教育政策。

职业教育和培训由教育部下属的自治机构技术教育和职业培训委员会负责，其职责包括监督各技术教育和职业培训学校，制定职业课程、测试要求和技能标准等。

二、分类及规模

尼泊尔高校下设学院，学院按照属性可以分为两类，即直属学院和附属学院，其中附属学院又分为社区学院和私立学院。

直属学院直接由所属大学管理和资助，是大学的重要组成部分。而附属学院提供由所附属的大学授予学位的课程，但由外部机构管理和资助。附属学院可以由私人资助或由当地社区资助。社区学院收取学费，同时接受大学资助委员会资助。私立学院的全部资金来自学费收入，虽然私立学院的课程必须按照其附属大学的学位课程进行教学，但通过外部考试来考核学生成绩。

尼泊尔大学资助委员会2019—2020学年报告显示，尼泊尔共有11所大学和4所独立医学院，共包含高校1 437所（见表5-1）。其中，有152所直属学院（占比10.58%）、749所私立学院（占比52.12%）和536所社区学院（占比37.30%）。有1 250多所高等教育院校提供本科学位，300多所院校提供硕博学位。

2020年，尼泊尔高等院校在校生人数共466 828人，其中167 107名学生就读于直属学院（占比35.80%），133 135名学生就读于社区学院（占比28.52%），166 586名学生就读于私立学院（占比35.68%）（见图5-1）。

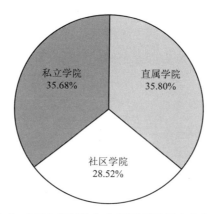

图5-1　2020年尼泊尔各类型学院学生人数占比

从学生就读专业来看，可以将专业分为13个专业类别。2020年，绝大多数学生就读于管理、教育、人文与社会科学等文科类专业。管理学、教育学、人文与社会科学、科学与技术、工程学、医学类专业的学生人数分别为202 756、89 149、58 889、37 342、29 800、27 774人，农业、佛教、林业、法学、梵文类专业学生人数都在1万人以下（见表5-2）。

表 5-1 2020 年尼泊尔高校学院数量及学生数量

序号	学校名称	成立时间	学院数量/所				学生数量/人			
			直属学院	社区学院	私立学院	合计	直属学院	社区学院	私立学院	合计
1	特里布文大学（Tribhuvan University）	1959年	62	529	553	1144	123 286	132 298	101 070	356 654
2	尼泊尔梵文大学（Nepal Sanskrit University）	1986年	15	2	2	19	2 565	143	120	2 828
3	加德满都大学（Kathmandu University）	1991年	9	—	15	24	8 886	—	9 757	18 643
4	普尔巴查尔大学（Purbanchal University）	1997年	5	5	106	116	1 562	694	25 271	27 527
5	博卡拉大学（Pokhara University）	1995年	9	—	58	67	3 143	—	29 441	32 584
6	蓝毗尼佛教大学（Lumbini Buddha University）	2005年	1	—	8	9	330	—	365	695
7	农业和林业大学（Agriculture and Forestry University）	2010年	11	—	7	18	3 866	—	562	4 428
8	远西部大学（Far Western University）	2010年	15	—	—	15	10 097	—	—	10 097

续表

序号	学校名称	成立时间	学院数量/所					学生数量/人			
			直属学院	社区学院	私立学院	合计	直属学院	社区学院	私立学院	合计
9	中西部大学（Midwestern University）	2010 年	18	—	—	18	9 754	—	—	9 754
10	尼泊尔开放大学（Nepal Open University）	2016 年	1	—	—	1	1 164	—	—	1 164
11	拉杰斯费纳纳克大学（Rajshi Janak University）	2017 年	1	—	—	1	186	—	—	186
12	B.P. 柯伊拉腊医学院（B.P. Koirala Institute of Health Sciences）	1993 年	1	—	—	1	1 348	—	—	1 348
13	国家医药科学院（National Academy of Medical Sciences）	2002 年	2	—	—	2	642	—	—	642
14	帕坦医药科学院（Patan Academy of Medical Sciences）	2009 年	1	—	—	1	219	—	—	219
15	卡尔纳利医学院（Karnali Academy of Health Sciences）	2011 年	1	—	—	1	59	—	—	59
			152	536	749	1 437	167 107	133 135	166 586	466 828

表 5-2　2020 年尼泊尔高校各专业类别学生人数分布情况

专业类别	男生/人	女生/人	总人数/人	占比/%
农业	3 037	2 446	5 483	1.17
畜牧渔业	472	172	644	0.14
传统医学	263	270	533	0.11
佛教	194	75	269	0.06
教育	28 311	60 838	89 149	19.10
工程	24 740	5 060	29 800	6.38
林业	1 122	799	1 921	0.41
人文与社会科学	30 285	28 604	58 889	12.61
法学	6 265	3 554	9 819	2.10
管理	88 721	114 035	202 756	43.43
医学	10 323	17 451	27 774	5.95
科学与技术	23 788	13 554	37 342	8.00
梵文	1 937	512	2 449	0.52
合计	219 458	247 370	466 828	99.98

从学生就读的学历层次来看，89.18% 为本科生，10.47% 为硕士生，只有 0.35% 为博士生（见表 5-3）。

表 5-3　2020 年尼泊尔高校各学历层次学生规模

单位：人

序号	学校名称	本科生	硕士文凭	硕士生	哲学硕士	博士生	合计
1	特里布文大学（Tribhuvan University）	322 540		32 998		1 116	356 654
2	尼泊尔梵文大学（Nepal Sanskrit University）	2 330		263		235	2 828
3	加德满都大学（Kathmandu University）	16 016	200	1 731	578	118	18 643

续表

序号	学校名称	本科生	硕士文凭	硕士生	哲学硕士	博士生	合计
4	普尔阪查尔大学（Purbanchal University）	24 370		3 141		16	27 527
5	博卡拉大学（Pokhara University）	28 813		3 693	63	15	32 584
6	蓝毗尼佛教大学（Lumbini Buddha University）	284	14	397			695
7	农业和林业大学（Agriculture and Forestry University）	3 629		687		112	4 428
8	远西部大学（Far Western University）	9 039		1 058			10 097
9	中西部大学（Midwestern University）	7 258		2 456	40		9 754
10	尼泊尔开放大学（Nepal Open Univeristy）	302		210	652		1 164
11	拉杰斯费纳克大学（Rajshi Janak University）	168		18			186
12	B.P. 柯伊拉腊医学院（B.P. Koirala Institute of Health Sciences）	1 018		329		1	1 348
13	国家医药科学院（National Academy of Medical Sciences）	349		293			642
14	帕坦医药科学院（Patan Academy of Medical Sciences）	145		74			219
15	卡尔纳利医学院（Karnali Academy of Health Sciences）	54		5			59
	合计	416 315	214	47 353	1 333	1 613	466 828

尼泊尔 11 所大学的经费由教育部统筹、大学资助委员会拨款，4 所独立医学院的经费由卫生和人口部统筹（见图 5-2）。

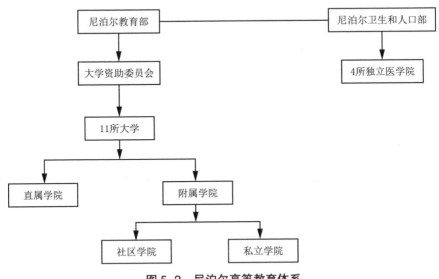

图 5-2　尼泊尔高等教育体系

三、招生机制

按照尼泊尔的教育制度，10 年级（相当于中国高中一年级）的学生将参加每年的全国初中毕业考试（Secondary Education Examination，SEE），然后根据成绩选择进入高中、中专或者终止学业。进入高中的学生根据自身兴趣，选择不同的学科方向，如理工类、管理类、教育类等。选择理工类的学生在 11 和 12 年级将学习物理、化学、生物、数学等课程，为今后在工程、科技、医学、生物技术等领域的深造打牢基础。

12 年级学生（相当于中国的高中三年级）毕业时需要参加由国家考试委员会举办的考试（高考升学考试），也被称作"10+2"考试，考试通过后获得国家考试委员会颁发的证书。

除参加国家统一的高考升学考试外，工程类和医学类专业往往还会要求学生参加由大学组织的入学考试。

学生也可以在 10 年级之后参加由大学开设的大学预科课程，从而获得"资格证书"。这些预科项目为期 2~3 年，通常将通识教育与专业课程相结合，完成预科学习后还需要通过大学的入学考试才能入学。

近年来，尼泊尔高等教育毛入学率为 15% 左右，处在精英化的高等教育发展阶段。具体而言，在性别分布上，2011—2013 年，尼泊尔的男性高等教育入学率高于女性，但从 2015 年和 2016 年的数据来看，女性高等教育的入学率正在赶超男性（见表 5-4）。

表 5-4　2011—2016 年尼泊尔高等教育毛入学率

单位：%

入学率	2011 年	2012 年	2013 年	2014 年	2015 年	2016 年
总入学率	14.35	—	16.89	15.82	14.95	11.80
男性入学率	17.84	—	18.60	—	14.78	11.40
女性入学率	11.27	—	15.34	—	15.10	12.20

注：2012 年及 2014 年的数据缺失。

根据联合国教科文组织采用的国际教育标准分类法（International Standard Classification of Education，ISCED），尼泊尔的学历层次共分为 9 级（ISCED 0~8），其中高等教育阶段包括 4 个级别：ISCED5 等同于大学预科（Short-cycle Tertiary Education）、ISCED6 等同于学士或同等水平（Bachelor's or Equivalent Level）、ISCED7 等同于硕士或同等水平（Master's or Equivalent Level）、ISCED8 等同于博士或同等水平（Doctoral or Equivalent Level）。就 ISCED6 来看，从 2013 年起，尼泊尔的高等教育入学率逐年递减，其中递减人数在性别上表现为男性递减幅度大于女性；就 ISCED7 来看，在原先入学率递减的情况下，2015 年入学人数出现了较大增长，但该趋势未能得以延续，到 2016 年入学率人数呈现下滑状态；就 ISCED8 来看，其入学人数虽然较少，但相对于本科和硕士阶段而言，一直呈现上升的趋势，其中男性数量远高于女性（见表 5-5）。

表 5-5 2013—2016 年尼泊尔高等教育各阶段（本硕博）男女入学人数

单位：人

年份	ISCED 6			ISCED 7			ISCED 8		
	总数	男性	女性	总数	男性	女性	总数	男性	女性
2013	406 805	208 230	198 575	69 860	41 423	28 437	412	372	40
2014	398 628	—	—	59 810	—	—	183	—	—
2015	332 312	152 189	180 124	112 563	62 568	49 995	448	380	68
2016	318 753	150 606	168 147	41 361	21 357	20 004	963	819	144

注：2014 年数据缺失。

四、人才培养模式

尼泊尔教育部的资料显示，尼泊尔高等教育的主要目标包括：依据国家的需求为人民提供高等教育；保护和发展民族的历史和文化遗产；促进社会和经济正义；缓解贫困；培养全球范围内胜任的人力资源，积累、推动和传播知识；鼓励和促进在艺术、科学、商业以及职业教育领域的研究；以高等教育为媒介，培养大学生的人格。

尼泊尔标准的学士学位课程通常为 3 年或 4 年，并且越来越多的专业将延长至 4 年。三年制专业主要包括人文与社会科学类，工程、技术、农业、护理类专业为四年制。大部分院校采用学年制教学，并在年终进行考试和考核，特里布文大学部分学院和加德满都大学已改革为学期制。

硕士学位课程需要获得学士学位后才能申请。硕士学位学制为两年，通常与本科学习同一专业领域。论文通常是必需的，但并非所有专业都是强制性的。还有一种等同于研究生学历的研究生文凭证书，通常是本科毕业后学习一年应用类专业获得，如女性研究等。博士学位学制为 3~5 年。博士阶段没有课程的学习，需要完成博士论文。

尼泊尔的高等教育没有统一的全国性评分标准，不同高校采用不用的评分方式，有的使用从 A 到 F 字母等级量表，有的使用百分制量表

（见表5-6）。目前特里布文大学在其研究生课程中改用字母等级系统，但在本科课程中仍采用百分制。

表5-6 尼泊尔高校通用成绩等级表

成绩分数段	成绩描述	A~F等级量表
75~100	优异	A
60~74	一等	A
45~59	二等	B
35~44	及格	C
0~34	不及格	F

在国际开发署和世界银行的支持下，尼泊尔于2007年建立了高等教育保障和认证体系，在大学资助委员会下设高等教育保证和认证办公室。2009年，特里布文大学的附属学院Balkumari College通过认证，是尼泊尔第一所通过认证的高校。截止到2021年，尼泊尔1 437所高校中已有384所提交认证申请，167所高校完成自评报告，75所高校完成互评，53所高校通过认证。

五、学生毕业情况

尼泊尔大学资助委员会各年度报告显示，2013—2016年尼泊尔高校毕业生人数持续增长，2017—2020年有所回落（见表5-7）。

表5-7 2013—2020年尼泊尔高校毕业生人数

单位：人

年度	2013—2014	2014—2015	2015—2016	2016—2017	2017—2018	2018—2019	2019—2020
毕业生人数	58 802	72 579	90 428	90 992	88 115	84 510	79 541

六、经费

联合国教科文组织公布的数据显示，1998—2018 年，尼泊尔教育经费占 GDP 的比重的平均值为 3.55%；1998 年最低，为 2.89%；2017 年最高，为 4.77%（见图 5-3）。

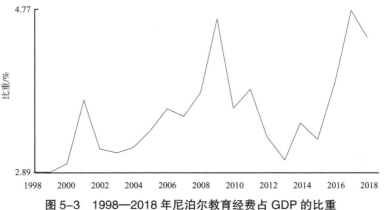

图 5-3　1998—2018 年尼泊尔教育经费占 GDP 的比重

2000—2018 年，尼泊尔教育经费占政府总支出的比重的平均值为 19.47%；2018 年最低，占比 14.10%；2006 年最高，占比 25.5%。（见图 5-4）。

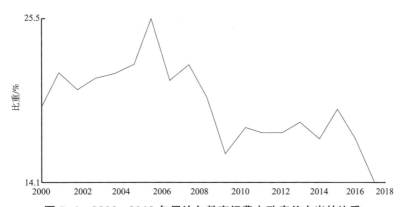

图 5-4　2000—2018 年尼泊尔教育经费占政府总支出的比重

尼泊尔大学教育资助委员会各年度报告显示，2015—2020 年尼泊尔高等教育投入逐年增长（见表 5-8）。

表 5-8 2015—2020 年尼泊尔高等教育投入

单位：百万尼泊尔卢比

年度	2015—2016	2016—2017	2017—2018	2018—2019	2019—2020
投入	6 536.8	9 117.04	9 310	11 370	13 460

第四节　高等教育国际化

一、国际化历程

尼泊尔高等教育的国际化历程以马亨德拉国王打破拉纳家族时期的闭关锁国孤立外交政策，建立多边外交关系为开端。作为一个长期封闭的贫困内陆国家，依靠自身有限的资源难以在短期内实现现代化的发展目标，因此，吸引外援就成了当时国家发展的战略之一。

在潘查亚特时期，几乎所有专业培训机构都是各国经济援助计划的一部分。美国早期的援助在尼泊尔颇见成效，他们帮助尼泊尔扩展了国家教育系统，并建立起相关的教师培训机构。在 1980 年至 1990 年间，美国对尼泊尔留学生授予的奖学金包括博尔布莱特奖金等，这些国家奖学金构成了其对尼泊尔援助的重要部分。

苏联在高等教育阶段特别是工程和医学领域对尼泊尔学生提供奖学金，自 20 世纪 70 年代开始，每年有 60~65 名学生得到奖学金并被苏联的高院校录取，他们在苏联留学的时间要比在印度或者美国的同学学习时间更长。在潘查亚特时期，共有 2 000 余名尼泊尔学生获得奖学金赴苏联学习。

尼泊尔也吸引了来自印度的教育投资，建立提供医学教育的机构，其目的是吸引来自印度和其他国家的外国学生，因为他们能够为此支付高额费用并提供巨额捐款。例如，印度教育集团曼尼帕尔和医疗集团在尼泊尔建立了一所医学和牙科学院。

2019年11月7日，尼泊尔大学资助委员会与印度国家评估与认证委员会签署合作协议，旨在促进两国在教师交流、学分互认、评估认证等方面的合作。

二、国际化内容

（一）学生的国际流动

尼泊尔经济不发达，缺乏一流大学、奖学金和研究生工作机会，限制了该国作为国际学生目的地的吸引力。虽然邻国通常是学生流入的来源，但尼泊尔的情况并非如此——印度和中国都没有派出大量学生。联合国教科文组织统计研究所2011年统计数据显示，共有107名国际学生在尼泊尔留学。国际教育研究所报告称，2016—2017学年有370名美国学生在尼泊尔学习。

尼泊尔高等教育60年的发展历程并不乐观，作为最不发达的国家之一，加德满都有超过200个教育咨询公司，努力帮助那些能支付大学费用的学生前往国外求学。

近年来，尼泊尔的高等教育出国留学一直基本保持蓬勃发展的趋势，2006—2017年，尼泊尔学生出国留学人数猛增287%，2017年达到44 255名学生（见图5-5）。虽然这个数字比来自中国、印度、越南等主要亚洲输出国的留学学生人数要少，但应该注意的是，尼泊尔的出国留学比率——即出国留学人数占所有学生人数的比例，要比其他国家高得多。2016年，尼泊尔的出国留学比率为12.3%，而印度、中国和越南分别为0.9%、1.9%和3.0%。

尼泊尔学生出国留学最喜欢的目的地国家包括澳大利亚、印度、美国、日本和英国。过去几年，留学澳大利亚的尼泊尔学生人数激增，尼泊尔已成为仅次于中国和印度的澳大利亚的第三大留学生生源国。根据澳大利亚政府教育和培训部发布的数据，截至2017年11月，留学澳大利亚的621 192名国际学生中有5%来自尼泊尔。一流大学数量众多，且与美国和英国等国家相比，澳大利亚签证规定简化、学习成本相对较低，使得澳大利亚很可能在未来继续成为尼泊尔学生的主要目的地。留

图 5-5　2006—2017 年尼泊尔学生出国留学人数

数据来源：联合国教科文组织统计研究所

学美国的尼泊尔学生人数在过去几年也在迅速增加，虽然 2016—2017 年，韩国、日本等其他亚洲国家的留学美国的人数有所下降，但来自尼泊尔的留学生人数增加了 20% 以上，是 2005—2006 年留学美国人数的 2 倍。2017 年，共有 11 607 名尼泊尔学生在美国留学，留学生人数在美国位列第 13，其中 54% 的学生攻读本科学位，34.4% 的学生攻读硕博学位。

出国留学的尼泊尔学生多选择 STEM 专业，如数学、计算机、物理、生命科学、工程类等。STEM 专业能够吸引尼泊尔学生可能是由于尼泊尔的 STEM 教育在很大程度上仍然不发达，技术领域的毕业生回国后有更好的就业前景。

在大量尼泊尔学生选择出国留学的同时，尼泊尔的劳动力也同样大量向国外流动，2019 年多达 400 万尼泊尔劳动力（占总劳动力人数的 28%）选择前往海外工作以寻求更好的机会和发展。

（二）国际化合作

国际化合作以加德满都大学为例介绍。加德满都大学作为尼泊尔第一所自治的非政府大学，在起步阶段与亚洲以及其他地区的高校之间进行了多种形式的合作。开始的第一个 5 年时间里，印度加尔各答管理学院每年都派送两批来访教师，这对加大 MBA 课程的开展非常关键。加德满都大学还从印度请来了杰出教师在各个系部任教。第二个 5 年时间里，博拉科技学院、印度技术学院、马尼帕尔高等教育学院、安娜大学给予了加德满都大学更多的支持。其他给予加德满都大学支持的还有南亚地区的兄弟大学，如斯里兰卡的科伦坡大学和孟加拉的达卡大学。

值得一提的是，加德满都大学还与世界其他一些领先的学术机构都建立了合作关系。例如，为了在医学院开展问题型教学模式，加德满都大学与哈佛大学进行了合作，哈佛大学派来大学教师和职业医生对加德满都大学师生进行培训和授课。合作规模最大、时间最长的是挪威科技大学。瑞士苏黎世大学和马斯特里赫特大学也是加德满都大学的重要合作伙伴。

第五节　中尼高等教育交流与合作

中尼之间有着上千年友好交往的历史。1955 年 8 月 1 日建交以来，两国人民之间的传统友谊和友好合作关系不断发展。中尼之间的高等教育交流主要体现在尼泊尔研究中心的建立、中国援建学校、中尼高校合作、学生流动、开展对方国家语言教学等方面。

一、尼泊尔研究中心的建立

截至目前，中国已有 4 所高校建有尼泊尔研究中心，分别是河北经贸大学尼泊尔研究中心、北京外国语大学尼泊尔研究中心、三峡大学尼泊尔研究中心和西北大学丝绸之路研究院尼泊尔研究中心。有两所高校开设尼泊尔语的学习，分别是中国传媒大学和北京外国语大学。

（一）河北经贸大学尼泊尔研究中心

河北经贸大学尼泊尔研究中心是中国首家专门从事尼泊尔研究的学术机构，于 2014 年 7 月 16 日在河北经贸大学成立，尼泊尔联邦民主共和国驻华大使马赫什·库马尔·马斯基出席揭牌仪式并为尼泊尔研究中心揭牌。

（二）三峡大学尼泊尔研究中心

三峡大学尼泊尔研究中心成立于2014年，结合三峡大学学科和地域特色，以水资源研究为切入点，充分发挥学校水利电力学科优势，并通过与尼泊尔开展国际教育交流合作，全面推进对尼泊尔的政治、经济、文化和社会研究，重点关注尼泊尔的水资源政策、状况、地缘政治优势，并以此为中心，辐射到对南亚国家的经济、政治和文化的关注。

（三）北京外国语大学尼泊尔研究中心

2017年3月26日，北京外国语大学尼泊尔研究中心正式揭牌成立，尼泊尔总理普拉昌达、北京外国语大学校长彭龙参加揭牌仪式。北京外国语大学尼泊尔研究中心旨在整合国内外资源，打造国内尼泊尔国别研究及尼泊尔语高端人才培养的前沿阵地，积极搭建国内尼泊尔研究领域对外开展学术合作、人才交流的平台，努力成为国际知名国内著名的尼泊尔问题研究平台、国家制定对尼政策的重要智库。

（四）西北大学丝绸之路研究院尼泊尔研究中心

西北大学丝绸之路研究院尼泊尔研究中心于2018年4月10日由尼泊尔联邦民主共和国总理马达夫·库马尔·内帕尔和西北大学校长郭立宏共同揭牌成立。中心旨在积极钻研尼泊尔问题，围绕"一带一路"倡议下的中尼关系等课题开展研究，为两国交往建言献策；加强西北大学与尼泊尔高校和科研机构在学术交流方面的合作；促进两国政治互信、经济合作以及人文交流，为中尼两国人民交往贡献智慧和力量。

二、中国援建学校

2015年尼泊尔"4·25"大地震后，中国迅速向尼泊尔派出了救援队，提供了大量救灾物资，持续支持尼泊尔开展灾后重建，并承诺为尼泊尔实施25个重建项目。

2017年6月30日，中国援尼泊尔国家武警学院项目交接仪式在加德满都隆重举行。项目由中铁十四局集团承建，于2015年4月16日开工建设，此后经历了尼泊尔"4·25"大地震、尼泊尔燃油危机等重重考验。经过各参建单位 2 年的艰苦奋战，项目保质按期交付尼方，受到尼泊尔政府及社会各界盛赞。

2017 年 9 月 1 日，尼泊尔"4·25"大地震后，中国援建的苏宁·Yuba Sahabhagita 学校交付仪式在尼泊尔首都加德满都举行。苏宁·Yuba Sahabhagita 学校的竣工谱写了"一带一路"倡议下中尼友好的新篇章。

三、中尼高校合作

2016 年 3 月 20 日至 27 日，尼泊尔总理奥利在对中国进行正式访问期间，走访了四川大学、西安医学院和中国人民大学。"我恳请四川大学继续加强与尼泊尔大学和研究机构的合作，更多地接触、更多地互动。"在谈到中尼教育合作时，奥利谦虚地使用了"恳请"二字。他表示，尼泊尔也是深受自然灾害困扰的国家，对于四川大学在防灾减灾、灾后管理与重建方面的研究和技术，尼泊尔需要学习。3 月 25 日，在奥利的见证下，西安医学院与尼泊尔国家医药科学院签订了友好合作协议，并聘请尼泊尔的拉吉姆教授为西安医学院"中尼友好实验室"主任。

2020 年 12 月，武汉大学（中国）—加德满都大学（尼泊尔）"喜马拉雅水电研究中心"揭牌仪式在武汉大学举行。中心紧密围绕喜马拉雅区域水资源开发中的关键问题开展工作，并致力于把中心建设成为科研合作、人才培养、实践应用的国际平台，形成水资源开发领域的区域智库，更好地服务"一带一路"水电建设。

四、学生流动

为了加强双方交流，中国每年向尼泊尔提供 100 个政府奖学金名额。河北经贸大学与加德满都大学施行学分互认，加德满都大学学生在通过汉语水平考试后可以到河北经贸大学学习。

根据教育部《来华留学生简明统计》，2015—2018 年，尼泊尔学生留学中国大陆人数逐年递增（见表5-9）。

表5-9　2015—2018年尼泊尔来在国大陆留学人数

单位：人

年份	2015	2016	2017	2018
尼泊尔学生留学中国大陆人数	4 062	5 160	6 394	6 986

数据来源：《来华留学生简明统计》。

五、中文教育

（一）起源与规模

尼泊尔汉语教育有150多年的历史，最早开设汉语课程应该追溯到19世纪60年代，也就是拉纳家族统治时期，但由于种种原因，汉语教育曾一度陷入低谷，没有持续发展。直至1961年，尼泊尔组建了全国教育委员会，实施《教育体制计划》，加上中国和尼泊尔建交，在这种良好的时代背景下，特里布文大学的国际语言学院首次开设汉语课程，中国向该学院选派汉语教师，并一直延续至今。近10年来，汉语教育在尼泊尔蓬勃发展，势头强劲。各大、中、小学及语言培训机构也争相开设汉语课程，甚至一些幼儿园也跃跃欲试，开始准备开设汉语课。还有一些和中国有贸易往来的本地人，为了本人事业发展的需要或者希望孩子学会汉语后能有更好的发展前景，也常常请老师到家里教授汉语。由此可见，尼泊尔的汉语教育具有很大的发展潜力，前景可观。

特里布文大学国际语言学院是尼泊尔最好的外语学院，该院共开设了10多种外语课程，也是最早开设中文课程的教学机构。自20世纪60年代初开始，中国教育部从未间断向尼泊尔特里布文大学国际语言学院中文系派遣中文教师。截止到2014年，已有多位教师前往特里布文大学，与本地教师一起共同担任中文系的汉语言文化教学工作。目前中文系已经超过其他系成为该院人数最多的系，从最初的个位数学生发展成为有400多名学生的大系。

特里布文大学中文系如今已经发展成为国际语言学院仅有的开设六学期课程的三个外语系（汉语、日语和德语）之一，加之学费便宜（一学期学费折合人民币 100 多元），地处首都市中心，学院已成为尼泊尔大部分汉语学习者的首选学习场所，也是尼泊尔唯一对汉语进行系统教学的学校，同时该学院为尼泊尔社会提供翻译、导游等高级汉语人才。但遗憾的是，很长时间以来它都不是正规的学位教育（从性质上来说，它还是属于培训课程），完成三年的学习后，学生也只能拿到该学院的成绩单。2014 年，在中国驻尼泊尔使馆、中国公派教师和该学院领导的共同努力下，该院获得了汉语学士学位授予权，这预示着尼泊尔的汉语教育事业将翻开新的篇章。

（二）孔子学院和孔子课堂

目前尼泊尔共有 2 所孔子学院和 6 个孔子课堂，分别是加德满都大学孔子学院和特里布文大学孔子学院，加德满都大学孔子学院下属的 4 个孔子课堂（加德满都谷地 2 个，博克拉和拜拉瓦各 1 个）、CRI 孔子课堂（尼泊尔—中国人民友好联络委员会广播孔子课堂）和 LRI 国际学校（Learning Realm International School）孔子课堂。

2007 年，由河北经贸大学和加德满都大学共同创办的尼泊尔第一所孔子学院在加德满都大学管理学院揭牌。加德满都大学孔子学院根据尼泊尔的实际情况，陆续邀请河北经贸大学的教授和学者，制订适合的教学计划，为高中和大学、社会团体、企业和个人提供汉语和文化课程，并协助促进尼泊尔和南亚汉语、中国文化、汉语学习以及商务汉语的全面发展。

加德满都大学孔子学院共设有 4 个孔子课程和 9 个教学点，提供不同级别的课程，如本科汉语必修课和选修课、研究生汉语选修课、成人汉语课程、当地教师汉语培训、小学汉语课程等，以及商务、旅游、媒体记者汉语课程。该孔子学院是汉语水平考试、汉语水平考试口语考试（HSKK）和青年汉语考试（YCT）的考试中心。2013 年共有 307 人参加汉语水平考试。

加德满都大学孔子学院在致力于汉语教学的同时，积极开展中国文化节、表演、汉语教材展览、文化讲座、研讨会和各种汉语游戏等文化活动。尼泊尔教育部部长、中国驻尼泊尔大使、尼泊尔友好协会主席参加各种文化活动。2013年，20名学生获得孔子学院总部来华留学奖学金，18名学生参加来华夏令营，15名学生参加来华冬令营。该孔子学院自成立以来，在促进双方文化交流方面起到了巨大作用。

自2017年以来，东华理工大学与尼泊尔特里布文大学积极筹建孔子学院，双方多次磋商、深入探讨，大力推进各项合作计划落地生根。2019年10月13日，国家主席习近平访尼，开创了中尼关系新局面，习近平主席与尼泊尔总理奥利共同见证了孔子学院总部与尼泊尔特里布文大学的《关于合作设立尼泊尔特里布文大学孔子学院的协议》签署。特里布文大学孔子学院于2020年4月正式成立，中方合作院校为东华理工大学与青海民族大学。

CRI孔子课堂成立于2009年8月，中方负责人1名，外加5位志愿者老师，负责在2所中小学和1所旅游专业学校开展汉语教学工作。该课堂依托国际广播电台的媒体优势，把汉语教学和广播电视节目制作相结合，对宣传汉语教学和各类文化活动的开展起到了很大的作用。

LRI国际学校孔子课堂成立于2011年11月，由北京汉语国际学院和北京第八十中学与尼泊尔LRI国际学校合作成立，也是第一个在尼泊尔中小学独立设置的孔子课堂。

第六节　代表性大学

一、特里布文大学

特里布文大学（Tribhuvan University），建于1959年，是尼泊尔规模最大、历史最为悠久的一所大学，以尼泊尔老国王特里布文（1951—1955年在位）的名字命名。学校的中央行政办公室和中央校区位于基蒂普尔（Kirtipur）的东北面。基蒂普尔是一个古老的小镇，距离加德满都市中心5公里。

在1980年以前，特里布文大学仅依靠其本部以及几所直属学院为尼泊尔学生提供高等教育。然而追求高等教育的学生数量不断增长，特里布文大学自身已经无法容纳足够的学生，满足不了学生的需求。因此，从1980年起，特里布文大学开始成立了众多私立学院，以附属学院的模式为学生提供不同层次的教育。

在2006年第二次民主运动之后，尼泊尔总理担任学校主要负责人，教育部部长担任校长。特里布文大学是尼泊尔政府资助的非营利自治机构。2013年1月8日，尼泊尔政府宣布特里布文大学为中央大学。

特里布文大学设有5个学院（工程学院、医学院、林业学院、农业和动物学院、科学技术学院）和4个院系（法学系、人文与社会科学系、管理系、教育系），下设40个部门、62个直属学院和1 062所不同学科的附属学院。特里布文大学教职员工15 000人。2020年直属院校注册学生总数35.6万余人，近90%的尼泊尔大学生毕业于该校。

特里布文大学目前已经与世界上170多所大学和教育机构建立合作关系。

二、加德满都大学

加德满都大学（Kathmandu University）是一所自治的、非营利、非政府机构私立大学，建于1991年1月。大学愿景是"成为一所致力于将知识和技术服务于人类的世界一流大学"。

加德满都大学设有人文与艺术学院、教育学院、工程学院、法学院、管理学院、医学科学学院、理学院7个学院，开设从中学到博士学位140多个长、短期项目，其中很多专业是首次引进到尼泊尔的并且现已成为该校优势专业，如工商管理、药学、环境科学、生物技术、人类生物学、机械工程、计算机工程、电气和电子工程、地理信息工程、发展研究、社会工作、技术教育、媒体研究、土木工程、景观管理和遗产研究、胃肠病学（医学博士）、神经病学（医学博士）和冰川学（研究硕士）。截至2018年12月，已培养28 794名毕业生。

学校实行学分学期制，教学计划按连续的内部评估进行，校历严格按照最低不少于230天的时间制定。学生的录取除了依据笔试和面试成绩，还要参考学生品德以及先前的考试分数。

为了不断提升教育水平，加德满都大学已经成功与28个国家50余所大学和机构建立合作，开展师生交流交换、学分互认和联合研究等项目。加德满都大学与河北经贸大学、暨南大学、西藏社会科学院、三峡大学、云南广播电视大学等中国高校签订了合作协议。

三、博卡拉大学

博卡拉大学（Pokhara University）是尼泊尔一所公立大学，建于1997年，坐落于尼泊尔西部博卡拉地区，学生规模仅次于特里布文大学，现有学术机构23个，其中包括学士学位、硕士学位以及博士学位授予点。尼泊尔总理是博卡拉大学的校长，尼泊尔教育部部长是该校的代理校长。博卡拉大学主要由科学技术学院、管理学院以及人文与社会科学院组成，在校学生超过3万人。

在尼泊尔政府的政策推动下，博卡拉大学努力推进其教学和研究工作，力求发展成为多领域综合高等教育机构，达到全球卓越标准。学校已成功与21个国家和地区的65所大学或机构建立了合作关系，并致力于开展更多的国际合作。博卡拉大学与吉林大学、中国科学技术大学、青海民族大学、四川大学、南华大学等中国高校签订了合作协议。

参考文献

［1］朱嘉婧.试述潘查亚特体制下尼泊尔教育发展的成就及其原因［J］.西安：西部学刊，2019（7）：121-123.

［2］刘进，陈成."一带一路"沿线国家的高等教育现状与发展趋势研究——以尼泊尔为例［J］.北京：世界教育信息，2018（19）：27-29.

［3］尼泊尔教育部. http://www.doe.gov.np/.

［4］杨思灵，高会平."一带一路"：中国与尼泊尔合作的挑战与路径［J］.北京：南亚研究，2017（1）：1-21.

[5] MADAN R P. Tribhuvan University and Its Educational Activities in Nepal[D]. Denton, Texas: University of North Texas, 1989.

[6] Education System of Nepal: Impacts and Future Perspectives of COVID-19 Pandemic[J]. Heliyon, 2021（7）:1-6.

[7] 苏利仕·拉加·沙玛. 亚洲高等教育面临的机遇和挑战——以尼泊尔加德满都大学为视角[J]. 北京：世界教育信息，2011（4）: 77-80.

[8] 武汉大学与尼泊尔加德满都大学共建喜马拉雅水电研究中心.[EB/OL]. https://baijiahao.baidu.com/s?id=1686292232576554936&wfr=spider&for=pc.

[9] 西北大学丝绸之路研究院尼泊尔研究中心.[EB/OL]. https://isrs.nwu.edu.cn/info/1029/2097.htm.

[10] 邹学娥. 尼泊尔汉语教育现状分析[J]. 国际汉语教育：2014（2）: 97-102.

第六章　不丹

第一节　国家概况

不丹王国（The Kingdom of Bhutan），简称不丹，位于喜马拉雅山脉东段南坡，东、北、西三面与中国接壤，南部与印度交界，为内陆国，国土面积约3.8万平方公里。截至2020年，人口约74.9万人。首都是廷布，人口约13万人。不丹语（又叫"宗卡语"）为官方语言。不丹居民中不丹族约占总人口的50%，尼泊尔族约占35%。藏传佛教（噶举派）为国教，尼泊尔族居民信奉印度教。不丹法定货币为努扎姆，货币代码为BTN，与印度卢比等值。2022年2月，人民币与努扎姆汇率约为1∶11.75，美元与努扎姆汇率约为1∶74.7。

公元7世纪起不丹为吐蕃王朝属地，9世纪成为独立部落。12世纪后，藏传佛教竺巴噶举派逐渐成为执掌世俗权力的教派。18世纪后期起不丹遭英国入侵。1907年建立不丹王国。1910年1月，不丹同英国签订《普那卡条约》。1949年8月，不丹同印度签订《永久和平与友好条约》。1961年以来，不丹国王多次公开表示要保持国家的主权和独立。1971年不丹加入联合国，1973年成为不结盟运动成员，1985

年成为南亚区域合作联盟成员。2007年2月，不丹同印度签署经修订的《不印友好条约》。1998年，第四世国王吉格梅·辛格·旺楚克不再兼任政府首脑，将政府管理权移交给大臣委员会。2001年，不丹成立宪法起草委员会，启动制宪工作。2006年，第四世国王吉格梅·辛格·旺楚克让位于其子吉格梅·凯萨尔·纳姆耶尔·旺楚克。2007年12月，不丹举行首次国家委员会（上院）选举。2008年3月，不丹举行首次国民议会（下院）选举，成立首届民选政府，这标志着不丹开始向君主立宪制转变。2008年7月不丹颁布首部宪法。宪政改革后，不丹国内政治形势发生重大变化，新政府致力于应对金融危机和国内自然灾害，大力发展经济，巩固国内民主体制，同时逐步扩大对外交往，强化主权国家地位。

不丹是农业国，是世界上最不发达国家之一。2016年，在联合国发展署发布的全球人类发展报告中，不丹排名第134。不丹1961年起开始实行经济发展的"五年计划"，并从印度、瑞士、联合国开发计划署等国家和国际组织获得经济援助。2013—2018年为不丹第11个"五年计划"，总投资约2 132.91亿努扎姆，较上一个"五年计划"增长45.8%，主要目标是实现社会经济自给自足、包容、绿色发展。2019年不丹GDP为1 782.02亿努扎姆，同比增长5.46%，人均GDP为240 270.48努扎姆。

多年来，由于历史文化、地缘政治和大国关系的综合影响，中不两国保持着"不建交""不对抗"的和平往来状态。在政治上，中不两国保持良好关系，高层领导进行友好往来。1971年10月25日，在联合国第二十六届大会上，不丹投票赞成恢复中国在联合国的合法席位。1974年，不丹邀请当时中国驻印度使馆临时代办马牧鸣出席第四世国王吉格梅·辛格·旺楚克的加冕典礼。自1979年起，两国领导人每年均互致国庆贺电。不丹在联合国人权大会上和世界卫生大会上连续支持中国挫败反华、涉台提案，在涉藏问题上坚持"一个中国"立场。2012年，中不两国政府在联合国可持续发展大会期间首次进行政府首脑会晤，中方表示愿同不丹建立正式外交关系，加强各领域交流。

近年来，中不交往逐渐增多。2018 年 7 月，外交部副部长孔铉佑访问不丹，拜会国王和首相，同外交大臣进行会谈，并就双边关系、边界问题、国际地区问题等进行沟通。不丹表示，希望中国的"一带一路"倡议取得良好发展。由于中国同不丹两国的边界始终无法划定，1998 年，为和平解决两国边界问题，中不签署了两国政府间第一个协定《中华人民共和国政府和不丹王国政府关于在中不边境地区保持和平与安宁的协定》。截至 2021 年 7 月，双方已举行了 24 轮边界会谈以及 10 次边界问题专家组会议，双方共同致力于边界问题的早日解决。

近年来，中不在文化、教育等领域的交往也取得较大发展。2005 年 4 月，文化部部长助理丁伟率中国艺术团首次赴不丹演出获得成功。2010 年 9 月，不丹松珠活佛赴西藏自治区朝圣。11 月，不丹亲王、不丹奥委会主席吉格耶尔·乌金·旺楚克赴广州出席第 16 届亚洲运动会开幕式。2011—2012 年，不丹公主德禅·旺姆·旺楚克先后赴西藏自治区和五台山朝佛。2014 年 2 月，文化部组织中国艺术团赴不丹首都廷布举行访演。2016 年 12 月，中国佛教协会会长学诚法师率首个中国宗教友好代表团访问不丹。2019 年 5 月，中国农业农村部总畜牧师马有祥率团访问不丹。

第二节　高等教育发展历程

不丹现代教育的源头可以追溯到 1914 年在不丹西部的哈宗地区创立的两所学校，这两所学校的成立标志着不丹现代世俗教育正式开始。由于地理位置较为闭塞，不丹直到 20 世纪 60 年代初才慢慢脱离与世隔绝的状态。随着 1961 年首个不丹五年计划的开展，不丹建立了综合现代教育体系。

1983 年，位于不丹东部的舍若奇学院开设了不丹第一个授予文学士学位的教学项目，并提供三年制的艺术、科学和商业学类课程，这标志着不丹高等教育的正式起步。舍若奇学院为日后的不丹发展提供了许多人才，不少毕业生活跃于不丹政界、商界、学界等社会领域。

舍若奇学院在1968年建校时仅是一个高中，此后于1976年转型为提供大学预科性质教育的青年学院，1983年在联合国的帮助下通过引入外国高等教育资源才成为高等学校。这一"升级"历程在不丹十分典型，不丹的其他高校大多同舍若奇学院一样，是在基础教育、培训教育或者职业技术教育办学经验已较为丰富的情况下，通过引入高等教育学位项目实现"转轨升级"。

不丹高等教育起步之时，全国尚无一所大学，舍若奇学院只得附属于印度德里大学，由德里大学负责其课程设置、学生成绩评定以及学位授予事宜，诸多师资也来自印度。为摆脱"在本国学习，拿外国学位"的尴尬处境，在不丹各界的努力之下，不丹皇家大学于2003年正式宣告成立。该大学由不丹国王亲任校长，学校的最高管理机构——大学委员会由不丹政府任命。尽管该大学同政府之间关系紧密，但其办学活动、经费使用、学术发展等仍具有较高自主权。皇家大学的成立，标志着不丹拥有了第一所能够自颁文凭的大学，不丹教育现代化事业走上了一个新的台阶。

不丹皇家大学在成立之初，是由舍若奇学院、帕罗教育学院、萨姆奇宗教育学院、语言文化学院、自然资源学院、旺楚克工学院等10所学院合并而来，2008年新成立了加都商学院，2009年新成立了皇家廷布学院。

2013年，不丹历史上的第一所专门大学——凯撒尔嘉波医药大学成立，该大学的办学宗旨是整合国内的医药科学研究资源，为医药教育的发展提供支持，并切实提高卫生健康事业发展水平。在高等教育资源还比较稀缺的情况下，不丹政府兴建的第一所专门大学即为医科大学，既体现了其保护传统医药文化的决心和意志，也反映了实用主义优先的高等教育办学方向。

第三节 高等教育概况

一、教育体系

不丹实行的是寺庙教育与现代世俗教育并行的双重制度，注重培养学生对国家文化和传统的归属感和尊重。

（一）寺庙教育

不丹的寺庙教育正式开展于1622年，在20世纪50年代引入现代西方教育之前，寺庙教育是不丹唯一正规且最为古老的教育形式。寺庙教育促进了不丹文化的传承与发展，同时也是不丹民族文化和教育系统的重要组成部分。

寺庙内的高等教育机构与印度和尼泊尔的佛教高等学府相同，分为初等（Zhirim）、中等（Dringrim）和高等（Thorim），各相当于高中（4年）、学士（2年）和硕士（3年）。

初等阶段的课程从字母、拼写和阅读等基础内容的学习开始，然后学习默记祈祷文和其他经典文本，学习并遵守寺庙的日常规则和条例。除了记忆经典文本，学生还要学习各种佛教仪式艺术、格律韵文、吹喇叭、制礼饼等。当他们进入高年级时，还要学习语法、韵律或文学，旨在研究更高深的佛教哲学。寺庙还教授英文和算术，以便僧侣们与外界更有效地交流和沟通。在寺庙学校完成学业后，学生中的一部分人进入佛学院深造，还有一部分人选择进入中央寺庙机构从事神职工作。

在寺庙学校熟悉基本的佛教知识后，僧侣们进入佛学院研习高等佛教哲学。佛学院规定的主修科目包括13大经典文本、智慧、戒律、论藏及有关佛教传统的圣徒传记。除了佛教仪式的祈祷和寺院的日常规章制度，上述科目构成佛学院课程的主要内容。

对于在佛学院完成佛教哲学和经典研习的僧侣来说，寺庙教育远没有结束。僧侣在完成理论学习后，必须在冥想中心经历至少3年的冥想练习，称为"Losum Chog Sum"。冥想课程从初级到高级均由最优秀的大师指导。在成功完成为期3年的冥想课程后，僧侣将被指定为一所佛学院的主持人，或者是冥想中心的主持人，或者是僧伽中心教区的主持人。如果某位僧侣希望继续冥想修炼也完全可以，他可以成为出家隐士，生活在与世隔绝的境界中。

1988年，不丹第四任国王授权坦戈寺担任一所寺庙高等教育机构——坦戈佛教学院（Tango Buddhist College）院长。1997—1998年，该学院培养了首批佛学硕士研究生。

（二）现代世俗教育

不丹的现代世俗教育结构由7年初等教育（包括1年学前教育）、6年中等教育（包括初级、中级、高级中等教育三个阶段）和高等教育（包括本科、硕士和博士三个阶段）组成，学生可以享受11年的免费教育。完成中级中等教育后，学生可以凭借不丹中级中等教育证书（Bhutan Certificate for Secondary Education，BCSE）成绩继续2年的高中学习，也可以参加职业培训然后进入劳动力市场。高中教育完成后，毕业生通过参加不丹高级中等教育证书（Bhutan Higher Secondary Education Certificate，BHSEC）考试，进入高等院校。

无法参加或未能完成寺庙教育、普通教育的人可以接受全国非正规教育中心提供的基础扫盲课程。2006年，第一批继续教育课程进行试点，无法进入或未能完成高等中学课程的成年人可以通过继续教育完成学习（见图6-1）。

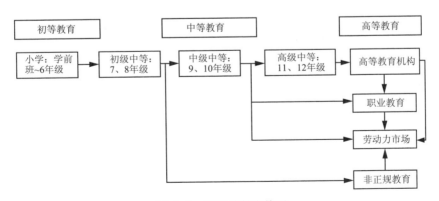

图6-1 不丹的教育体系

不丹皇家政府教育部是国家主管教育的部门，下设成人和高等教育司、学校教育司、青少年体育司。其中，成人和高等教育司主要负责监督高等教育、成人教育和非正规教育，以提高高等教育的可获得性和可持续性、提高成人识字率和终身学习能力、保障高等教育质量和公共服务的效率及有效性为目标，分设高等教育计划处、非正规和继续教育处、质量保障和认证处、奖学金和学生资助处4个部门。高等教育计划处负责制定高等教育政策和指导方针、监督和协助设立大学及学院等工作；非正规和继续教育处为15~50岁无法接受正规教育的人群提供扫盲服务；质量保障和认证处负责为不丹国内外高质量高等教育的追求建立系统性的机制等；奖学金和学生资助处通过实施本科生奖学金计划为在本国深造或留学海外的不丹学生提供支持。

二、分类及规模

不丹教育部2020年度报告显示，不丹的2所大学共有16个附属学院（见表6-1），另有2所规模较小的自治学院，即皇家管理学院和旺楚克法学院，提供学位、文凭证书及对外合作办学课程。

2019年，不丹共有12 297名学生就读于这18所高校，其中不丹政府奖学金资助人数8 628人（占比70.16%），其他奖学金资助人数453人（占比3.68%），自费生人数3 216人（占比26.15%）。

表6-1　不丹高校及其规模

序号	校名	属性	成立时间	不丹政府奖学金人数/人	自费生人数/人	其他资助人数/人	总人数/人
不丹皇家大学（Royal University of Bhutan，共12个附属学院）							
1	语言文化学院 (Institute of Language and Culture Studies)	公立	1961年	1 022	95	0	1 117
2	自然资源学院（College of Natural Resources）	公立	1992年	752	207	10	969

续表

序号	校名	属性	成立时间	不丹政府奖学金人数/人	自费生人数/人	其他资助人数/人	总人数/人
3	科学技术学院（College of Science and Technology）	公立	2001 年	756	235	3	994
4	加都商学院（Gaeddu College of Business Studies）	公立	2008 年	1 116	470	38	1 624
5	信息技术学院（Gyalphozhing College of Information Technology）	公立	2017 年	265	0	0	265
6	旺楚克工学院（Jigme Namgyel Engineering College）	公立	1974 年	541	153	0	694
7	帕罗教育学院（Paro College of Education）	公立	1975 年	1 468	121	0	1 589
8	萨姆奇宗教育学院（Samtse College of Education）	公立	1968 年	543	139	231	913
9	舍若奇学院（Sherobtse College）	公立	1968 年	1 298	320	0	1 618
10	永普拉世纪学院（Yonphula Centenary College）	公立	2017 年	44	0	0	44
11	诺布林瑞吉特学院（Norbuling Rigter College）	私立	2017 年	2	297	36	335
12	皇家廷布学院（Royal Thimphu College）	私立	2009 年	73	998	132	1 203
凯撒尔嘉波医药大学（Khesar Gyalpo University of Medical Sciences, 共 4 个附属学院）							

续表

序号	校名	属性	成立时间	不丹政府奖学金人数/人	自费生人数/人	其他资助人数/人	总人数/人
13	护理和公共健康学院 (Faculty of Nursing and Public Health)	公立	1974年	469	17	0	486
14	国家传统医学院 (Faculty of Traditional Medicine)	公立	1967年	77	2	0	79
15	医学研究院 (Faculty of Postgraduate Medicine)	公立	2014年	49	0	0	49
16	Arura健康学院 (Arura Academy of Health Sciences)	私立	2014年	0	69	3	72
自治学院 (Autonomous Institutes)							
17	旺楚克法学院 (Jigme Singye Wangchuk School of Law)	公立		43	0	0	43
18	皇家管理学院 (Royal Institute of Management)	公立		110	93	0	203
				8 628	3 216	453	12 297

　　从学生就读的学历层次来看，90.4%的学生在本科阶段学习，7.2%的学生在硕士阶段学习，只有0.4%的学生在博士阶段学习。从学生就读专业来看，可以将专业分为13个学科。2019年，12 297名在高等院校就读的学生中，绝大多数学生学习商业与行政类、教育类、人文社科类、工程与建造类专业（见表6-2）。

表 6-2 2019 年不丹高校各类别学生人数分布情况

专业类别	男生/人	女生/人	总人数/人	占比/%
教育	905	1 173	2 078	16.90
人文社科	772	850	1 622	13.19
工程与建造	1 175	472	1 647	13.39
制造	51	65	116	0.94
商业与行政	1 541	1 326	2 867	23.31
法律	30	47	77	0.63
健康	347	402	749	6.09
农林牧渔	208	241	449	3.65
社会科学	462	593	1 055	8.58
新闻和信息	39	75	114	0.93
信息与通信	190	147	337	2.74
自然科学	422	475	897	7.29
数学与统计	171	118	289	2.35
合计	6 313	5 984	12 297	99.99

三、招生机制

按照不丹的教育制度，高中教育完成后，申请大学时，除提供 BHSEC 考试、10 年级和 12 年级的成绩外，还需提供宗卡语和英语的成绩。如果在中学阶段没有宗卡语和英语的成绩，需通过由大学组织的语言水平测试，不同专业对单科成绩会有具体要求。

不丹教育部成人和高等教育司年度报告显示，2014—2019 年参加 BHSEC 考试人数每年维持在 1 万人左右，考试通过率维持在 90% 左右（见表 6-3）。2019 年共有 11 061 人参加 BHSEC 考试，其中 10 126 人通过考试，4 575 人被录取到高校本科专业（见表 6-4）。

表 6-3　2014—2019 年不丹参加和通过 BHSEC 考试人数

单位：人

年份	男生人数	女生人数	参加考试人数	通过考试人数
2014	5 300	5 953	10 252	9 163
2015	4 979	4 972	9 951	8 855
2016	5 162	5 248	10 410	8 830
2017	5 247	5 030	10 145	9 280
2018	5 292	5 354	10 646	9 115
2019	5 618	5 443	11 061	10 126

表 6-4　2019 年不丹高校本科专业录取人数

单位：人

录取高校	女生	男生	合计
国外高校	222	225	447
国内高校	1 963	2 165	4 128
合计	2 185	2 390	4 575

四、本科生奖学金

不丹政府十分重视高等教育，教育部成人和高等教育司下设奖学金和学生支持部门（Scholarship and Student Support Division，SSSD），为有意在本国或国外攻读本科的学生提供奖学金。该奖学金项目为成绩优异的学生提供了在世界不同地区进行全日制本科学习的机会，以满足不丹的优先人力资源和发展需求。

不丹教育部目前设有 3 种本科生奖学金，分别是不丹皇家政府奖学金、印度政府奖学金和双边奖学金。其中不丹皇家政府奖学金又包含 4 种奖学金类别：出国留学奖学金、文化研究专业奖学金、医科私立学校奖学金和国内本科奖学金。

本科生奖学金面向 22 岁以下不丹籍国内外学生，并需要达到以下条件：

（1）非 12 年级复读生；

（2）10 年级和 12 年级间学习间隔不得超过 2 年；

（3）英语成绩高于 55% 且单科成绩达到学校最低要求。

不丹教育部一般于每年 1 月第 3 周（12 年级成绩公布前）发布本年度本科奖学金申请通知。申请者于 2 月 1 日至 15 日在网上进行申请。教育部会将申请者的成绩进行排名，排名结果于 2 月 20 日发布，2 月底或 3 月初进行面试选拔。

在 12 年级毕业生中最优秀的一批学生首先选择申请出国留学奖学金，到国外攻读学位。第二批次的学生申请国内本科奖学金，在不丹本国接受高等教育。

本科奖学金指导委员会是奖学金决策与实施的最高管理机构，委员会成员由不丹皇家公务员委员会、人力资源部、财政部、教育部、卫生部、成人和高等教育司的人员组成。

五、入学率

不丹高等教育毛入学率分为不丹国内高等教育毛入学率与不丹国内外高等教育毛入学率。2012—2018 年，不丹国内和国内外高等教育毛入学率均呈上升趋势，其中国内高等教育毛入学率从 2012 年的 11.0%增长至 2018 年的 29.5%，国内外高等教育毛入学率从 2012 年的 18.0%增长至 2018 年的 44.7%（见图 6-2）。

此外，在不丹高等教育毛入学率中，女性均低于男性。2018 年，女性的国内高等教育毛入学率和国内外高等教育毛入学率分别为 27.1%、40.2%，比男性分别低 4.8 个百分点和 8.9 个百分点。过去，由于上学路途遥远艰难、住宿条件缺乏等客观条件，以及女性在外容易受到伤害等传统观念的影响，不丹家庭更倾向于让男性接受教育，因此女性高等教育毛入学率较低。

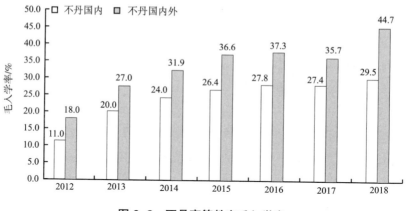

图 6-2 不丹高等教育毛入学率

六、人才培养

教育是不丹现代化改革的重要方面，不丹政府在其传统僧侣教育之外积极发展现代世俗教育，试图开发本国人力资源，培养技术人才，促进经济发展和综合国力提高；同时开启民智，提升国民的民主与公民意识、政治素养及国家主权意识，激发其现代民族国家观念，从而让本国公民产生保家卫国的政治觉悟，以此更好地融入国际社会，积极提升国际话语权，保障国家主权和领土完整。

在不丹第四任国王的领导下，不丹确立了不同的发展与现代化之路，称之为"国民幸福指数"（Gross National Happiness，GNH）。不丹将国民幸福指数视为国家最重要的追求，认为其"比国民生产总值更重要"。而教育是国民幸福指数的九大支柱之一，也是幸福感的决定因素之一，因此，高等教育在不丹的未来发展方面发挥着核心作用。

高等教育的课程着眼于满足培养未来人才这一需求，应对"国民幸福指数"理念所隐含的需求，关注"国民幸福指数的社会、经济和文化是什么样的""实现这些目标需要什么样的政策"等问题，并培养人才去解决这些问题。

在课程设置方面，不丹大学课程十分注意突出应用导向，强调培养解决实际问题的能力，避免照本宣科与知识的单向灌输。不丹教育部曾以国家文件的形式强调:"在高等教育政策中存在着范式转向。大学不仅对学生提供指导,而且必须提高学生主动学习的能力,知识可能会过时,但学生必需能力的提高则能够让他们理解并且利用变化,令他们在一生当中学会学习和适应。"由此可以看出,在高等教育专业与课程设置当中强调务实致用,既同不丹条件落后、资源不足的国情息息相关,也是服务于国家现代化需要的现实诉求。

不丹教育部成人和高等教育司下设质量保障和认证处,以确保高等教育的质量。按照不丹王国 2010 年高等教育政策规定,不丹所有高校应建立和维护涵盖所有课程和相关学位的有效质量保证体系。认证内容包含 6 个核心标准:①课程内容;②研究、创新实践和机构合作情况;③学校治理、领导和管理;④基础设施和学校资源;⑤学生支持;⑥内部质量保证体系。

不丹高等教育认证委员会于 2015 年在马来西亚资格认证机构两名专家的帮助下进行了试点认证,2016 年启动正式认证,并于 2018 年年底完成了 13 所高校首轮认证工作,其中 1 所高校获得 A+ 类,8 所高校获得 A 类,3 所高校获得 B 类,1 所高校获得 C 类(见表 6-5)。

表 6-5 不丹高校首轮质量认证结果

序号	高等院校名称	实地考察日期	等级	证书有效期
1	加都商学院	2016 年 5 月 23 日至 26 日	A(非常好)	2022 年 6 月 28 日
2	皇家廷布学院	2016 年 6 月 1 日至 4 日	A+(优秀)	2023 年 6 月 28 日
3	Arura 健康学院	2019 年 10 月 21 日至 24 日	C(满意)	2022 年 12 月 15 日
4	护理和公共健康学院	2017 年 6 月 12 日至 15 日	B(好)	2022 年 6 月 27 日
5	国家传统医学院	2017 年 6 月 5 日至 8 日	B(好)	2022 年 6 月 27 日
6	帕罗教育学院	2017 年 5 月 22 日至 25 日	B(好)	2022 年 6 月 27 日
7	萨姆奇宗教育学院	2017 年 5 月 15 日至 18 日	A(非常好)	2023 年 6 月 27 日
8	科学技术学院	2017 年 11 月 6 日至 9 日	A(非常好)	2024 年 1 月 7 日
9	旺楚克工学院	2017 年 11 月 13 日至 16 日	A(非常好)	2024 年 1 月 7 日

续表

序号	高等院校名称	实地考察日期	等级	证书有效期
10	舍若奇学院	2017年11月20日至23日	A（非常好）	2024年1月7日
11	自然资源学院	2018年3月19日至22日	A（非常好）	2024年5月9日
12	语言文化学院	2018年3月26日至29日	A（非常好）	2024年5月9日
13	皇家管理学院	2018年4月2日至5日	A（非常好）	2024年5月9日

七、师资

由于不丹的高等教育体系建立较晚，高校教师规模较小，质量较差，无法满足国内高等教育发展的需要，故需要从印度聘请教师。不丹公立高校的教师数量经历了"增长—降低"的过程。2006年，公立高校中只有337名教师，男性教师是女性教师的4.7倍。2010年，公立高校中的男女教师比例达到最大（8∶1），其后两者差距逐渐缩小，教师总数也大幅降低。2013—2017年，公立高校教师数量较为稳定。2012年数据显示，在不丹私立高校中仅有45名教师，其中，男教师31名，女教师14名。由此可见，不丹私立高校规模较小。2012—2017年，私立高校教师数量整体平稳增长，到2017年，共有教师83名（见图6-3）。

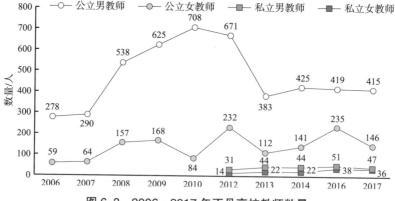

图6-3　2006—2017年不丹高校教师数量

八、经费

自1961年不丹实施"五年计划"以来，教育经费在不丹政府财政支出结构中常年维持在8%以上，最高时达到18.9%（见表6-6）。

表6-6 不丹"五年计划"教育经费占政府财政支出的比重

"五年计划"周期	教育经费占政府财政支出的比重 / %
"一五"计划（1961—1966）	8.8
"二五"计划（1966—1971）	17.7
"三五"计划（1971—1976）	18.9
"四五"计划（1976—1981）	12.2
"五五"计划（1981—1985）	11.2
"六五"计划（1987—1992）	8.1
"七五"计划（1992—1997）	11.1
"八五"计划（1997—2002）	9.4
"九五"计划（2002—2007）	14.5
"十五"计划（2007—2013）	12.8
"十一五"计划（2013—2018）	8.0

联合国教科文组织公布的数据显示，2000—2018年不丹教育经费占GDP的比重的平均值为6.04%；2010年最低，为4.12%；2015年最高，为7.59%（见图6-4）。

2000—2020年，尼泊尔教育经费占政府总支出的比重的平均值为17.92%；2010年最低，为15.63%；2015年最高，为25.52%（见图6-5）。

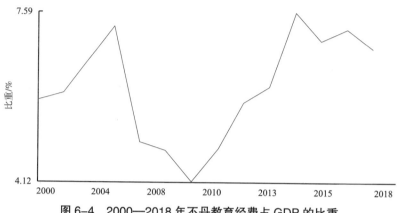

图 6-4　2000—2018 年不丹教育经费占 GDP 的比重

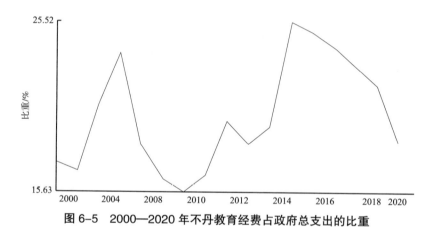

图 6-5　2000—2020 年不丹教育经费占政府总支出的比重

第四节　高等教育国际化

一、国际化历程

不丹教育的国际化历程可以分为两个历史阶段。第一阶段是 20 世纪 60 年代至 20 世纪 80 年代，这一时期不丹的教育以"拿来主义"政策为主，国际援助占据了主导地位。

不丹人力资源匮乏，各方面条件较差，曾长期被联合国认定为世界上最不发达的国家之一。要在这样的小国办教育，面临的挑战可想而知。基于这一国情，善于"借力"，使用外国资源，始终是贯穿不丹教育现代化进程的一大特点。早在1914年，现代不丹首任国王乌颜·旺楚克深感发展现代教育之重要，却又苦于本国没有办现代教育的能力，即从印度北部邀请了来自苏格兰和加拿大的传教士进入不丹，并成立了该国历史上的第一批现代学校，不丹世俗教育由此才得以起步。

在传教士的支援下，不丹第一批现代学校的师资多来自加拿大和印度，因此不丹教育从一开始即具有国际化特色。但传教士开办学校的首要目的是传教活动，为防止不丹本国传统文化遭到冲击，不丹国王在支持其广泛办学的同时，又严令传教士不得进行基督教文化传播活动。

自20世纪80年代起，不丹教育现代化进入第二阶段，即"以我为主"阶段，并围绕"三化"战略（即不丹化、国家化和分权化）进行了一系列改革，具体内容如下。

1. 推行课程与教材改革，并配套开展教师教育

同国际接轨调整课程设置，研发符合本国实际的本土课程，邀请英国相关人士根据不丹国情编写本国英文、数学教材，特别开设环境教育课程，在社会科学、历史等课程中全面加入有关本国国情的教学内容，以此帮助学生了解国情、提升爱国情感。

2. 实行"一个国家，一个种族"政策

由于历史原因，不丹"一五"计划的全部经费均来自印度，其早期学校的教材、师资等也大都源自印度，不丹早期不少学校领导由印度人担任。在经过几十年的人才储备后，自1988年起，不丹全面替换了在本国任职的外国校长，任命不丹人担任学校校长，从而确保本土化教育政策的落实，以维护教育主权。

3. 推行教育分权政策

1998年不丹国王解散议会，并将部分教育权下放至地方，各地方设立了各自的教育委员会负责处理本地具体教育事务。

由于不丹现代教育发展初期严重依赖印度，因此印地语长期是不丹

学校的教学语言。为了实现现代化目标、摆脱隔绝于世的窘境，进一步认识外部世界，提高国民学习新知识的能力，不丹政府在1962年要求全国中小学放弃使用印地语，全面采用英语作为教学语言。

经过半个多世纪的坚持，不丹接受过学校教育的国民已普遍能说英语，这对其人力资本价值的提高以及旅游业的发展都带来了巨大的帮助。此外，在推行英语教育、接受现代文明资讯的同时，不丹又致力于保护本国传统语言文化，宗卡语是所有不丹学生的必修课。两种语言的结合，使不丹在现代文明与本国特色文化之间获得了平衡。

此外，为避免过于依赖印度，不丹在1971年加入联合国以后，寻求从更为多元的渠道建立国际合作。当前，有10多个国家及国际组织在不丹进行教育合作活动（见表6-7），涵盖了硬件建设、师资培训、课程开发等多个方面。

表6-7　不丹对外教育合作及接受外国教育援助情况

国家及国际组织	受援或合作项目
澳大利亚	奖学金、志愿教师、合作研究、图书馆、人力资源开发、学生膳食计划
加拿大	人力资源开发、教师教育、课程开发、教科书印刷、图书馆、在职培训、出版、教育硕士项目合作
丹麦	青少年服务校工、基建、人力资源开发、图书馆
英国	人力资源开发（针对校领导）、志愿教师、示范学校建设、图书馆
印度	教师、人力资源开发、图书馆、基建、文具、书籍、考试、学位认证、资金支持
日本	体育教师教育、信息技术、计算机、资金支持
科威特	教师教育（通过联合国教科文组织）
新西兰	提供志愿教师
新加坡	信息技术、教师教育、奖学金
瑞士	教师结对帮扶、教师教育计划、针对教师教育的基础设施建设项目
美国	图书馆建设、生存技能教育、亲子教育、灾害防备、学生交换计划、金纳及特殊教育发展

续表

国家及国际组织	受援或合作项目
世界银行	基建、人力资源开发、研究、课程、信息与通信技术、图书馆发展
联合国	人力资源开发、基建、图书馆、学校供餐、课程开发、印刷服务

资料来源：DIRJI J. International Influence and Support for Educational Development in Bhutan [M] //Education in Bhutan. Singapore：Springer，2016：109-124.

1990年，在意大利的帮助下，不丹成立了研究与质量控制实验室，实验室以研究助理的形式、用现代实验技术手段培养传统医学生。1993年，不丹传统医学研究委员会宣告成立，现代技术文明同传统医学的结合走上了制度化建设的轨道。在前期工作的基础之上，凯撒尔嘉波医药大学得以成功建立起来。现如今，不丹的诸多医院都开设有西医部和传统医学部，二者并行不悖。

二、国际化内容

由于不丹高等教育发展较晚，早期不丹学生均需赴国外求学以获得高学历。直到2016年，不丹皇家大学开始招收国际学生来不丹留学，2016—2019年不丹国际学生人数逐年递增，越来越多国际学生前往不丹进行短期项目学习（见表6-8）。为进一步扩大国际学生规模，2020年不丹皇家大学制定一系列新政策吸引国际学生前往不丹学习。

表6-8　2016—2019年不丹皇家大学国际学生数量

单位：人

年份	全日制学历生	学期项目生	短期项目生	进修研究生
2016	1	10	14	0
2017	1	13	64	2
2018	3	14	59	3
2019	5	13	140	4

不丹教育部年度报告显示，2014—2019 年不丹出国留学人数稳定（见表 6-9）。2019 年，不丹出国留学人数为 3 930 人，占不丹高等教育阶段学生总数的 24.22%。其中，1 358 名学生有奖学金资助，2 572 名学生自费留学，自费生人数约为奖学金生人数的 2 倍。

表 6-9　2014—2019 年不丹出国留学人数

单位：人

年份	奖学金资助人数	自费人数	总人数
2014	1 046	3 194	4 240
2015	1 120	2 337	3 457
2017	877	4 628	5 505
2018	1 435	4 251	5 686
2019	1 358	2 572	3 930

注：2016 年数据缺失。

从不丹学生留学的国别来看，无论是奖学金生还是自费生，印度都是他们留学目的地的主要选择。除印度之外，澳大利亚、泰国、孟加拉国、斯里兰卡也是不丹学生主要留学目的地国（见表 6-10）。不丹正积极融入全球教育发展体系，加入高等教育国际化发展的潮流。

表 6-10　2014—2019 年不丹学生主要留学目的国

单位：人

国名	奖学金生人数					自费生人数				
	2019	2018	2017	2016	2014	2019	2018	2017	2016	2014
印度	659	670	499	653	585	1 131	3 185	3 544	2 035	2 971
泰国	200	283	20	28	42	27	194	247	196	146
澳大利亚	99	105	15	21	29	1 299	677	623	1	3
孟加拉国	84	63	31	33	29	1	92	101	85	36
斯里兰卡	177	175	163	194	200	0	13	20	14	21

续表

国名	奖学金生人数					自费生人数				
	2019	2018	2017	2016	2014	2019	2018年	2017	2016	2014
马来西亚	19	26	25	37	38	23	29	47	6	17
美国	34	34	18	14	3	23	33	32	0	0
加拿大	9	3	2	2	0	34	13	6	0	0
古巴	2	12	12	11	1	0	0	0	0	0
日本	22	13	0	0	0	0	0	0	0	0

注：2015年数据缺失。

三、留学政策

随着不丹社会经济发展，培养各专业技术人才是至关重要的。为满足不丹对于人才需求，设立支持学生出国留学奖学金是不丹政府的一项重要的举措。对于很多不丹家庭来说，出国留学的费用是无法负担的，出国留学奖学金的设立极大地鼓舞了学生出国学习的动力。

不丹政府和印度政府每年为出国留学的不丹学生提供多种奖学金项目，除此之外，其他机构如皇家公务员委员会、各类基金会、青少年发展组织等也会提供一些奖学金名额。例如，在2019年获得奖学金资助出国的1 358名学生中，印度政府奖学金资助422人，不丹政府奖学金资助398人，其他机构或国家奖学金资助538人。

第五节 中不高等教育交流与合作

自"一带一路"倡议提出以来，中不两国在经济、政治和文化方面的交流合作日益密切，友好关系得到进一步发展，但双方在高等教育领域的合作仍处于起步阶段。

目前，中国与不丹在互派留学生、教学和研究合作、师生交流、合作办学等方面都存在严重不足，中国极少有学生前往不丹留学。2014年、2015年分别有4名、8名不丹留学生开始在云南民族大学等云南高校学习。2016年10月，不丹农业大臣益西·多吉率跨部门代表团来华访问。2016年12月，中国佛教协会会长学诚法师率首个中国宗教友好代表团访问不丹。

根据教育部《来华留学生简明统计》，2015—2018年不丹学生留学中国人数很少（见表6-11）。

表6-11　2015—2018年不丹学生留学中国人数

单位：人

年份	2015	2016	2017	2018
不丹学生留学中国人数	60	99	54	40

数据来源：《来华留学生简明统计》。

2019年1月20日，丹中基金会与博鳌亚洲论坛—教育论坛签署战略合作协议，在教育文化、慈善交流等方面展开合作。中恒国建执行董事邱炳信为不丹留学生项目捐赠200万元以支持不丹学生来中国大陆留学。

第六节　代表性大学

一、不丹皇家大学

不丹皇家大学成立于2003年6月2日，是不丹第一所大学。1961年起学校实行双语制，宗卡语为必修课。不丹皇家大学下设12个附属学院（见表6-12）。

表 6-12　不丹皇家大学附属学院

序号	校名	发展简史	专业设置
1	语言文化学院	前身为僧侣学校，1999年起开设语言文化方面的本科学位项目	语言文化、语言文学、交际艺术、不丹与喜马拉雅文化研究
2	自然资源学院	前身是由不丹农林部成立的、提供农林、兽医等技术推广的自然资源培训学院（Natural Resources Training Institute）	农业（含林业、奶业、园艺、牲畜养殖）、可持续发展、发展实践、自然资源管理
3	科学技术学院	前身是皇家不丹技术学院（Royal Bhutan Institute of Technology），目前是不丹唯一提供工程本科学士学位项目的学院	建筑、土木工程、电子工程、通信交通、信息技术
4	加都商学院	从舍若奇学院的商科独立建校而来	会计、金融、市场、人力资源管理、企业管理
5	信息技术学院	2017年新成立学院	计算机科学、数字媒体、信息技术
6	旺楚克工学院	前身为不丹皇家工学院（Royal Bhutan Polytechnic），提供土地测量等专业的短期证书课程	电力工程、计算机科学、软件、电子通信、机械制造
7	帕罗教育学院	前身为学前教育培训中心，现提供各层级教育学科学位项目	基础教育、数学与信息技术、宗卡文教育、领导力与管理
8	萨姆奇宗教育学院	前身为1968年由不丹教育部建立的师资培训学院（Teacher Training Institute），1983年改名为国家教育学院（National Institute of Education）并提供教育学士课程，2008年改为现名	基础教育、数学与物理、历史与地理、英语及历史、教育、指导与咨询、高等教育
9	舍若奇学院	1983年成为不丹第一所高等学校	物理与化学、计算机科学、生命科学、政治学与社会学、媒体研究与英语、宗卡语及英语、经济与地理、英语
10	永普拉世纪学院	2017年新成立学院	文学类专业
11	诺布林瑞吉特学院	2017年新成立学院	商业类、宗卡语、英语

续表

序号	校名	发展简史	专业设置
12	皇家廷布学院	不丹第一所私立高校	商科（会计、金融、人力资源、市场）、环境管理、英语研究、计算机应用、政治学与社会学、发展经济学、宗卡文和历史

二、不丹凯撒尔嘉波医药大学

不丹凯撒尔嘉波医药大学成立于2013年，是不丹历史上第一所专门大学。凯撒尔嘉波医药大学下设12个附属学院（见表6-13）。

表6-13　凯撒尔嘉波医药大学附属学院

序号	校名	发展简史	专业设置
1	护理和公共健康学院	最早是培训护士、医药技术员的专门学院	护理、公共健康、助产士、医学技术
2	国家传统医学院	由原不丹健康部推广的"传统医学造福群众"若干实施方案整合升级而成	解剖学、临床诊断
3	医学研究院	2014年成立，致力于培养医学博士研究生	麻醉学、妇产科、眼科、骨科、儿科等
4	Arura健康学院	私立高校	普通护理、助产

参考文献

［1］中华人民共和国外交部.不丹国家概况（2021年8月更新）［EB/OL］.https：//www.mfa.gov.cn/web/gjhdq_676201/gj_676203/yz_676205/1206_676380/1206x0_676382/.

［2］不丹教育部.http：//www.education.gov.bt/.

［3］不丹成人和高等教育司.http：//www.dahe.gov.bt/index.php/governingboards/terairy-education-board.

[4] 陈恒敏. 不丹教育现代化: 发展策略及主要特点 [J]. 比较教育研究, 2018 (1): 13-23.

[5] 刘进, 陈成. "一带一路"沿线国家的高等教育现状与发展趋势研究 (二十五) ——以不丹为例 [J]. 世界教育信息, 2019 (7): 29-34.

[6] 云丹达吉, 刘伟. 不丹的佛教与寺庙教育系统 [J]. 教育观察, 2013 (9): 92-94.

[7] The Global Economy [EB/OL]. https://www.theglobaleconomy.com/Bhutan/.

[8] 不丹皇家大学. https://www.rub.edu.bt/index.php/en/.

[9] 凯撒尔嘉波医药大学. https://www.kgumsb.edu.bt/.

[10] 朱在名. 列国志: 不丹 [M]. 北京: 社会科学文献出版社, 2004.

[11] 张德祥, 李枭鹰. 不丹、尼泊尔、斯里兰卡教育政策法规 [M]. 大连: 大连理工大学出版社, 2020.

第七章　马尔代夫

第一节　国家概况

马尔代夫共和国（The Republic of Maldives，原名马尔代夫群岛），简称马尔代夫，是印度洋上的群岛国家，距离印度南部约 600 公里，距离斯里兰卡西南部约 750 公里，26 组自然环礁、1 192 个珊瑚岛分布在 9 万平方公里的海域内，其中约 200 个岛屿有人居住。国土总面积 11.53 万平方公里（含领海面积），陆地面积 298 平方公里，是亚洲最小的国家。1965 年建国，首都马累。截至 2021 年 8 月，马尔代夫全国人口 55.7 万人（其中马尔代夫籍公民为 37.9 万人，均为马尔代夫族）。民族语言和官方语言为迪维希语（Dhivehi），上层社会通用英语。伊斯兰教为国教，属逊尼派，少数人信奉佛教。马尔代夫法定货币为卢非亚，货币代码为 RF。2022 年 2 月，人民币与卢非亚的汇率约为 1∶2.45，美元与卢非亚的汇率约为 1∶15.57。

马尔代夫是一个具有悠久历史的国家。公元前 5 世纪，南亚的雅利安人来此定居，成为马尔代夫人的祖先。1153 年建立信奉伊斯兰教的苏丹国。16 世纪中叶起，葡萄牙、荷兰、英国等国殖民者先后入侵，

1887年马尔代夫沦为英国的保护国。在长期的殖民统治之下，马尔代夫惨遭蹂躏和残酷剥削。为争取独立和民族解放，马尔代夫人民前赴后继，英勇不屈，表现了崇高的民族气节和爱国精神，终于在1965年7月26日获得完全独立。

马尔代夫独立以前，经济活动主要是以渔业为基础，另外还有少量的农业。约有80%的人从事渔业及与此有关的生产，其他职业有种植和采摘水果、酿酒、织布、编织、采集海贝等。鱼是人们的日常食品，稻米和其他谷物则需要通过物物交换的方式进口。这种"生存经济"，世代相因，生产力发展迟缓，技术水平低劣，无法很好地开发利用周围海域的自然资源。旅游业、船运业是马尔代夫主要经济支柱。马尔代夫经济结构单一，资源贫乏，严重依赖进口，经济基础较为薄弱。2011年以前，曾被列为世界最不发达国家。通过多年努力，马尔代夫经济发展取得一定成就，成为南亚地区人均GDP最高的国家，基础设施和互联互通水平也有较大提升。2020年马尔代夫的GDP为37.57亿美元，人均GDP为6 745美元。旅游业是其第一大经济支柱，旅游收入对GDP的贡献率多年保持在25%左右。马尔代夫现有145个旅游岛，4.73万张酒店住宿床位，入住率62.3%，人均在马尔代夫停留时间6.3天。受新冠肺炎疫情影响，2020年赴马尔代夫游客仅55.5万人次，同比下降67.4%。现全国已消除文盲，是发展中国家中识字率最高的国家之一。总体小学净入学率为100%，性别均等（男孩和女孩均为100%）。初中净入学率为84%，其中男生净入学率为86%，女生净入学率为81%。截至2019年，马尔代夫共有348所学校，在校学生89 432人，教师10 424人。

中马两国1972年建交，通过一系列的政府外交活动，逐渐构建起了两国在各个领域的交流机制。近年来更是继续保持友好交往势头，双边关系在各个领域都有了快速的发展，两国人民的交往更加频繁、两国高层交往日益热络。国家主席习近平对马尔代夫的国事访问更是马尔代夫第一次迎接世界大国领导人的国事访问，堪称中马建交42年来的一次历史性举动。两国在经历长期的合作后，在一些重大国际和双边问题上达成共识和默契,希望维护好世界和平发展秩序,促进世界经济全球化的顺利进行以及共同建设美丽宜居的地球村。在国际关系中,中马两国都奉行和平外交政策,反对国际霸权主义和强权政治,积极顺应和平与发展这一时代主题。近年来中国与马尔代夫的双边经贸发展十分迅速,两国的双边贸易额从 2000 年的 136 万美元大幅增加至 2013 年的 9 800 万美元,增长了 71 倍。除此之外,中马旅游领域合作潜力十分巨大。据调查,自 2010 年起中国已连续四年成为马尔代夫最大的旅游客源国,2013 年赴马游客高达到 33 万人,同比增长 45%,约占来马外国游客的 30%。据此,按照旅游对马尔代夫经济贡献约 25% 来看,中国市场拉动了马尔代夫 8% 的 GDP。2016 年中方企业投资马累环礁旅游岛项目,这是迄今马尔代夫最大的一个旅游开发项目,也是当时中国企业在马最大的商业投资项目,对进一步推动中马共建"21 世纪海上丝绸之路"具有积极作用。在文化交流方面,双方于 2007 年签署第一个政府间文化合作协定,随后又陆续签订了《中国国家体育总局和马尔代夫青年和体育部体育合作协议》《中华人民共和国教育部与马尔代夫共和国教育部教育合作协议》等;除此之外,两国的民间组织也不断探索、创新合作模式,开展形式多样的文化活动。这些政府间组织和民间团体对两国人民的民族友谊及文化认同的不断巩固作出了贡献。

第二节　高等教育发展历程

1968 年 11 月 11 日,马尔代夫政府发布了《3/68 法案》,成立了教育部。根据这一法令,教育管理是教育部的主要功能。教育部直接受马尔代夫共和国总统的管理,部长接受高等教育委员会和其他委员会(包括教材评估)的政策建议。高等教育委员会由马尔代夫共和国副总统主持工作,是为高等教育的发展提供方案以及监督的最高权力机构。至此,马尔代夫高等教育开始逐渐发展,其主要发展历程大致可以分为三个时期，分别是萌生期、创立期和发展期。

一、萌生期（1970年前）

20世纪40年代，当时的政府总理十分重视全民教育，于1947年在马累的4个小区成立了小区学校。1952年，马累建立起了一所寄宿制学校，为马累以外的学生提供教育。

马尔代夫早期的学校教育有三种主要形式：一是"艾杜鲁格"，是一种不正规的宗教学校，就是将孩子们集中到一个私人家庭中教他们念读经文，也教他们学习用迪维希语进行阅读和书写，还教授一些算数入门课程；二是"马克塔布"，相当于现在的小学，课程内容比艾杜鲁格广泛得多，目的是提高人们的识字水平和保护民族文化；三是"马德拉萨"，相当于现在真正意义上的小学。而这个阶段，教育采用的都是马尔代夫的本地语——迪维希语。

1960年，马尔代夫引进西方教育模式，建立了现代教育体制，同时将全国大部分学校的教学语言由迪维希语改为英语，并采用英国伦敦中学毕业证书教学模式。

在这一阶段，高等教育只提供给少数学生，通常来自选定的少数家庭。从20世纪70年代初开始，马尔代夫政府正式承认已经建立的一些中学后培训机构，以应对国内高等教育需求的不断增加。

二、创立期（1971—2000年）

1973年马尔代夫建立了联合健康服务培训中心，是马尔代夫开启高等教育探索的第一步。1998年又建立了一些中等后教育结构，例如职业训练中心、教师培训院、酒店与餐饮服务学院，在教师教育、旅行和旅游、行政和管理、会计、技术、海运业以及最重要的社区健康服务等领域提供教育和培训。这些不同领域的培训机构是在各自的职能部委下设立的，以满足该特定部委的培训需求。1998年10月，马尔代夫在上述机构基础上，组建第一所高等院校——马尔代夫高等教育学院，此后又陆续建立了3所私立高校（色莱克斯学院、曼杜学院、维拉学院）。

三、发展期（2001年至今）

2001年，多个教育机构统一归入马尔代夫高等教育学院。2004年，原伊斯兰学研究院（Institute of Islamic Studies）改为伊斯兰学院（College of Islamic Studies），2015年又升级为马尔代夫伊斯兰大学（Islamic University of Maldives）。2008年，教育部创建了高等教育中心、继续教育中心、考试中心以及教育发展中心。2009年，政府提出了教育法案。该法案旨在保障儿童和成人的受教育权利，营造良好的教育氛围，建立从学前教育到高等教育的教育框架。这个法案阐释了义务教育的相关规定，建立学校董事会以支持教育分权管理，为高等教育提供者设置办学标准，规定教师的义务、职责以及职业使命。2010年12月，马尔代夫总统签署了国立大学预算法案，并于2011年1月建立了国内第一所真正意义上的大学——马尔代夫国立大学（Maldives National University）。同年2月，原马尔代夫高等教育学院并入该校。

2009年之后的10年时间里，马尔代夫的高等教育不断发展，于2010年成立马尔代夫理工学院（Maldives Polytechnic），该学院是公立的技术和职业培训机构。另外，马尔代夫有相当数量的私立大学和私营机构成立。

第三节　高等教育概况

马尔代夫高等教育发展起步较晚，1998年才成立了第一所现代意义上的大学。在此之前，马尔代夫的高中毕业生如果想进一步深造，只有去国外留学。统辖高等教育的主要法律和条例包括宪法、教育法、《马尔代夫高等教育总体规划2017—2022》《马尔代夫教育部门规划2019—2023》等，主要管理机构包括高等教育部、高等教育委员会和马尔代夫资格认证局。高等教育部于2018年成立，它的前身是高等教育司，隶属于原教育部。根据《马尔代夫高等教育总体规划2017—2022》，高等教育委员会负责制定国家高等教育政策，由国家总统任委员会主席，成员由负责高等教育事务的部长组成。马尔代夫资格认证局于2010年5月在前马尔代夫认证委员会的基础上成立，是一个半自治的机构，具有以下几个功能：开发并管理马尔代夫国家资格框架（MNQF）；认证高等教育机构提出的新课程；监督和保证这些机构提供的所有课程的质量；通过认证程序，授权外国高等教育机构进入马尔代夫。

在基础教育阶段，马尔代夫实行免费教育，但由于没有高级中学的衔接，马尔代夫在小学和初级中学后的辍学率较高。1996年，马尔代夫通过远程授课的方式实现高级中等教育。在高等教育阶段，全国的高校事务由高等教育部统筹和管理。在政府鼓励发展高等教育的政策引导下，越来越多的私营教育机构参与到马尔代夫人才培养中来。目前，马尔代夫的高等教育以公立高校为主，也有相当一部分学生进入私立高校学习。从2019年入学人数来看，公立高校占44%，私立高校占56%。

一、分类及规模

马尔代夫的高等教育分为三个等级：第一级是政府资助的公立大学，第二级是能够授予学位的学院和研究院（大部分为私立），第三级是短期职业培训机构（大部分为私立）。

截至2019年，马尔代夫共有12所高校，其中公立高校3所，包括马尔代夫国立大学、马尔代夫伊斯兰大学、马尔代夫理工学院，私立高校9所，即维拉学院（Villa College）、克里克学院（Clique College）、色莱克斯学院（Cyryx College）、曼杜学院（Mandhu College）、现代职业研究学院（Modern Academy for Professional Studies College）、艾维德学院（Avid College）、美因茨国际学院（Mianz International College）、马尔代夫商学院（Maldives Business School）和茨库拉国际学院（Zikura International College）。除此之外，马尔代夫还有200多家私立教育机构，提供各个领域的课程，学生毕业后可以拿到相应的文凭。马尔代夫高等教育机构的增加，也侧面反映了马尔代夫高等教育领域的多样性和分散性。表7-1列举了马尔代夫部分高校的授课项目。

表 7-1 马尔代夫部分高校的授课项目

高校类型	大学名称	授课项目
公立高校	马尔代夫国立大学	证书、文凭、本科学位、（英国）商业与技术教育委员会职业证书、国际注册会计师证书
	马尔代夫理工学院	证书、文凭、英国皇家特许管理会计师证书
私立高校	克里克学院	证书、文凭
	色莱克斯学院	证书、文凭、高级文凭，国际注册会计师证书、ATTI
	现代职业研究学院	国际注册会计师证书、英国皇家特许管理会计师证书、英国特许营销协会证书
	曼杜学院	证书、文凭、高级文凭、研究生文凭
	维拉学院	国际注册会计师证书、英国工商管理协会证书和文凭、微软证书、证书、文凭、本科学位、硕士学位

联合国教科文组织所采用的国际教育标准分类法 2011 年版将学历层次分为 9 级（ISCED 0~8），其中，高等教育阶段包括 4 个级别——短期高等教育、学士或同等水平、硕士或同等水平、博士或同等水平。马尔代夫的高等教育入学率较低，2014 年仅有 6 089 名学生入学，其中短期高等教育、学士或同等水平、硕士或同等水平、博士或同等水平的入学人数分别为 262 人、5097 人、728 人、2 人。从性别来看，马尔代夫在入学人数上男女差异不大。2014 年数据显示，高等教育阶段女性就读人数约占总就读人数的 60%。2015 年，高等教育的入学人数约 11 000 人，2019 年增至 14 029 人。

二、招生机制及入学率

1984 年，马尔代夫政府制定了中小学课程体系，实行全国统一的课程设置，中小学有 7 门主要课程：数学、英语、迪维希语、伊斯兰教、环境知识、美术和体育。

马尔代夫实行学前教育、小学教育、初中教育、高中教育和高等教育 5 级教育体制，即初级教育（1~7 年级，6~12 岁）、初级中学教育（8~10年级，13~15岁）、高级中学教育（11~12年级，16~17岁）和高等教育（18岁以上），采用英语和迪维希语两种教学模式。每年1月份，初中毕业生参加考试，通过后获得普通教育证书普通水平（General Certificate of Education O Level）。高中从11年级开始，12年级结束，学生学完2年高中课程后，参加毕业考试，通过后获得普通教育证书高级水平（General Certificate of Education A Level），才能有资格申请大学。

高校的录取工作由各高校自行决定，学生需要符合马尔代夫国家资格框架最低录取标准，方可被录取。报考公立高校的高中毕业生，至少需要通过5门考试的科目，部分私立高校要求通过3门即可。

马尔代夫高等教育毛入学率从2001年的6%上升到2005年的10%，2011年上升到21%。根据2015年的统计，马尔代夫高等教育毛入学率约为29.2%。随着中学毕业生人数的增加，马尔代夫政府希望在2022年将入学率提高到60%。表7-2列举了马尔代夫2017年部分大学、学院和专科学院学生入学情况。

表7-2　2017年马尔代夫部分大学、学院和专科学院学生入学情况（按性别）

单位：人

高等教育机构	性质	类型	学生注册		
			男	女	总数
马尔代夫伊斯兰大学	公立	大学	354	876	1 230
马尔代夫理工学院	公立	专科学院	707	49	756
维拉学院	私立	学院	2 227	2 454	4 681
色莱克斯学院	私立	学院	186	199	385
美因茨国际学院	私立	学院	293	901	1 194
现代职业研究学院	私立	学院	106	144	250
曼杜学院	私立	学院	217	251	468
总数			5480	5034	10 514

三、人才培养

（一）学分学制

马尔代夫高校的本科专业共分为 10 大类，分别是教育学，艺术与人文，社会科学与新闻信息，工商管理和法律，自然科学与数学统计，信息与通信技术，工程、制造与建筑，农林渔业和兽医，健康与福利，服务。全国共有 80 个硕士学位点，主要集中在马尔代夫国立大学、马尔代夫伊斯兰大学和维拉学院。提供博士学位的学校有马尔代夫伊斯兰大学和马尔代夫国立大学，专业共有 5 个，分别是伊斯兰司法科学哲学与立法政策、伊斯兰教法理学、工商管理学、教育学、艺术。

马尔代夫在国家资格框架下开展教学和学位认定，资格框架将学历划分为 1~10 共 10 个等级，分别对应相应的证书、文凭或者学位（见表 7-3）。

表 7-3 马尔代夫国家资格框架

等级	资格
第 10 级	博士学位、高等专业证书、高等专业文凭
第 9 级	硕士学位、高级专业证书、高级专业文凭
第 8 级	研究生证书、毕业生、研究生文凭
第 7 级	荣誉学士学位、学士学位、专业学位证书、专业文凭
第 6 级	高级文凭、副学士学位、专业证书
第 5 级	文凭
第 4 级	证书Ⅳ
第 3 级	证书Ⅲ
第 2 级	证书Ⅱ
第 1 级	证书Ⅰ

资格框架的认定包含了高等教育、继续教育和培训，是根据每一级别学习内容的广度、深度、技能和知识的复杂性进行评价和认定的，同

时规定了每一级别的最低学分和学时，具有较强的可信度和可操作性，受到了公众和雇主的广泛理解和认可。框架内每一级别之间是互相关联的，学习者可以在各个级别进行纵向跨越，实现升学目标。

不同专业、学校、培养层次的学制都不同。以马尔代夫伊斯兰大学为例，副学士学位需要 2 年，属于 MNQF 6 级；学士学位的学制一般为 3~4 年，属于 MNQF 7 级；研究生文凭的学制为 1 年，属于 MNQF 8 级；硕士学位的学制为 1 年，属于 MNQF 9 级；博士学位的学制为 3 年，属于 MNQF 10 级。

（二）师资

根据马尔代夫资格认证局公布的指南，教师应取得高于所任教课程级别的资格方可执教。在马尔代夫，很多学校聘任兼职教授进行授课。

2008 年，马尔代夫共有 7 534 名教师（包括 833 名临时教师），其中 5 745 名教师获得了马尔代夫资格认证局认证的高级证书或更高级别的教学资格，1 789 名教师未获得相应证书。首都马累共有 1 576 名教师，环岛礁共有 5 958 名教师。7 534 名教师中，有 2 560 名外籍教师，2 名学前教育老师，365 名小学教师，2 015 名中学教师，178 名高中教师。

从表 7-4 和表 7-5 可以看出，公立高校的师生比在 1:15 到 1:36 之间，而私立高校的师生比在 1:8 到 1:36 之间。

表 7-4　2016 年马尔代夫部分高校学生与教职员工的比率

公立高校	学生（a）/人	教职员工（b）/人	比率（a/b）
马尔代夫国立大学	9718	494	20
马尔代夫伊斯兰大学	599	46	13
总数	10 317	540	19
私立高校	学生（a）/人	教职员工（b）/人	比率（a/b）
维拉学院	4 306	209	21
克里克学院	558	64	9

续表

私立高校	学生（a）/人	教职员工（b）/人	比率（a/b）
色莱克斯学院	702	32	22
美因茨国际学院	1 439	26	55
艾维德学院	705	43	16
曼杜学院	468	56	8
马尔代夫商学院	213	10	21
现代职业研究学院	250	24	10
总数	8 641	464	19

表 7-5 2017 年马尔代夫部分高校学生与教职员工的比率

公立高校	学生（a）/人	教职员工（b）/人	比率（a/b）
马尔代夫国立大学	9 406	259（全职）	36
马尔代夫伊斯兰大学	1 230	46（全职）	27
马尔代夫理工学院	756	49（包括兼职工作人员）	15
总数	11 392	354	32

私立高校	学生（a）/人	教职员工（b）/人	比率（a/b）
现代职业研究学院	272	24	11
色莱克斯学院	385	51	8
美因茨国际学院	1 194	33	36
曼杜学院	473	43（包括兼职工作人员）	11
维拉学院	4 681	230（包括兼职工作人员）	20
总数	7 005	381	18

四、学生毕业要求

学生在国家认证框架内可以进行纵向提升，以达到升学的目的和取得相应证书。经历过较高级别的中等教育学生或获取过 MNQF 4 级证书的学生，在经过一年的学习后可以获取 MNQF 5 级证书。经历过较低级别的初等教育的学生，或者获取过 MNQF 3 级证书的学生，经过 2 年的学习可以获取 MNQF 5 级证书。获取 MNQF 5 级证书的学生在相关领域经过 1 年的学习可以获取 MNQF 6 级证书。获取 MNQF 6 级证书的学生经过 2 年的项目训练可以获取高级文凭或一个预科学位。

学士学位（MNQF 7 级）需要经过 3~4 年全职学习或者修满 360 学分和一年制的项目训练后才可以获得。优秀学士（MNQF 8 级）另需要一年时间学习学士学位之外的课程，为期一年的研究生课程也包含在 MNQF 8 级的学习中。获得硕士学位 MNQF 9 级需要 2 年全日制的学习，共修满 240 个学分。获得博士学位 MNQF 10 级需要 2~5 年的全日制学习，要修满 120 个学分。

马尔代夫的高等教育中，大多数高校的学位和文凭都是由海外大学认证和授予的。各私立教育机构颁发的证书和文凭，有时由马尔代夫高校颁发，有时由海外高校颁发。

五、经费

近年来，马尔代夫政府对教育领域的投入逐渐增加，教育经费占 GDP 的比重基本保持在 4% 左右。但政府的教育经费主要用于本国基础教育的建设，高等教育经费占 GDP 的比重不足 1%。近年来，马尔代夫政府逐渐加大了本国高等教育的投入（见表 7-6），2017 年高等教育经费为 3.56 亿卢非亚，占 GDP 的 0.6%。

表 7-6　2008—2016 年马尔代夫教育经费和高等教育经费占 GDP 的比重

单位：%

项目	2008 年	2009 年	2010 年	2011 年	2012 年	2013 年	2014 年	2015 年	2016 年
教育经费占 GDP 的比重	4.47	5.77	4.12	3.51	3.76	3.80	3.47	4.48	4.25
高等教育经费占 GDP 的比重	—	0.37	0.30	0.15	0.45	0.54	0.45	0.57	0.88

从教育经费和高等教育经费占政府支出的比重来看（见表7-7），马尔代夫政府高度重视本国教育发展，教育经费占政府支出的比重较大。整体而言，政府在教育领域的投入历年来虽有波动，但幅度较小，唯有2014年有些特殊，在教育上的投入出现了锐减，但在2015年实现了回升。与教育经费每年有所波动的情况不同，高等教育经费逐渐上升，到2016年，高等教育经费实现了巨大突破，占政府支出的比重达到2.32%。

表7-7　2009—2016年教育经费和高等教育经费占政府支出的比重

单位：%

项目	2009	2010	2011	2012	2013	2014	2015	2016
教育经费占政府支出的比重	15.63	12.46	11.71	12.83	12.78	10.35	12.89	11.29
高等教育经费占政府支出的比重	1.01	0.90	0.51	1.55	1.82	1.33	1.64	2.32

在政府鼓励发展高等教育的政策引导下，越来越多的私立高等教育机构参与到马尔代夫人才培养中来，大多提供信息技术、计算机技术、商业、管理等专业的课程和文凭。根据《马尔代夫高等教育总体规划2017—2022》，马尔代夫政府希望进一步加大高等教育投入，增加高等教育的私人参与度。

第四节　高等教育国际化

马尔代夫国立大学是该国进行高等教育国际化发展的试验基地。马尔代夫旅游业的发展使流动人口增加，观光客的涌入使这个国家充满生机和活力，为当地带来更多的就业机会和就业岗位，也为高等教育国际化水平不断提高奠定了坚实的经济基础。马尔代夫国立大学顺应时代潮流，积极开展国际交流合作。

一、国际化历程

从 1900 年开始,马尔代夫开始出现以奖学金形式资助学生出国留学。奖学金来源一般有两种:两国之间的双边协议,马尔代夫政府提供。1984 年,高中毕业五门 A 以上的学生可以向政府申请"总统优秀生奖学金",政府全额资助学生出国学习,学生可以去马尔代夫资格认证局批准的任何一个国家留学。21 世纪以来,政府也不断推出了多种形式的全额或者部分额度的奖学金,希望能更大幅度地吸引发展中国家,特别是小岛屿发展中国家、最不发达国家学生赴马尔代夫留学。

二、国际化内容

马尔代夫的高等教育国际化主要包括留学生互派。由于高等教育发展不足,多数马尔代夫学生通过出国留学的方式接受高等教育。据统计,马尔代夫每年有 1000~1500 名学生赴海外留学,主要去向国是马来西亚、印度、斯里兰卡、英国、澳大利亚、埃及。同时,马尔代夫也鼓励私立高等教育机构与国外高等教育机构联系合作,由国外知名高等教育机构在马尔代夫设立分支机构,吸引来自其他国家的学生,特别是马尔代夫附近地区的学生来马尔代夫留学。

2012 年,马尔代夫高等教育阶段出国留学人数达 3 574 人,随后几年人数出现了递减,自 2015 年出国留学人数开始回升,并保持良好势头(见表 7-8)。在留学目的国方面,东亚和太平洋地区国家、北美及西欧地区国家更受马尔代夫学生青睐。究其原因主要有两个方面:一方面,东亚和太平洋地区国家在地理位置上距离马尔代夫较近,高等教育发展水平相对较高,且生活和学习成本在世界范围内处于中等偏下水平;另一方面,北美和西欧地区国家大多经济发达,高等教育发展水平处于国际领先地位,对于马尔代夫经济条件优越的学生而言,将该区域国家作为留学目的国不失为好的选择。南亚和西亚国家近年来吸引了越来越多马尔代夫学生,中国作为亚洲地区的发展中大国，高等教育水平正在高速提升，未来将领先亚洲地区吸引更多马尔代夫学生。

表 7-8　2015—2019 年马尔代夫出国留学人数

单位：人

年份	2015	2016	2017	2018	2019
出国留学人数	2 517	2 961	2 927	2 991	3 112

三、助学政策

马尔代夫政府设立了形式多样的助学金鼓励本国学生出国深造，也向本国学生推荐其他国家的奖学金，同时积极鼓励外国学生来马尔代夫学习。助学金类型分为贷款计划和奖学金计划。表 7-9 为 2020 年马尔代夫与部分国家签订的全额双边协议奖学金。

表 7-9　2020 年马尔代夫与部分国家签订的全额双边协议奖学金

序号	计划	国家	公布日期	资格水平	名额	资金类型
1	印度文化关系理事会	印度	1月	一级学位	39	全部
2	中国政府奖学金——双秘书处程序	中国	1月	学士、硕士、博士学位	5	全部
3	斯里兰卡总统奖学金	斯里兰卡	1月/2月	一级学位	要转发合格的申请	全部
4	高成就者奖学金	开放	2月/3月	一级学位		全部
5	总统奖	开放	2月/3月	一级学位		全部
6	文莱奖学金	文莱	3月/4月	硕士	要转发合格的申请	全部
7	古巴奖学金	古巴	3月/4月	一级学位	1	全部
8	日本奖学金	日本	4月/5月	一级学位	要转发合格的申请	全部

续表

序号	计划	国家	公布日期	资格水平	名额	资金类型
9	休伯特·汉弗莱程序	美国	4月/5月	非学位	1	全部
10	富布莱特交易所程序	美国	5月	硕士	1	全部
11	卡林加工业技术研究所	印度	7月	一级学位	2	全部
12	科伦坡计划奖学金	韩国	8月	硕士	要转发合格的申请	全部
13	阿兹哈尔奖学金	埃及	11月	一级学位	11	全部
14	泰国奖学金	泰国	12月	硕士	每个课程5个名额（19门课程）	全部
15	IDB理学硕士奖学金	美洲开发银行成员国	12月/1月	硕士	要转发合格的申请	全部
16	美洲开发银行优秀奖学金	美洲开发银行成员国	12月/1月	博士学位	要转发合格申请	全部

表7-10为2020年马尔代夫高等教育部为出国留学和赴马留学学生提供的津贴一览表，其中津贴自2020年2月17日起生效。

表7-10 2020年马尔代夫学生出国留学津贴

国家	货币	住宿津贴	书本津贴	离境津贴	津贴
奥地利	美元	800	200	240	800
澳大利亚	澳元	2 070	200美元	255	2 070
阿塞拜疆	美元	1 350	200	240	1 350
孟加拉国	美元	400	200		400
白俄罗斯（原称BELORUSSIA）	美元	500	200	100	500

续表

国家	货币	住宿津贴	书本津贴	离境津贴	津贴
加拿大	加元	1 467	200 美元	220	1 800
中国	美元	400	100	60	415
古巴	美元	800	200	240	800
捷克共和国	美元	750	200	200	750
斐济	斐济元	1 600	750	160	1 200
印度	美元	400	100	60	440
印度尼西亚	美元	600	150		600
爱尔兰	欧元	1 480	200 美元	300	1 480
意大利	美元	1 412	200	240	1 412
日本	美元	1 290	200	240	1 290
马尔代夫（马累，针对外国学生）	卢非亚	1 000	2 000	500	8 000
马尔代夫（马累）	卢非亚	1 000	2 000	500	6 000
马尔代夫（马累以外地区）	卢非亚	1 000	2000	500	4 500
马来西亚	林吉特	1 800	150 美元	270	1 960
马耳他	美元	1 133	200	170	945
毛里求斯	毛里求斯卢比	10 667	200 美元	1 600	9 170
尼泊尔	美元	400	100	60	415
新西兰	新西兰元	1 556	200 美元	234	1 370
巴基斯坦	美元	400	100	60	460
菲律宾	美元	450	200	100	450
卡塔尔	美元	700	200		700
俄罗斯	美元	667	200	100	615

续表

国家	货币	住宿津贴	书本津贴	离境津贴	津贴
新加坡	新加坡元	1 070	240	120	1 710
西班牙	美元	1 412	200	240	1 412
斯里兰卡	美元	400	100	50	450
南非	兰特	5 125	150 美元	769	6 040
沙特阿拉伯	美元	800	200		800
斯洛文尼亚	美元	745	200	100	745
泰国	泰铢	24 000	150 美元	3 600	21 930
乌克兰	美元	667	200	100	745
英国（伦敦）	英镑	1 850	200 美元	269	1 850
英国（伦敦以外）	英镑	1 455	200 美元	227	1 455
美国	美元	1 600	200	240	1 495
阿拉伯联合酋长国	美元	1 000	200		1 000
格林纳达	美元	1 000			1 705
埃及	美元	—	100	—	465

注：津贴率可能会根据通货膨胀和其他经济指标进行修订。

第五节　中马高等教育交流与合作

中国史称马尔代夫为"溜山国"或"溜洋国"。明朝永乐十年（1412年）和宣德五年（1430年），郑和率领商船队两度到马尔代夫。永乐十四年后，马尔代夫国王优素福三次遣使来华。郑和的随行人员马欢所著《瀛涯胜览》和费信所著《星槎胜览》中，对马尔代夫的地理位置、气候、物产、风俗民情等，都有翔实记载。马累博物馆陈列着当地出土的中国瓷器和钱币，反映了历史上中马友好往来和贸易关系。后因殖民者侵略，中马关系中断了几个世纪。1968 年马尔代夫共和国成立后，中国政府以和平共处五项原则为基础，不断发展同马尔代夫政府长期稳定的友好合作关系。1972 年 10 月 14 日，中国和马尔代夫正式建立大使级外交关系（中国驻斯里兰卡大使兼任驻马尔代夫大使）。自此，两国友好合作关系不断发展。2014 年 9 月 14 日，习近平主席对马尔代夫进行国事访问，这是中马建交 42 年来中国国家主席首次访问马尔代夫。在亚明总统访华期间，两国又签订了一份历史性的自贸协定以及有关"一带一路"合作的备忘录。

在合作交流方面，1981 年中马两国政府签订了第一个经济技术合作协定后，30 多年来，双方相继签署了数十项经济技术合作协定，其中包括基础设施建设、民航运输、通信、教育、宗教、体育、文化、广播、邮政、医疗卫生、旅游合作等多个方面。2010 年 4 月，中马双方签署了《中华人民共和国教育部与马尔代夫共和国教育部教育合作协议》。

一、校际交流

2012 年 1 月 6 日，天津外国语大学在马尔代夫国立大学开展了为期一年的汉语教学活动。2013 年 7 月 22 日，马尔代夫国立大学与云南开放大学签署《中国云南开放大学、马尔代夫国立大学合作办学协议书》，双方约定在马尔代夫国立大学共建云南开放大学汉语学习中心，开展汉语远程培训和面授工作。同时，双方均接受对方师生互访和实习实训。

2021 年 9 月 7 日，北京外国语大学举办马尔代夫官方语言迪维希语课程开班仪式，这是国内高校首次开设迪维希语课程。北京外国语大学重视迪维希语专业建设，学校积极培养师资，筹备专业建设，选派优秀师资人选赴马尔代夫学习迪维希语。近几年，中马关系发展进入快车道，"一带一路"框架下各领域互利合作不断提质升级。迪维希语课程的开设有助于中国的青年一代深入了解马尔代夫历史文化，促进两国的教育文化交流，将为两国进一步深化友好交流作出积极贡献。

二、学生流动

2018年,在中国学习的马尔代夫留学生总数为167人,其中中国政府奖学金生33人,自费留学生134人。表7-11为2015—2018年马尔代夫学生留学中国人数。

表7-11 2015—2018年马尔代夫学生留学中国人数

年份	2015	2016	2017	2018
马尔代夫学生留学中国人数/人	179	186	208	167

数据来源:《来华留学生简明统计》。

三、中文教育

随着越来越多的中国游客选择到马尔代夫旅游度假,马尔代夫对汉语人才的需求也越来越迫切。近年来,马尔代夫国立大学开设了汉语课程。2012年天津外国语大学在马尔代夫国立大学开设了为期1年的汉语课程。2013年,云南开放大学也同马尔代夫国立大学签署协议,向马开放远程教育平台,提供在线课程,并视情况派专业人员赴马尔代夫进行面授教学。目前,汉语课程授课对象主要是马尔代夫外交及旅游业相关行业人员,以及一些对汉语感兴趣的普通居民。

汉语教师志愿者项目于2015年在马尔代夫正式启动。首位汉语教师志愿者从当年1月起在首都马累比拉邦国际学校开展汉语教学活动,努力传播中国文化、促进中国与马尔代夫教育文化交流,增进两国人民间的了解和友谊。

马尔代夫维拉学院汉语中心(孔子学院)由长安大学、湖南大众传媒职业技术学院和维拉学院合作共建。这是该校建设的第一所也是目前为止唯一一所"汉语+"特色孔子学院。马尔代夫维拉学院汉语中心聚焦旅游经济管理与开发、国际经济与贸易、基础设施建设、多媒体技术与传媒等领域以及汉语言文化推广,以"专业培训+汉语推广"为办学特色,为学生提供丰富的课程资源,组织参加各级别汉语水平考试、商务汉语考试（BCT）等。学校将致力于打造马尔代夫青年人才发展培养中心、中国企业海外技术人才培养基地、马尔代夫人民学习汉语和了解中国文化的园地、中马人民友谊合作桥梁。学校将积极对接"一带一路"倡议，与维拉学院在科研交流、人才培养、资源共享等方面开展实质性交流合作，服务中国企业"走出去"和属地化人才需求，提升国际化办学水平和国际影响力。

第六节　代表性大学

一、马尔代夫国立大学

马尔代夫国立大学是该国第一所现代意义上的大学。它经历了很多个阶段，最早是1973年联合健康服务培训中心，也就是卫生部建立的健康科学学院的前身。1998年更名为马尔代夫高等教育学院，合并了当时的三个教育院，由一个临时学院理事会管理，理事会成员来自各研究所和中央办公室。1999年1月1日，所有的研究所和中心都开始作为学院的分部运作。2000年，国立大学推出第一个学位课程——文学学士（迪维希语）。2011年1月17日，总统批准了《马尔代夫国立大学法》，随后，马尔代夫国立大学于2011年2月15日正式成立。2016年该大学设立了商业发展部。目前在马尔代夫有五个校区，主要的校区在首都马累。

作为第一所国内大学，马尔代夫国立大学设有多种学位等级，既有专科，也有学士、硕士和博士学位。每一个学位等级都有相应的入学条件、授课时间和毕业标准。

马尔代夫国立大学是马尔代夫国内排名第一的大学，设有文学院、教育学院、工程学院、科技学院、健康科学学院、酒店与旅游研究学院、伊斯兰教法学院、护理学院、医学院、商学院、海事研究中心、教育技术与卓越中心和基础研究中心，在校学生7000余人。

二、马尔代夫伊斯兰大学

马尔代夫伊斯兰大学,前身为伊斯兰研究学院,于2004年2月21日成为一所成熟的高校。学校主要向广大的马尔代夫学生提供伊斯兰教育,方便学生在国内接受伊斯兰教育。

马尔代夫伊斯兰大学采取研究和创新相结合的教学方法,目的是通过研究促进更高层次的思考,以确保从不同的角度和背景整体理解伊斯兰教。经过不断的发展,学校主要提供侧重于古兰经研究、阿拉伯语、伊斯兰研究以及伊斯兰教法和法学等领域的文凭和学位,2015年,根据总统令升级为马尔代夫第一所伊斯兰大学,对促进和保护马尔代夫的伊斯兰信仰起到十分重要的作用。

马尔代夫伊斯兰大学立足于动态的、前瞻性的愿景和一个坚定的使命,即完成学术培训和研究,传播伊斯兰知识及其在现代和快速变化的世界中的适用性。为了确保愿景和使命的实现,提供优质的教育,大学自2015年7月成立以来一直在努力进行改革,包括加强学院管理,雇用新的工作人员以确保大学的顺利管理和运作,以及审查和修订现有的课程。目前,马尔代夫伊斯兰大学设有5个文化中心和4个研究中心,包括新成立的研究和出版中心以及研究生学习中心,有2个博士专业、11个硕士专业和10个本科专业。

参考文献

[1] 外交部. 马尔代夫国家概况. [EB/OL]. https://www.mfa.gov.cn/web/gjhdq_676201/gj_676203/yz_676205/1206_676692/1206x0_676694/.

[2] 戴喻晗锜,陈燕雯,余宇航. 关于提升马尔代夫岛内居民受教育水平的研究 [J]. 祖国,2018(21):60-61.

[3] 刘进,陈成. "一带一路"沿线国家的高等教育现状与发展趋势研究(二十七)——以马尔代夫为例 [J]. 北京:世界教育信息,2019,32(9):34-37.

[4] C.P. S. 乔汉. 南亚区域合作联盟各成员国高等教育发展历程的简要回顾与展望[J]. 比较教育研究, 2014(2): 117-122.

[5] 朱在明. 马尔代夫[M]. 北京: 社会科学文献出版社, 2004: 165.

[6] Education in the Maldives[EB/OL]. [2022-03-20]. https://www.bristol.ac.uk/education/research/sites/smallstates/education-in-the-maldives/

[7] HARSHA A, JOHN F, SAMIH M, et al. Higher Education in the Maldives: An Evolving Seascape[R/OL]. (2011-12-01)[2022-03-20]. https://www.researchgate.net/publication/282333554_Human_Capital_for_a_Knowledge_Society_Higher_Education_in_the_Maldives_an_Evolving_Seascape.

[8] 袁礼. 马尔代夫职业教育现状与发展趋势研究[J]. 深圳职业技术学院学报, 2018(4): 9-14.

[9] MOHE. Maldives Higher Education Act[EB/OL]. [2022-03-20]. https://mohe.gov.mv/images/resources/resources/gazette-50-162.pdf.

[10] MOHE. Stipend Rates Effective from 17 February 2020[EB/OL]. [2022-03-20]. https://mohe.gov.mv/images/resources/resources/Stipend Rates effective 17th Fe 2020.pdf.

[11] MOHE. General Eligibility Criteria for Diploma and Higher Level Courses[EB/OL]. [2022-03-20]. https://mohe.gov.mv/images/resources/resources/Current-general-criteria.pdf.

[12] MOHE. Annual Higher Education Statistics 2019[EB/OL]. [2022-03-20]. https://mohe.gov.mv/images/resources/resources/Higher Education Statistics 2019.pdf.

[13] 王慧. 中国与马尔代夫双边关系的回顾与展望[J]. 国际公关, 2020(5): 1-2.

[14] 中华人民共和国驻马尔代夫共和国大使馆经济商务参赞处. 马尔代夫概况[EB/OL]. [2022-03-20]. http://mdv.mofcom.gov.cn.

[15] The Maldives National University. Vision and Mission[EB/OL]. [2022-03-20]. https://mnu.edu.mv/vision-mission/.